KALTE PLATTEN & Buffets

Leckerbissen leicht & köstlich

GONDROM

INHALT

Garnieren und Verzieren 4

Frühstück & Brunch 26

Buffet-Ideen – einfach & preiswert 56

Buntes Sommerbuffet 86

Fingerfood für's Bürofest 124

Rustikale Rezepte 156

Feines für Gäste 180

Das warme Buffet 212

Die süße Ecke 232

Die dekorative Käseplatte 260

Register 282

Impressum 288

Garnieren und Verzieren

Und wenn die Gerichte noch so gut schmecken – das Auge ißt mit. Daher gibt erst eine schöne Dekoration Ihrem Buffet den letzten Schliff. Aus wenigen Zutaten und mit einfachen Küchenutensilien können Sie im Handumdrehen dekorative Garnituren herstellen – Ihrer Kreativität sind keine Grenzen gesetzt.

Butter zum Kugeln

Für diese klassische Dekoration aus Butter benötigen Sie zwei »Butterhölzer« oder »Butterbrettchen«, die Sie in jeder Haushaltswarenabteilung bekommen. Wenn Sie viele dieser Butterkugeln rollen, können Sie sie schön auf einer Platte in Traubenform anrichten.

Zutaten für 10 Kugeln:
250 g Butter
1 Eßl. Paprikapulver, edelsüß
1 Eßl. gehackte Petersilie
Was Sie sonst noch brauchen:
2 Butterhölzer
1 kleine Schüssel

Gelingt leicht

- Zubereitungszeit: etwa 30 Minuten

1. Die Butterbrettchen etwa 5 Minuten vor Gebrauch in kaltes Wasser legen, damit die Butter später nicht daran kleben bleibt.

2. Inzwischen die Butter in 10 gleich große Stücke schneiden und noch einmal kurz in den Kühlschrank zurücklegen. Eine kleine Schüssel mit Eiswasser bereitstellen.

3. Jedes einzelne Butterstück zwischen den gerillten Innenseiten der Butterbrettchen durch kreisendes Rollen zur Kugel formen. Die fertige Kugel in das Eiswasser geben, damit sie ihre Form behält.

4. Wenn Sie die Kugeln gerne farbig mögen, nehmen Sie sie aus dem Wasser und lassen sie auf Haushaltspapier abtropfen. Jeweils auf einen Teller das Paprikapulver und die Petersilie geben und einige Kugeln darin rollen, bis sie ganz bedeckt sind.

Currybutter-rosetten

Die Rosetten lassen sich problemlos einige Tage im voraus zubereiten. Sie passen ausgezeichnet zu gegrilltem Fisch und Gemüse oder zu Roastbeef. Wenn Ihnen Curry nicht schmeckt, verwenden Sie Paprikapulver, gehackte Kräuter oder Tomatenmark.

Zutaten für etwa 10 Rosetten:
150 g weiche Butter
2 Eßl. Crème double
1 Teel. Currypulver
Salz
weißer Pfeffer, frisch gemahlen
2 unbehandelte Zitronen
einige Zweige Dill
Was Sie sonst noch brauchen:
1 Schüssel
1 Schneebesen
1 Spritzbeutel mit kleiner Sterntülle
1 kleine Metallplatte

Preiswert

- Zubereitungszeit: etwa 1 1/2 Stunden (davon etwa 1 Stunde Kühlzeit)

1. Die weiche, aber nicht flüssige Butter in eine Schüssel geben und mit der Crème double verrühren. Den Curry dazugeben und die Masse mit Salz und Pfeffer abschmecken.

2. Die Masse darf nicht zu weich werden, damit man sie noch spritzen kann. Den Spritzbeutel mit der Sterntülle aufhalten und die Masse einfüllen. Den Beutel am oberen Ende zudrehen und in den Kühlschrank legen.

3. Ein Stück Pergamentpapier auf die Arbeitsfläche legen. Den Spritzbeutel aus dem Kühlschrank nehmen und die Masse in gleichmäßigen Rosetten auf das Papier spritzen. Im Gefrierfach etwa 10 Minuten anfrosten lassen.

4. Den Dill waschen und trockenschütteln. Die Zitronen waschen und in etwa 10 schöne Scheiben schneiden. Die Scheiben nebeneinander auf eine Platte legen. Auf jede Zitronenscheibe eine Rosette geben, mit einem Dillzweig garnieren.

Tip!

Wenn Sie die Currybutterrosetten auf Vorrat zubereiten, dann bedecken Sie die fertigen Sterne vorsichtig mit Frischhaltefolie und stellen sie auf der Platte in das Gefrierfach.

Rote-Beten-Rosen

Diese Garnitur ist eßbar und für große Fleisch-, Schinken- oder Pastetenplatten gedacht. Es erfordert etwas mehr Aufwand, sie herzustellen, aber Sie erhalten eine ungewöhnliche Dekoration. Stellen Sie immer Salz- und Pfeffermühle sowie schöne Öl- und Essigkaraffen dazu, damit Ihre Gäste die vitamin- und mineralstoffreichen roten Beten nach Geschmack anmachen können.

Zutaten für 4 Stück:
4 mittelgroße rote Beten
Salz
4 große Perlzwiebeln
Was Sie sonst noch brauchen:
1 Sparschäler
1 Brotschneidemaschine (oder eine Haushaltsmaschine mit Scheibenschneideeinsatz)
4 Zahnstocher

Braucht etwas Zeit

- Zubereitungszeit: etwa 1 Stunde

1. Die roten Beten waschen und mit dem Sparschäler schälen. Dabei Haushaltshandschuhe anziehen, denn die roten Beten färben ab.

2. In ausreichend kochendem Salzwasser je nach Größe in 25–35 Minuten nicht zu weich kochen.

3. In leicht gesalzenem Eiswasser abkühlen, herausnehmen und auf Haushaltspapier abtropfen lassen, bis sie gut trocken geworden sind.

4. Von jeder Knolle eine dicke Scheibe abschneiden und beiseite legen. Die Scheiben dienen später als Standfläche.

5. Die Knollen in dünne Scheiben schneiden, das geht am besten mit einer elektrischen Brotschneidemaschine. Die Scheiben auf einer Seite bis zur Mitte hin einschneiden.

6. Die 4 dicken Scheiben mit der Schnittfläche nach unten auf ein Brett legen. Je einen Zahnstocher senkrecht hineinpieksen, so daß er einen gewissen Halt bekommt.

7. Die dünnen Rote-Beten-Scheiben an den eingeschnittenen Enden übereinanderschlagen, so daß die Form eines Blütenblatts entsteht. Die Scheiben an dieser übereinandergeschlagenen Stelle auf den Zahnstocher aufstecken. Mit allen Scheiben so verfahren. Erst die großen, dann die kleinen Scheiben aufstecken.

8. Die letzte kleine Scheibe zur Tüte formen und in der Mitte feststecken. Wenn der Zahnstocher jetzt noch zu weit herausschaut, muß er entsprechend abgebrochen werden.

9. Je 1 Perlzwiebel als Abschluß auf die Zahnstocherspitze setzen.

Variante:
Wenn Sie eine »Riesenblüte« haben möchten, zum Beispiel für ein großes Buffet, dann nehmen Sie eine halbierte Melone als Standfläche, auf die Sie mehrere Einzelrosen aufstecken. In diesem Fall müssen Sie den Zahnstocher nicht abbrechen, Sie können ihn in die Melone schieben.

Tip!

Normalerweise werden diese Knollen erst nach dem Kochen geschält, damit sie nicht »ausbluten«. Doch hier ist es sinnvoll, sie vorher zu schälen, damit nicht die ganze Platte mit Rote-Beten-Saft überschwemmt wird und die Rillenstruktur der einzelnen Scheiben schön sichtbar wird.

Farbenprächtig und äußerst vitaminreich: die Rote-Beten-Rose wird aus einzelnen Scheiben geformt. Mit Salz, Pfeffer, Essig und Öl wird aus dem Augen- ein Gaumenschmaus.

Zucchinischleifen

Eine vielseitige und spielerisch wirkende Garnitur für kalte Platten, Saucen und Tellergerichte: zum Beispiel als Dekoration auf einem Spargelbündel. Den gleichen Effekt erreichen Sie mit Gurken-und Lauchstreifen.

Zutaten für 4 Stück:
2 große, grüne Zucchini
1 großer, gelber Zucchino
Salz
Was Sie sonst noch brauchen:
1 Sparschäler
1 Topf
1 kleine Schüssel
1 scharfes Küchenmesser

Preiswert

- Zubereitungszeit: etwa 30 Minuten

1. Die Zucchini waschen, trockenreiben und mit dem Sparschäler möglichst breite, dünne und lange Schalenstreifen abschneiden. Aus dem Zucchinifleisch, das hier nicht benötigt wird, können Sie einen frischen Salat oder ein Gemüse zubereiten.

2. Reichlich Salzwasser in einem Topf zum Kochen bringen. Die Schalenstreifen darin ganz kurz bei starker Hitze sprudelnd kochen lassen, bis sie biegsam werden. Das dauert etwa 1/2 Minute. Die Streifen herausnehmen und in einer Schüssel mit Eiswasser abkühlen lassen.

3. Die Schalenstreifen herausheben und auf Haushaltspapier auslegen und trocknen lassen.

4. Die Seitenränder der Streifen mit einem Küchenmesser glattschneiden und die Streifen auf die gleiche Länge bringen. Je zwei grüne Streifen zu Schleifen legen, gekreuzt übereinanderlegen und mit einem gelben Streifen quer »zusammenbinden«. Die Enden zurechtschneiden. Auf diese Weise 4 Schleifen formen. Die Schleifen unter Folie bis zur Verwendung frisch halten. Für warme Gerichte die Schleifen kurz im Mikrowellenherd oder auf einem Teller über Wasserdampf erwärmen.

Möhren-Zucchini-Fächer

Eine kleine Garnitur für Ecken und Ränder von kalten Platten, aber auch für bunte Salate oder Grillplatten.

Zutaten für 6 Stück:
1 mittelgroßer Zucchino
1 mittelgroße Möhre
Salz
Was Sie sonst noch brauchen:
1 scharfes Küchenmesser

Gelingt leicht

- Zubereitungszeit: etwa 25 Minuten

1. Den Zucchino und die Möhre waschen, schälen und trockentupfen. Die Enden gerade abschneiden.

2. Zucchino und Möhre der Länge nach halbieren und die Möhre quer in gleichmäßige Scheiben schneiden.

3. Den Zucchino in etwa 6 Stücke teilen und diese quer in Scheiben schneiden, auf einer Seite jedoch nicht durchtrennen, damit der Fächer noch zusammenhält. Den Zucchinifächer mit Salz bestreuen und etwa 10 Minuten ziehen lassen, damit er biegsamer wird.

4. Zwischen die Zucchinischeiben 1 Möhrenscheibe schieben, so daß sich am Ende ein zweifarbiger Fächer ergibt.

Bild oben: Zucchinischleifen
Bild unten: Möhren-Zucchini-Fächer

Chilipalme

Sie ist zwar eßbar, aber höllisch scharf. Deswegen zeigt sie bei asiatischen Gerichten nur die ausgeprägte Würze einer Speise.

Zutaten für 4 Palmen:
je 2 kleine rote und grüne Chilischoten
Was Sie sonst noch brauchen:
1 scharfes Küchenmesser
1 Schere

Gelingt leicht

- Zubereitungszeit: etwa 1 Stunde 10 Minuten (davon etwa 1 Stunde Quellzeit)

1. Die Chilischoten waschen, trockentupfen und längs von der Spitze bis etwa 1 cm vor dem Stielansatz halbieren, aber nicht ganz auseinanderschneiden.

2. Nun mit dem Messer die Kerne herauskratzen. Vorsicht: Beim Umgang mit scharfen Schoten entweder Haushaltshandschuhe tragen oder die Hände sofort nach dem Arbeiten gründlich waschen. Auf keinen Fall mit den Fingern im Augen- oder Mundbereich reiben – die starken ätherischen Stoffe könnten Verätzungen hervorrufen!

3. Nun mit der Schere die Schotenhälften längs in dünne Streifen schneiden. Nicht ganz durchschneiden, denn die Streifen müssen am Stielansatz noch zusammenhalten.

4. Die fertige Palme in Eiswasser legen, bis die einzelnen Streifen sich zurückkringeln. Die Palme herausnehmen, abtropfen lassen und auf das Gericht setzen.

Möhrenkrönchen

Zutaten für 10 Stück:
3 – 4 große Möhren
Was Sie sonst noch brauchen:
1 großen Kugelausstecher
1 scharfes Küchenmesser
1 kleine Schüssel

Raffiniert

- Zubereitungszeit: etwa 1 Stunde (davon etwa 30 Minuten Quellzeit)

1. Die Möhren waschen, schälen und mit dem Kugelausstecher 10 gleichmäßig runde Möhrenkugeln ausstechen. Auf einer Seite die Kugel für die Standfläche etwas abflachen.

2. Von oben durch den Mittelpunkt mit zwei Schrägschnitten eine kleine Kerbe in die Kugeloberfläche schneiden. Zwei weitere Kerben im 60°-Winkel anbringen, so daß sich ein sechsarmiger Stern ergibt.

3. An den Seiten der Möhrenkugel in den Feldern zwischen den Sternzacken ebenfalls schräge Kerbeinschnitte machen, und zwar von oben nach unten. Dabei aber nicht ganz bis zum Boden durchschneiden.

4. Die Kugeln etwa 30 Minuten in kaltes Wasser legen.

5. Wenn sich die Möhrenkrönchen im Wasser etwas entfaltet haben, herausnehmen, abtropfen lassen und bis zur Verwendung unter Folie frisch halten.

Tip!

Die Krönchen lassen sich auch ganz leicht aus Radieschen herstellen. Durch den Kontrast von roter Schale und weißem Fleisch wirken die Radieschenkrönchen besonders hübsch.

Bild oben: Chilipalme
Bild unten: Möhrenkrönchen

96205
Solingen
RÖSLE

Wiener Garnitur

Die klassische Dekoration für ein Wiener Schnitzel – sie wird leider nur noch selten serviert. Ein Grund mehr, diese würzige Verzierung einmal zu zeigen, noch dazu, weil sie ganz unkompliziert herzustellen ist. Sie paßt zu allem Fritierten, ganz gleich ob Fisch oder Fleisch und harmoniert sogar mit Tatar oder gebeiztem Lachs.

Zutaten für 5 Stück:
1 unbehandelte, kernlose Zitrone
5 Sardellenfilets
5 große Kapern (aus der Salzlake)
Was Sie sonst noch brauchen:
1 scharfes Küchenmesser

Schnell

- Zubereitungszeit: etwa 10 Minuten

1. Die Zitrone an den spitzen Enden beschneiden, bis das gelbe Fruchtfleisch sichtbar wird.

2. Die Zitrone in 5 schöne Scheiben schneiden. Die Scheiben auf einen Teller legen.

3. Die Sardellenfilets unter fließendem Wasser kurz abwaschen, trockentupfen und auslegen. Die Kapern abtropfen lassen. Je eine Kaper auf ein Sardellenfilet legen und dieses um die Kaper herum aufrollen.

4. Die Rolle etwas festdrücken und auf die Zitronenscheibe legen. Bis zum Anrichten unter Frischhaltefolie kühl stellen.

Zitronen-spitzen

... können Sie nicht essen, weil sie aus der Zitronenschale geschnitten werden. Diese Garnitur bietet sich dann an, wenn Sie für ein Gericht Zitronenfilets oder Zitronensaft benötigen und die Schale übrig bleibt.

Zutaten für 8 Stück:
1 unbehandelte Zitrone
Was Sie sonst noch brauchen:
1 scharfes Küchenmesser

Preiswert

- Zubereitungszeit: etwa 15 Minuten

1. Die Zitrone waschen, trokkenreiben und längs in Achtel schneiden.

2. Mit dem Messer die Fruchtfleischfilets von der Schale trennen. Die Filets beiseite legen und anderweitig verwenden.

3. Die Schalenachtel mit der weißen Seite nach unten auf ein Brett legen und glattdrücken. In der Mitte einen Längsschnitt machen, dabei die Schale aber nicht durchtrennen.

4. Bei jedem Zitronenachtel vorsichtig ein Ende durch den entstandenen Schlitz schieben und so lange ziehen, bis die Zitronenspitzen stehen können.

> **Tip!**
>
> Versuchen Sie diese Garnitur auch einmal mit Schalen von Orangen, Limonen, Gurken oder gelben Zucchini.

Bild oben: Wiener Garnitur
Bild unten: Zitronenspitzen

Salbeimäuschen

Diese warme Dessertgarnitur gibt allen Nachspeisen Pfiff – und bei Kindern kommen die Mäuschen besonders gut an. Ob zu Sorbets, Eis, Fruchtsuppen, kalten Cremes oder Fruchtsaucen, die Salbeimäuschen sind das Tüpfelchen auf dem i.

Zutaten für 20 Stück:
100 g Mehl
Salz
1 Ei
1/8 l Mineralwasser
1 Bund Salbei
Öl zum Fritieren
3 Eßl. Puderzucker
Was Sie sonst noch brauchen:
1 Friteuse
2 mittelgroße Schüsseln
1 Schneebesen

Braucht etwas Zeit

- Zubereitungszeit: etwa 1 Stunde (davon etwa 30 Minuten Quellzeit)

1. Das Mehl in eine Schüssel sieben und eine Prise Salz dazugeben.

2. Das Ei trennen. Das Eigelb und das Mineralwasser zum Mehl geben und zu einem dickflüssigen Teig verrühren. Den Teig etwa 30 Minuten quellen lassen.

3. Inzwischen die 20 schönsten Salbeiblätter aussuchen, mit Stiel abzupfen, waschen und gut trockentupfen.

4. Das Öl in der Friteuse auf mittlerer Stufe erhitzen.

5. Das Eiweiß steif schlagen und unter den Teig heben. Nun die einzelnen Salbeiblätter am Stiel nehmen, durch den Teig ziehen und in der Friteuse ausbacken. Vorsicht Spritzgefahr! In 2 – 3 Minuten sind die Blätter knusprig braun.

6. Herausheben und auf Haushaltspapier entfetten. Die Salbeimäuschen mit dem Puderzucker bestreuen. Noch heiß auf das Dessert geben und sofort servieren. Die Salbeimäuschen schmecken heiß am besten.

Traubenfächer

Die Fächerform ist für viele Früchte und Gemüse geeignet. Bei blauen und weißen Trauben wirkt sie besonders filigran. Die Garnitur paßt gut zu Käse, Desserttellern und zu Wildgerichten wie Fasan.

Zutaten für 10 Stück:
je 5 blaue und weiße Trauben mit Stiel
Was Sie sonst noch brauchen:
1 sehr scharfes Küchenmesser

Schnell

- Zubereitungszeit: etwa 10 Minuten

1. Die Trauben gründlich waschen und mit Haushaltspapier sorgfältig trockentupfen.

2. Auf ein Brett legen und mit dem Küchenmesser in möglichst dünne Längsscheiben schneiden, dabei die Scheiben am Stielansatz nicht ganz durchtrennen, damit sie noch zusammenhalten.

3. Die Traube vorsichtig etwas auseinanderdrücken, damit die Fächerform sichtbar wird. Aber nicht zu stark pressen, damit die Traube nicht platzt und der ganze Saft ausläuft.

Bild oben: Salbeimäuschen
Bild unten: Traubenfächer

RÖSLE
Edelstahl
eisgehärtet

Chicorée-schiffchen

Eine kleine, schnelle Garnitur für gegrillte Steaks und frische Quarkspeisen oder einen Apfelpfannkuchen. Diese Dekoration ist frisch, farbenfroh und gesund, außerdem blitzschnell gemacht und deshalb ideal für das tägliche Abendessen, wenn Sie nicht viel Zeit zur Verfügung haben.

Zutaten für 8 Stück:
1 Blutorange
1 Navel-Orange
1 kleine Grapefruit
1 Chicorée
1/2 Bund Minze (ersatzweise Zitronenmelisse)
schwarzer Pfeffer, frisch gemahlen
Was Sie sonst noch brauchen:
1 sehr scharfes Küchenmesser

Schnell

- Zubereitungszeit: etwa 15 Minuten

1. Die Blutorange, die Navel-Orange und die Grapefruit sorgfältig schälen, bis keine weiße Haut mehr zu sehen ist.

2. Nun die Früchte filetieren. Dazu nehmen Sie die Frucht in die Hand und schneiden mit dem Messer, das wirklich sehr scharf sein muß, ein erstes Filet zwischen den Trennwänden heraus. Bei den folgenden Filets können Sie sehen, wie die Messerklinge hinter der Trennwand hinuntergleitet und dann das Filet mit dem Messer weggeschoben wird. Probieren Sie's – es hört sich komplizierter an, als es ist. Die Filets auf einer flachen Schale beiseite stellen.

3. Die einzelnen Blätter von dem Chicorée lösen und nur die acht schönsten heraussuchen. Die Blätter waschen und trockenschütteln. Auf der Außenseite die Mittelrippe mit dem Messer leicht abflachen, damit die Blätter schön gerade liegen bleiben.

4. In die Chicoréeblätter nebeneinander abwechselnd drei verschiedene Filets legen.

5. Die Minze waschen, trockenschütteln, und die Blättchen abzupfen. Die Chicoréeschiffchen damit garnieren. Mit etwas grob gemahlenem Pfeffer bestreuen.

Varianten:
Wenn Ihnen die Zitrusfüllung als Dekoration nicht gehaltvoll genug ist, können Sie natürlich variieren: Je nachdem, was dekoriert werden soll, können Sie die Zitrusfilets mit Parmaschinkenstreifen oder Mozzarellascheiben anrichten. Vielleicht lieben Sie auch das Ausgefallene: Dann kochen Sie ein paar Wachteleier, halbieren sie und legen sie in das Chicoréeschiffchen. Jede Eihälfte mit etwas Kaviar krönen und schon ist die exquisite Garnitur fertig für gebeizten Lachs, Hummer & Co.

Tip!

Sie können die Chicoréeschiffchen auch gut vorbereiten. Sie sollten dann aber die Schnittflächen mit etwas Zitronensaft beträufeln, damit sie sich nicht braun färben.

Eine erfrischende und besonders leichte Garnitur, die Sie mitessen können: bunt gefüllte Chicoréeschiffchen.

Avocado-Mango-Fächer

Eine harmonische Dekoration in Leuchtendgelb und Zartgrün. Sie paßt zu allen kalten und lauwarmen Fischvorspeisen und zu Schaltieren. Aber auch zu kaltem, pochiertem Kalbsfilet.

Zutaten für 2 Fächer:
1 feste Avocado
Saft von 1/2 Zitrone
1 kleine, reife Mango
einige Blättchen Minze
Was Sie sonst noch brauchen:
1 scharfes Küchenmesser
1 Sparschäler

Gelingt leicht

- Zubereitungszeit: etwa 20 Minuten

1. Die Avocado längs halbieren und die Hälften durch Drehen in die entgegengesetzte Richtung voneinander lösen. Den Kern herausheben. Die Schale mit einem Messer sehr vorsichtig abziehen.

2. Die Hälften von der dickeren Seite her mehrmals längs einschneiden. Die Spalten sollen am dünnen Ende noch zusammenhängen. Sofort mit dem Zitronensaft beträufeln, sonst wird das Avocadofleisch braun.

3. Die Mango schälen und von dem Fruchtfleisch längs bis zum ovalen, flachen Kern Spalten abschneiden.

4. Die Mangospalten in die Zwischenräume der beiden Avocadofächer stecken und auf einer Platte anrichten. Mit einigen Minzeblättchen garnieren.

Gefüllte Oliven

Eine ganz einfache und schnelle Garnitur für die Vorspeisenplatte, zum Apéritif oder einfach nur so zum Knabbern.

Zutaten für 20 Stück:
je 10 große grüne und schwarze Oliven
10 gesalzene, geschälte Mandeln
10 milde, rote Piri-Piri oder andere kleine Pfefferschoten
Was Sie sonst noch brauchen:
1 Entsteiner (ersatzweise ein Küchenmesser)

Schnell

- Zubereitungszeit: etwa 15 Minuten

1. Die Oliven entkernen und auf Haushaltspapier sorgfältig trockentupfen.

2. Eine Hälfte der Oliven mit je 1 gesalzenen Mandel füllen. Die Mandeln sollen oben noch zur Hälfte herausschauen. Wenn Sie lieber Pistazien oder andere Nüsse mögen, nehmen Sie diese.

3. Die andere Hälfte der Oliven mit je 1 Piri-Piri füllen.

Tip!

Sollten Sie kein Liebhaber der scharfen Piri-Piri sein, dann nehmen Sie entweder normalen Tomatenpaprika, den Sie in kleine Stücke schneiden. Oder Sie verwenden zur Füllung etwas ganz anderes, zum Beispiel kleine Nordseekrabben.

Bild oben: Avocado-Mango-Fächer
Bild unten: Gefüllte Oliven

Melonen-saucière

Eine Zuckermelone macht sich bei großen Buffets gut als dekorative Saucière für Würzsaucen, Dips, Fruchtsaucen, Mayonnaisen oder als Schale für kleine Fruchtsalatarrangements oder Mixed Pickles.

Zutaten für 1 Stück:
1 kleine Zuckermelone
Was Sie sonst noch brauchen:
1 scharfes Küchenmesser
1 halbrunden Ausstecher

Raffiniert

- Zubereitungszeit: etwa 20 Minuten

1. Die Melone waschen, trockentupfen und unten gerade abschneiden, so daß sich eine Standfläche ergibt.

2. Im oberen Drittel jetzt mit dem Messer eine Orientierungslinie rundherum leicht einritzen. Sie hilft, den Rand immer in der gleichen Höhe einzustechen.

3. Mit dem halbrunden Ausstecher entlang dieser Linie nebeneinander einstechen, so daß ein Rand aus lauter kleinen Halbkreisen entsteht. Die Halbkreise mit dem Messer ausschneiden.

4. Den Deckel abheben, die Kerne mit einem Löffel sauber entfernen. Die Melone bis zum Anrichten in Frischhaltefolie wickeln.

Gelee-garnituren

Bei allen großen Fleisch- und Geflügelplatten, für Pasteten und pochierten, kalten Fisch sind Geleegarnituren ein Muß. Als Beispiel habe ich ein Geflügelgelee ausgewählt, das mit Portwein aromatisiert wird.

Zutaten für 1 Eiswürfelschale:
8 Blatt farblose Gelatine
300 ml Geflügelfond (Glas)
100 ml roter Portwein
Salz
fein gemahlener weißer Pfeffer
Was Sie sonst noch brauchen:
1 Schüssel
1 Topf
1 Eiswürfelschale
kleine Ausstechformen

Braucht etwas Zeit

- Zubereitungszeit: etwa 2 Stunden 15 Minuten (davon: etwa 2 Stunden Gelierzeit)

1. Die Gelatine in einer Tasse mit etwas kaltem Wasser einweichen und etwa 5 Minuten quellen lassen.

2. Den Geflügelfond und den Portwein in einem Topf mischen und schwach erhitzen. Die Gelatine ausdrücken und in der heißen Flüssigkeit auflösen. Nicht kochen!

3. Mit Salz und wenig Pfeffer würzen. Die Eiswürfelschale mit kaltem Wasser ausspülen, die Flüssigkeit hineingeben und im Kühlschrank etwa 2 Stunden kalt stellen.

4. Das erstarrte Gelee aus dem Kühlschrank nehmen und auf ein Brett stürzen. Falls dies Schwierigkeiten macht, die Form ganz kurz umgedreht unter fließendes heißes Wasser halten.

5. Aus der Geleeplatte mit Ausstechformen Motive ausstechen. Oder das Gelee in Würfel schneiden oder grob hacken.

Tip!

Zur Aromatisierung und Farbgebung des Gelees können Sie den roten Portwein durch weißen Portwein, würzigen Traminer oder Muskateller, Campari oder exotisch blauen Curaçao ersetzen.

Bild oben: Melonensaucière
Bild unten: Geleegarnituren

Zucchini-körbchen

Sie gehören zu einem leichten Fischgericht, zu Grillgerichten oder zu Wurst- und Käseplatten. Sie eignen sich als Dip-Schale für ein Fondue oder als Einrahmung für kräftige Nudel- oder Wurstsalate.

Zutaten für etwa 10 Stück:
je 2 gelbe und grüne Zucchini (möglichst klein und gerade gewachsen)
Salz
1 Scheibe rotfleischige Wassermelone (etwa 300 g)
3 Teel. Remoulade
2 Zweige Basilikum
Was Sie sonst noch brauchen:
1 scharfes Küchenmesser
1 Riefen- oder Rillenschneider
1 Kugelausstecher

Raffiniert

- Zubereitungszeit: etwa 40 Minuten

1. Die Zucchini waschen, trockentupfen, die Stiel- und Blütenansätze abschneiden und die Früchte in etwa 4 cm lange Stücke schneiden.

2. Mit dem Riefen- oder Rillenschneider in die Schale der Zucchinistücke gleichmäßige Streifen einschneiden.

3. Mit dem Kugelausstecher aus der Mitte der Stücke eine Kugel ausstechen, ohne durch den Boden zu schneiden. Die Kugeln für einen Salat oder Gemüse beiseite legen (oder gleich essen!).

4. Ausreichend Wasser mit etwas Salz zum Kochen bringen und die Zucchinikörbchen darin etwa 5 Minuten sprudelnd kochen lassen. Die Zucchinikörbchen herausnehmen und in einer Schüssel mit Eiswasser abkühlen lassen. Wenn sie kalt sind, aus dem Wasser heben und umgekehrt zum Austropfen auf ein Haushaltstuch stellen.

5. Aus der Wassermelone mit dem gleichen Kugelausstecher so viele Kugeln ausstechen, wie Zucchinikörbchen vorhanden sind.

6. Die ausgetropften Zucchinikörbchen umdrehen und in jede Höhlung ein bißchen Remoulade geben. (Wenn Sie es lieber schärfer mögen, können Sie natürlich auch Chilisauce oder gewürzten Ketchup verwenden.)

7. Die Basilikumzweige waschen, trockenschütteln und die Blättchen abzupfen; je 1 Blättchen halb in jede Höhlung stecken.

8. Jetzt nur noch die Melonenkugeln daraufsetzen und die Zuchinikörbchen bis zum Anrichten mit Frischhaltefolie abdecken und kühl stellen.

Tip!

Nehmen Sie anstelle der Zucchini einmal frische Gurken oder weiße Rettiche und setzen Sie eine Möhrenkugel obendrauf.

Varianten:
Zucchinikörbchen mit verschiedenen Füllungen
Wenn Sie die blanchierten Zucchinikörbchen lieber anders füllen möchten, hier ein paar Anregungen:
Einen Kranz von kleinen Nordseekrabben rund um den Rand hängen und mit einem Dillzweig garnieren. In die Höhlung Forellenkaviar geben.
Die Höhlung mit roten Basilikumblättern auslegen, ein Wachtelei darauf setzen.
Tomaten häuten und entkernen, das Fruchtfleisch hacken und es in etwas Butter schmelzen. Mit Salz, Pfeffer und Oregano würzen und in die noch warmen Zucchinikörbchen geben.
Nach Belieben mit etwas Parmesan überstreuen und gratinieren: besonders wirkungsvoll und schmackhaft zu Lammkoteletts, Gemüseplatten oder würzigen Fischgerichten.

Eine besonders überraschende und gelungene Farb- und Geschmackskomposition sind die gefüllten Zucchinikörbchen.

Frühstück & Brunch

Gönnen Sie sich am Wochenende mal ein ausgiebiges Frühstück mit Familie und Freunden. Hier finden Sie süße und salzige Anregungen: von Müslis und raffinierten Brotaufstrichen zu leckeren Salaten und eingelegten Köstlichkeiten. So schmeckt es nicht selten vom Frühstückskaffee bis weit in den Sekt-Nachmittag hinein.

Muffins

Zutaten für 20 Stück:
500 g Mehl
1 Würfel Hefe (42g)
1 Teel. Zucker
3/8 l lauwarme Milch
1 Prise Salz · 40 g Butter
Zum Bestreichen: 1 Eigelb und
1 Eßl. Milch
Für die Förmchen: Fett

Braucht etwas Zeit

Pro Stück etwa:
510 kJ/120 kcal
3 g Fett · 3 g Eiweiß
21 g Kohlenhydrate

- Zubereitungszeit: etwa 1 1/2 Stunden (davon 55 Minuten Ruhezeit und 20 Minuten Backzeit)

1. Das Mehl in eine Schüssel sieben. In die Mitte eine Mulde drücken. Die Hefe hineinbröckeln und mit dem Zucker, der Hälfte der Milch und etwas Mehl vom Rand verrühren. Zugedeckt an einem warmen Ort etwa 15 Minuten ruhen lassen.

2. Die restliche Milch, Salz und Butter einarbeiten. Den Teig mit den Knethaken des elektrischen Handrührgeräts bearbeiten, bis er sich vom Schüsselrand löst. Noch etwa 20 Minuten ruhen lassen.

3. Den Backofen auf 200° vorheizen. Muffinförmchen oder ein Backblech einfetten. Aus dem Teig mit bemehlten Händen etwa tischtennisgroße Kugeln formen, in die Förmchen oder auf das Backblech setzen und etwa 20 Minuten ruhen lassen.

4. Das Eigelb und die Milch verquirlen. Die Muffins damit bestreichen und im Ofen (unten, Umluft 180°) etwa 20 Minuten backen. Noch warm mit Butter und Marmelade servieren.

Orangenmarmelade

Orangemarmalade

Zutaten für 2 1/4 l:
1 kg unbehandelte Orangen
800 g Gelierzucker
1 Päck. Gelierhilfe

Gelingt leicht

Insgesamt etwa:
18000 kJ/4300 kcal
8 g Eiweiß · 2 g Fett
1100 g Kohlenhydrate

- Zubereitungszeit: etwa 30 Minuten

1. Die Orangen heiß waschen und abtrocknen. 2 Orangen ganz dünn abschälen. Die Schale quer in feine Streifen schneiden.

2. Die restlichen Orangen schälen. Von allen Früchten die weiße Haut abziehen.

3. Das Fruchtfleisch klein schneiden, dabei die Kerne entfernen. Die Orangen mit den Schalenstreifen in einen Topf füllen. Den Gelierzucker mit der Gelierhilfe mischen. Die Hälfte unter die Fruchtmasse rühren.

4. Die Orangen unter Rühren aufkochen. Die restliche Mischung unterrühren und noch etwa 6 Minuten weiterkochen lassen. Die Orangenmarmelade sofort in vorbereitete Gläser füllen und verschließen.

Backpflaumenkompott

Stewed Prunes

Zutaten für 4 Personen:
Saft von 1 Zitrone
1/4 l Orangensaft · 3 Eßl. Zucker
1/2 Zimtstange
250 g Backpflaumen, entsteint

Ganz einfach

Pro Portion etwa:
880 kJ/210 kcal
2 g Eiweiß · 1 g Fett
49 g Kohlenhydrate

- Zubereitungszeit: etwa 15 Minuten

1. Zitronen- und Orangensaft, Zucker, Zimtstange und Backpflaumen in einen Topf füllen.

2. Alles langsam aufkochen, dann etwa 10 Minuten köcheln lassen. Das Kompott in eine Schüssel füllen und abkühlen lassen.

Im Bild vorne: Backpflaumenkompott
Im Bild Mitte: Orangenmarmelade
Im Bild hinten: Muffins

MY
BEST

Brombeerkonfitüre

Verwenden Sie vollreife Garten- oder Zuchtbrombeeren. Sie haben nicht so viele Kerne wie die wildwachsenden.

Zutaten für etwa 2 l:
1,5 kg Brombeeren
1,5 kg Gelierzucker
1 Stück getrockneter Ingwer (etwa 2 cm)
10 Kardamomkapseln
10 große Korianderkörner
4 Eßl. Zitronensaft, frisch gepreßt

Raffiniert

Insgesamt etwa:
28000 kJ/6700 kcal

- Ruhezeit: 6 Stunden
- Zubereitungszeit: etwa 45 Minuten

1. Die Brombeeren waschen, sehr gründlich abtropfen lassen, entkelchen und mit dem Gelierzucker vermischen. Die Beeren dabei ganz leicht zerdrücken.

2. Den Ingwer hacken. Die Kardamomkapseln aufbrechen und mit dem Koriander im Mörser grob zerstoßen. Die Gewürze in ein Mullsäckchen einbinden und zu den Beeren geben. Alles etwa 6 Stunden ziehen lassen.

3. Die Früchte mit dem Mullsäckchen bei schwacher Hitze zum Kochen bringen. Das Mullsäckchen entfernen und den Zitronensaft in die Konfitüre einrühren. Den Topf von der Herdplatte nehmen und die Gelierprobe machen.

4. Die fertige Konfitüre sofort in Gläser füllen und diese verschließen.

Variante:
Wer mag, »vergeistigt« die Konfitüre nach dem Aufkochen mit 4 cl Himbeergeist oder Kirschwasser.

Kirschkonfitüre

Wegen des speziellen Geliermittels können Sie bei dieser Konfitüre auf Zucker verzichten.

Zutaten für etwa 2 l:
2 kg dunkle Süßkirschen
1 kg dunkle Sauerkirschen
2 Zimtstangen
2 Beutel Gelfix leicht

Braucht etwas Zeit

Insgesamt etwa:
6200 kJ/1500 kcal

- Zubereitungszeit: etwa 2 Stunden

1. Die Kirschen waschen, abtropfen lassen und entstielen. Die Kirschen entsteinen, dabei die Kerne und den Saft in einer Schüssel sammeln.

2. Die Kirschen in einen großen weiten Topf geben. Die Kirschkerne über dem Topf in ein Sieb schütten und den Saft ablaufen lassen.

3. Die Zimtstangen hinzufügen. Die Kirschen bei mittlerer Hitze langsam erhitzen, aber nicht kochen lassen, dabei nicht umrühren.

4. Die Kirschen etwa 1 1/2 Stunden gerade unter dem Siedepunkt halten, bis die Früchte musartig geworden sind. Die Zimtstangen entfernen.

5. Das Geliermittel gleichmäßig unter die Kirschen rühren. Die Konfitüre bei starker Hitze aufkochen und etwa 1 Minute kochen lassen. Den Topf von der Herdplatte nehmen und die Gelierprobe machen. Die Konfitüre sofort in Gläser füllen und diese verschließen.

Tip!

Bewahren Sie die Kirschkonfitüre kühl und vor allem dunkel auf. Da sie keinen Zucker enthält, verliert sie leichter die Farbe. Die Konfitüre sollte innerhalb von drei Monaten gegessen werden.

Im Bild vorne: Brombeerkonfitüre
Im Bild hinten: Kirschkonfitüre

Kalt gerührte Mango-konfitüre

Zutaten für 3 Gläser à 150 ml:
1 große, reife Mango (etwa 400 g)
250 g Gelierzucker
1 Eßl. Limettensaft
1 Eßl. weißer Rum
1 große Kiwi

Für Gäste

- Zubereitungszeit: etwa 20 Minuten

Pro Glas etwa:
1700 kJ/400 kcal
1 g Eiweiß · 0 g Fett
98 g Kohlenhydrate

1. Die Mango schälen, das Fruchtfleisch vom Stein lösen, genau 250 g Fruchtfleisch abwiegen.

2. Das Mangofruchtfleisch zusammen mit dem Gelierzucker in der Küchenmaschine oder mit den Schneebesen des Handrührgerätes etwa 10 Minuten verrühren.

3. Den Limettensaft und den Rum unterrühren. Die Kiwi schälen, klein würfeln und zuletzt noch untermischen. In saubere Gläschen füllen, verschließen und in den Kühlschrank stellen.

Tip!

Kalt gerührte Konfitüren rasch verbrauchen, sie verderben schneller als gekochte. Für einen kurzzeitigen Vorrat die Konfitüre in kleine, gut gesäuberte Gläschen mit Twist-Off-Deckeln füllen und die Gläser sofort verschließen. Mindestens 3 Stunden in den Kühlschrank stellen.

Rhabarber-Aprikosen-Konfitüre

Zutaten für 3 Gläser à 200 ml:
300 g Rhabarber
1 Stück frischer Ingwer (etwa 5 cm)
1 unbehandelte Zitrone
250 g reife Aprikosen
500 g Gelierzucker

Gelingt leicht

- Zubereitungszeit: etwa 40 Minuten

Pro Glas etwa:
3000 kJ/710 kcal
1 g Eiweiß · 0 g Fett
180 g Kohlenhydrate

1. Den Rhabarber schälen, waschen und in etwa 2 cm lange Stücke schneiden. Den Ingwer schälen und sehr klein hacken, die Zitrone heiß abwaschen, die Schale fein abreiben, den Saft auspressen.

2. Die Aprikosen waschen, entsteinen und würfeln. Zusammen mit dem Rhabarber, dem Ingwer, der Zitronenschale und dem Zitronensaft in einem breiten Topf mit dem Gelierzucker verrühren.

3. Die Mischung nach der Packungsbeschreibung auf der Gelierzuckertüte durchkochen. Eine Gelierprobe machen, dann die Konfitüre sofort randvoll in kleine Gläser abfüllen und diese verschließen.

Im Bild vorne:
Kalt gerührte Mangokonfitüre
Im Bild hinten:
Rharbarber-Aprikosen-Konfitüre

Knuspermüsli mit Himbeeren

Die Knuspermischung schmeckt auch sehr gut in anderen Müsli-Varianten. Sie können Sie für ein paar Tage im voraus zubereiten und in einem Schraubglas aufbewahren.

Zutaten für 4 Personen:
80 g Nackthafer, grob geschrotet
80 ccm Milch, Wasser oder Apfelsaft
20 g Butter
50 g beliebige Nüsse oder Sonnenblumenkerne, grob gehackt
60 g Hafer-, Dinkel- oder Weizenflocken
20 g Buchweizen
1 große Banane
250 g Himbeeren
Nach Belieben:
1Teel.Zuckerrohrgranulat oder Honig

Raffiniert

Pro Portion etwa:
1400 kJ/330 kcal
9 g Eiweiß · 14 g Fett
39 g Kohlenhydrate
7 g Ballaststoffe

- Zubereitungszeit: etwa 35 Minuten

1. Den Schrot mit der Milch, dem Wasser oder Saft übergießen, 30 Minuten quellen lassen.

2. Inzwischen die Butter in einer Pfanne erhitzen. Die Nüsse, die Flocken und den Buchweizen unter ständigem Bewegen darin bei mittlerer Hitze leicht anrösten. Die Mischung etwas abkühlen lassen.

3. Die Banane schälen, kleinschneiden und unter den Frischkornbrei rühren. Die Himbeeren mit Wasser überbrausen und abtropfen lassen.

4. Die Knuspermischung und eventuell das Granulat oder den Honig einrühren. Die Hälfte der Himbeeren vorsichtig unterheben. Die restlichen Himbeeren darauf verteilen.

Cremiges Dinkelmüsli

Zutaten für 4 Personen:
120 g Dinkel, fein bis mittelgrob gemahlen
600 ccm Milch (oder halb Milch, halb Wasser)
1 Messerspitze Zimtpulver
nach Belieben 1 Messerspitze Galgantpulver (siehe Tip)
1–2 Äpfel
1 Banane oder 2 Eßl. Rosinen
50–100 g beliebige Beeren oder andere Früchte, je nach Jahreszeit
2 Eßl. Mandeln, frisch gehackt

Für Ungeübte • Schnell

Pro Portion etwa:
1300 kJ/310 kcal
11 g Eiweiß · 12 g Fett
6 g Kohlenhydrate
18 g Ballaststoffe

- Zubereitungszeit: etwa 30 Minuten

1. Das Dinkelmehl in einem Topf mit der Milch oder dem Wasser verrühren. Etwa 15 Minuten quellen lassen.

2. Den Dinkel dann bei schwacher Hitze unter gelegentlichem Rühren 3–5 Minuten kochen lassen. Mit dem Zimt und eventuell dem Galgant würzen und beiseite stellen

3. Die Äpfel gründlich waschen und mit der Schale auf einer mittelgroben Reibe auf den Brei reiben oder in kleine Stückchen schneiden und sofort unterrühren.

4. Die Banane schälen, längs vierteln und würfeln. Die Banane oder die Rosinen in die Masse rühren.

5. Die Beeren oder anderen Früchte waschen und gegebenenfalls kleinschneiden, dann auf dem Müsli verteilen. Die Mandeln darüber streuen.

Tip!

Galgant ist ein altes, heute wiederentdecktes Gewürz aus der Familie der Ingwergewächse, das in der Ganzheitsmedizin als Heilmittel große Bedeutung hat. Man sagt ihm nach, es wirke günstig auf Herz und Kreislauf, entzündungshemmend und krampflösend.

Im Bild vorne: Knuspermüsli mit Himbeeren.
Im Bild hinten: Cremiges Dinkelmüsli.

Obstsalat mit Mandelsauce

Zutaten für 4 Personen:
1 Orange
200 g blaue Weintrauben
2 Kiwis
2 kleine Äpfel
3 Eßl. Zitronensaft
1 kleine Banane
3 Eßl. Mandelmus
(aus dem Reformhaus)
100 g Vollmilch-Joghurt

Raffiniert

- Zubereitungszeit: etwa 40 Minuten

Pro Portion etwa:
780 kJ/190 kcal
3 g Eiweiß · 2 g Fett
39 g Kohlenhydrate

1. Die Orange schälen und sorgfältig filetieren, den abtropfenden Saft dabei auffangen.

2. Die Weintrauben waschen, von den Stielen zupfen, halbieren und entkernen.

3. Die Kiwis schälen und halbieren, in Scheiben schneiden.

4. Die Äpfel waschen und gut abreiben, vierteln, die Kerngehäuse entfernen. Die Viertel in Spalten schneiden und sofort im Zitronensaft wenden, wieder herausheben.

5. Die Banane schälen, in schräge Scheiben schneiden, ebenfalls im Zitronensaft wenden und wieder herausheben.

6. Die Früchte auf Tellern anrichten. Den Zitronen- und den abgetropften Orangensaft mit dem Mandelmus und dem Joghurt verrühren und über die Früchte träufeln.

Überbackene Früchte mit Quark

Zutaten für 4 Personen:
1/2 unbehandelte Zitrone
2 Eier
1 Päckchen Vanillezucker
2 Eßl. Zucker
250 g Speisequark (20%)
1 Eßl. gemahlene Haselnüsse
Fett für die Form
1 Pfirsich · 100 g Pflaumen
100 g Brombeeren

Preiswert

- Zubereitungszeit: etwa 45 Minuten

Pro Portion etwa:
930 kJ/220 kcal
13 g Eiweiß · 10 g Fett
21 g Kohlenhydrate

1. Den Backofen auf 200° vorheizen. Die Zitrone heiß abwaschen, abtrocknen, die Zitronenschale abreiben, den Saft auspressen.

2. Die Eier trennen, das Eiweiß zu steifem Schnee schlagen, dabei den Vanillezucker und 1 Eßlöffel von dem Zucker einrieseln lassen.

3. Die Eigelbe mit dem übrigen Zucker verquirlen. Den Quark, die Haselnüsse, die Zitronenschale und den Zitronensaft unterziehen, dann den Eischnee unterheben. In eine breite, gefettete Gratinform umfüllen.

4. Den Pfirsich und die Pflaumen waschen, halbieren, entsteinen und in Spalten schneiden. Die Brombeeren verlesen, nur falls nötig waschen.

5. Die Früchte in der Form arrangieren. Im Backofen (Mitte) etwa 20 Minuten gratinieren.

Im Bild vorne:
Obstsalat mit Mandelsauce
Im Bild hinten:
Überbackene Früchte mit Quark

Sprossenmüsli mit Beeren

Im Sommer, wenn es frische Beeren gibt, ist dieses Müsli der ideale Start in den Tag. Im Spätsommer und Herbst schmeckt das Müsli mit Äpfeln oder Birnen, im Winter mit Orangen oder Mandarinen.

Zutaten für 4 Personen:
je 75 g Gersten- und
Weizensprossen
(je etwa 30 g Trockengewicht)
500 g gemischte Beeren
(zum Beispiel Brombeeren,
Himbeeren und Stachelbeeren)
150 g Joghurt
100 ccm Milch
eventuell 1 Eßl. Zuckerrohrgranulat
1/2 Teel. gemahlene Vanille
50 g Hafer-Vollkornflocken

Gelingt leicht

Pro Portion etwa:
800 kJ/190 kcal
7 g Eiweiß · 5 g Fett
30 g Kohlenhydrate
7 g Ballaststoffe

- Zubereitungszeit: etwa 30 Minuten

1. Die Sprossen in einem Sieb kalt abspülen und gründlich abtropfen lassen. Die Beeren verlesen, eventuell vorsichtig kalt abspülen und abtropfen lassen oder trockentupfen. Die Beeren mit den Sprossen in einer Schüssel mischen.

2. Den Joghurt mit der Milch, eventuell dem Granulat (je nach Süße der Beeren) sowie der Vanille verrühren. Die Joghurtcreme mit der Sprossenmischung vermengen und in vier Portionsschälchen verteilen.

3. Die Haferflocken in einer trockenen Pfanne bei mittlerer Hitze unter Rühren rösten, bis sie würzig duften. Das Müsli mit den Flocken bestreut servieren.

Erdbeer-Kiwi-Salat mit Sprossen

Dieser Obstsalat schmeckt gut als Dessert, aber auch zum Frühstück. Statt Roggensprossen können Sie beliebige andere Getreidesprossen oder auch Leinsamensprossen verwenden.

Zutaten für 4 Personen:
3 Kiwis
400 g Erdbeeren
1 Eßl. Zitronensaft
1 Eßl. Ahornsirup
100 g Roggensprossen (etwa 40 g
Trockengewicht)
1 Eßl. ungesalzene Pistazienkerne

Schnell
Ohne tierisches Eiweiß

Pro Portion etwa:
600 kJ/140 kcal
3 g Eiweiß · 4 g Fett
24 g Kohlenhydrate
5 g Ballaststoffe

- Zubereitungszeit: etwa 15 Minuten

1. Die Kiwis schälen, längs halbieren und in feine Scheiben schneiden. Die Erdbeeren waschen, trockentupfen, putzen und je nach Größe halbieren oder vierteln. Die Früchte mit dem Zitronensaft und dem Ahornsirup in einer Schüssel mischen.

2. Die Roggensprossen in einem Sieb kalt abspülen und gründlich abtropfen lassen. Die Pistazienkerne fein hacken.

3. Die Roggensprossen unter den Fruchtsalat mischen. Den Salat in kleine Schälchen füllen, die Pistazien darüber streuen.

Im Bild oben:
Sprossenmüsli mit Beeren
Im Bild unten:
Erdbeer-Kiwi-Salat mit Sprossen

Garnelenbutter

Zutaten für 6 Personen:
1 Bund glatte Petersilie
100 g geschälte Nordseekrabben (Garnelen)
125 g weiche Butter
1/2 unbehandelte Zitrone · Salz
weißer Pfeffer, frisch gemahlen

Für Gäste

- Zubereitungszeit: etwa 10 Minuten

Pro Portion etwa:
740 kJ/180 kcal
4 g Eiweiß · 18 g Fett
1 g Kohlenhydrate

1. Die Petersilie abspülen, trockenschütteln und ohne die groben Stiele hacken. Die Krabben ebenfalls sehr fein hacken. Beides mit der weichen Butter verrühren.

2. Die Zitronenhälfte heiß abspülen, etwas Zitronenschale abreiben und die Butter damit und mit einigen Tropfen Zitronensaft, Salz und Pfeffer abschmecken, dann kalt stellen.

Sesambutter

Zutaten für 6 Personen:
2 Eßl. ungeschälte Sesamsamen
125 g weiche Butter
1 Knoblauchzehe
Caynennepfeffer · Salz

Schnell

- Zubereitungszeit: etwa 10 Minuten

Pro Portion etwa:
820 kJ/200 kcal
2 g Eiweiß · 21 g Fett
1 g Kohlenhydrate

1. Die Sesamsamen in einer trockenen Pfanne einige Minuten unter Rühren rösten, bis sie angenehm duften.

2. Die Sesamsamen mit der weichen Butter verrühren. Den Knoblauch schälen und dazupressen. Mit etwas Cayennepfeffer und Salz würzen, verrühren und kalt stellen.

Mandel-Kräuter-Butter

Zutaten für 6 Personen:
30 g Mandeln, gehackt
30 g Mandeln, gemahlen
2 Eßl. Kerbelblättchen
125 g weiche Butter
2–3 Teel. Sherry nach Belieben
Salz
Paprikapulver, rosenscharf

Gelingt leicht

- Zubereitungszeit: etwa 10 Minuten

Pro Portion etwa:
910 kJ/220 kcal
2 g Eiweiß · 23 g Fett
1 g Kohlenhydrate

1. Zuerst die gehackten, dann die gemahlenen Mandeln in einer trockenen Pfanne unter Rühren goldbraun rösten, wieder herausnehmen.

2. Den Kerbel verlesen, abspülen, trockenschütteln und fein hacken. Mit den gerösteten Mandeln und der Butter verrühren, mit dem Sherry nach Belieben und mit Salz und Paprikapulver abschmecken.

Preiselbeerbutter

Zutaten für 6 Personen:
125 g weiche Butter
75 g eingelegte Preiselbeeren
1–2 Eßl. Apfeldicksaft oder flüssiger Honig
25 g Walnußkerne

Raffiniert

- Zubereitungszeit: etwa 10 Minuten

Pro Portion etwa:
910 kJ/220 kcal
1 g Eiweiß · 20 g Fett
9 g Kohlenhydrate

1. Die Butter mit den Preiselbeeren und dem Apfeldicksaft oder dem Honig glattrühren.

2. Die Walnußkerne hacken und aufstreuen oder untermischen. Kalt stellen.

Im Bild hinten: Preiselbeerbutter
Im Bild Mitte: Garnelenbutter
Im Bild Mitte, links: Sesambutter
Im Bild vorne: Mandel-Kräuter-Butter

Möhren-Mascarpone-Creme

Zutaten für 6 Personen:
200 g Möhren
2 Eßl. Honig
250 g Mascarpone
1–2 Eßl. Zitronensaft
1 säuerlicher, fester Apfel

- Zubereitungszeit: etwa 30 Minuten

Pro Portion etwa:
770 kJ/180 kcal
5 g Eiweiß · 13 g Fett
9 g Kohlenhydrate

1. Die Möhren waschen, putzen und schälen, dann die Möhren klein würfeln. Den Honig in einem Topf erwärmen, die Möhren darin wenden. 4–5 Eßlöffel Wasser angießen, die Möhren gut zugedeckt etwa 15 Minuten dünsten, bis sie weich sind.

2. Die Möhren dann in einem Sieb gut abtropfen lassen und im Mixer oder mit dem Pürierstab pürieren. Mit dem Mascarpone verrühren. Mit dem Zitronensaft abschmecken.

3. Den Apfel schälen und auf der Rohkostreibe grob reiben. Den geriebenen Apfel unter die Mascarponecreme rühren. Die Möhren-Mascarpone-Creme bis zum Servieren in den Kühlschrank stellen.

Bananen-Schoko-Creme

Zutaten für 6 Personen:
2 reife Bananen
2 Eßl. Zitronensaft
125 g Speisequark (20%)
50 g Pistazienkerne
1–2 Eßl. Kakaopulver

- Zubereitungszeit: etwa 20 Minuten

Pro Portion etwa:
520 kJ/120 kcal
5 g Eiweiß · 5 g Fett
12 g Kohlenhydrate

1. Die Bananen schälen, dann die Früchte sofort zusammen mit dem Zitronensaft und dem Quark im Mixer oder mit dem Pürierstab pürieren.

2. Einige Pistazienkerne beiseite legen, die übrigen fein hacken.

3. Eine Hälfte der Bananenmasse mit den gehackten Pistazien, die andere Hälfte mit dem Kakaopulver verrühren.

4. Die Bananen-Pistazien-Mischung zusammen mit der Bananen-Kakao-Mischung in eine Schüssel geben, nur ganz leicht vermischen und dadurch marmorieren. Mit den beiseitegelegten Pistazien bestreuen und servieren.

Nuß-Rosinen-Creme

Zutaten für 6 Personen:
100 g kernlose Rosinen
75 ml Orangensaft
100 g Haselnußkerne
50 g Walnußkerne
25 g Pinienkerne
100 g Doppelrahm-Frischkäse

- Zubereitungszeit: etwa 30 Minuten

Pro Portion etwa:
1200 kJ/290 kcal
6 g Eiweiß · 22 g Fett
15 g Kohlenhydrate

1. Die Rosinen heiß abwaschen, abtropfen lassen und in dem Orangensaft einweichen.

2. Die Haselnuß-, die Walnuß- und die Pinienkerne in einer trockenen Pfanne einige Minuten unter Rühren rösten. Anschließend durch die Mandelmühle drehen oder in der Küchenmaschine fein mahlen.

3. Die Rosinen pürieren, den Frischkäse unterschlagen. Dann die gemahlenen Nüsse unterrühren, bis eine dickcremige Paste entstanden ist.

Im Bild vorne: Möhren-Mascarpone-Creme
Im Bild Mitte: Bananen-Schoko-Creme
Im Bild hinten: Nuß-Rosinen-Creme

Avocadocreme nach Oskar

Ein pikanter Brotaufstrich, der ohne Butter darunter schmeckt. Oder als Dip für Rohkost.

Zutaten für 4 Personen:
2 reife, weiche Avocados
Saft von 1 Zitrone
4 Knoblauchzehen
250 g Bulgara-Joghurt
1 Teel. grobes Meersalz
1 Teel. weiße Pfefferkörner
1 Kardamonkapsel (nur die schwarzen Kerne)
je 1/2 Teel. Kreuzkümmel und Korianderkörner
1/2 Teel. Paprikapulver, edelsüß
1/2 Teel. Zwiebelpulver
je 1 Prise Selleriesalz, Muskatnuß und Cayennepfeffer

Gelingt leicht · Schnell

Pro Portion etwa:
1200 kJ/290 kcal
4 g Eiweiß · 27 g Fett
6 g Kohlenhydrate

- Zubereitungszeit: etwa 20 Minuten

1. Die Avocados halbieren und entkernen. Das Fruchtfleisch auslöffeln und mit einer Gabel zermusen. Sofort mit dem Zitronensaft vermischen.

2. Die Knoblauchzehen schälen, grob hacken und dann mit einer Gabel zerdrücken. Mit dem Joghurt (eventuell die Molke darauf abgießen) unter das Avocadopüree rühren.

3. Salz, Pfeffer, Kardamomkerne, Kreuzkümmel und Koriander im Mörser mahlen. Die restlichen Gewürze dazugeben, alles mischen. Die Creme damit würzen. Etwa 30 Minuten kalt stellen.

Israelischer Hummus

Eine würzige Kichererbsencreme, die gut zu Fladenbrot schmeckt.

Zutaten für 4 Personen:
250 g Kichererbsen
4 Eßl. Sesamsamen
4 Knoblauchzehen
1 Eßl. Kreuzkümmel
Saft von 1 Zitrone
Salz
Pfeffer, frisch gemahlen
1/2 Teel. Korianderkörner
4 Eßl. Paprikamark (Ajvar)
1 Teel. Harissa (Chilipaste)
3 Eßl. Olivenöl, kaltgepreßt
8 schwarze Oliven
1 Eßl. frisch gehackte glatte Petersilie

Würzig

Pro Portion etwa:
1500 kJ/360 kcal
15 g Eiweiß · 15 g Fett
34 g Kohlenhydrate

- Einweichzeit: mindestens 8 Stunden, besser über Nacht
- Zubereitungszeit: etwa 1 1/2 Stunden

1. Die Kichererbsen mindestens 8 Stunden, besser über Nacht in etwa 1 l kaltem Wasser einweichen. Am nächsten Tag im Einweichwasser gut 1 Stunde kochen lassen, bis die Hülsenfrüchte gar sind.

2. Die Sesamsamen in einer trockenen Pfanne anrösten, bis sie hellbraun sind. Den Knoblauch pellen, grob würfeln. Die Kichererbsen abtropfen lassen (Kochwasser auffangen). Mit Sesam, Knoblauch, Kreuzkümmel, Zitronensaft, Salz und Pfeffer im Mixer pürieren. So viel Kochwasser angießen, daß eine streichfeste Paste entsteht.

3. Die Kichererbsencreme ringförmig in eine flache Schüssel füllen, mit einem Eßlöffel glattstreichen. Die Korianderkörner im Mörser zerstoßen. Das Paprikamark mit Harissa und Koriander verrühren und in die Mitte des Rings füllen. Darum herum das Olivenöl gießen. Oliven und Petersilie auf dem Hummusring verteilen. Dazu Fladenbrot servieren. Beim Essen stippt man ein Brotstück gleichzeitig durch die Kichererbsen- und die Paprikacreme.

Im Bild vorne: Avocadocreme nach Oskar
Im Bild hinten: Israelischer Hummus

Tomaten-Kräuter-Creme

Zutaten für 8 Personen:
50 g Pinienkerne
3–4 Bund Basilikum
3 Knoblauchzehen
250 g reife, feste Tomaten
40 g Semmelbrösel
80 ml kaltgepreßtes Olivenöl
Salz
schwarzer Pfeffer, frisch gemahlen

Raffiniert

- Zubereitungszeit: etwa 30 Minuten

Pro Portion etwa:
940 kJ/220 kcal
2 g Eiweiß · 22 g Fett
5 g Kohlenhydrate

1. Die Pinienkerne in einer trockenen Pfanne leicht rösten. Die Basilikumblättchen von den Stengeln zupfen, die Knoblauchzehen schälen. Die Tomaten kurz in kochendes Wasser legen, häuten, vierteln und die Kerne entfernen.

2. Die Pinienkerne, die Basilikumblättchen, den Knoblauch, die Tomaten und die Semmelbrösel mit dem Olivenöl und 1 Teelöffel Salz im Mixer oder mit dem Pürierstab pürieren. Mit Salz und etwas Pfeffer abschmecken.

Sprossen-Kartoffel-Creme

Zutaten für 6 Personen:
250 g mehligkochende Kartoffeln
Salz
100 g Alfalfasprossen
2 Eßl. Crème fraîche
1 Eßl. Mangochutney (Fertigprodukt)
1/2 Teel. Koriander, gemahlen
schwarzer Pfeffer, frisch gemahlen

Preiswert

- Zubereitungszeit: etwa 45 Minuten

Pro Portion etwa:
290 kJ/70 kcal
2 g Eiweiß · 4 g Fett
8 g Kohlenhydrate

1. Die Kartoffeln waschen, schälen und in Salzwasser gar kochen. Abgießen, noch heiß durch die Kartoffelpresse drücken.

2. Einige von den Alfalfasprossen beiseite legen. Die übrigen Sprossen leicht pürieren und zusammen mit der Crème fraîche unter das Kartoffelpüree ziehen.
Mit dem Mangochutney, Salz, dem Koriander und Pfeffer abschmecken, mit den beiseite gelegten Sprossen garnieren.

Tip!

Mangochutney können Sie in gut sortierten Lebensmittelhandlungen, gewiß aber im Asienshop kaufen. Wenn Sie es selbst kochen möchten, dafür das Fruchtfleisch von 2 Mangos würfeln, mit 2 Teelöffeln feingehacktem Ingwer, 50 g Rosinen, 60 g Zukker, 4 Eßlöffeln Essig und 100 ml Weißwein in einem Topf bei schwacher Hitze unter Rühren dicklich kochen, mit Salz, Pfeffer und Sambal oelek oder Tabasco abschmecken.
In kleine, gut gesäuberte Gläschen füllen und diese fest verschließen.

Bild oben: Tomaten-Kräuter-Creme
Bild unten: Sprossen-Kartoffel-Creme

Spiegeleier mit Speck und Grilltomate

Bacon and Eggs with Tomatoe

Zutaten für 4 Personen:
4 mittelgroße Tomaten
2 Eßl. neutrales Öl
Salz
schwarzer Pfeffer, frisch gemahlen
200 g Frühstücksspeck in dünnen Scheiben
4 Eier
Paprikapulver, edelsüß
Für das Backblech: Backpapier

Gelingt leicht

Pro Portion etwa:
1900 kJ/450 kcal
12 g Eiweiß · 43 g Fett
3 g Kohlenhydrate

- Zubereitungszeit: etwa 20 Minuten

1. Den Grill auf 250° vorheizen. Das Blech mit Backpapier belegen.

2. Die Tomaten waschen, trockentupfen und längs halbieren, dabei die Stielansätze entfernen. Die Schnittflächen mit Öl bestreichen und mit Salz und Pfeffer würzen. Die Tomaten mit den Schnittflächen nach oben auf das Blech setzen und etwa 7 Minuten grillen.

3. Inzwischen den Speck in einer großen trockenen Pfanne knusprig braten. Herausnehmen und warm stellen.

4. Die Eier in das Speckfett schlagen und bei schwacher Hitze so lange braten, bis das Eiweiß gestockt ist. Die Eier salzen, pfeffern und mit Paprikapulver bestäuben.

5. Die Eier mit dem Speck und den Tomaten anrichten. Dazu schmeckt Toastbrot.

Variante:
Anstelle des Frühstücksspecks können Sie auch kleine Schweinswürstchen braten.

Porridge

Zutaten für 4 Personen:
Salz
200 g Haferflocken
4 Eßl. Zucker
1 Teel. Zimtpulver

Schnell

Pro Portion etwa:
910 kJ/220 kcal
6 g Eiweiß · 4 g Fett
39 g Kohlenhydrate

- Zubereitungszeit: etwa 15 Minuten

1. In einem Topf 1/4 l Wasser mit 1 Prise Salz zum Kochen bringen. Die Haferflocken darin unter Rühren aufkochen lassen.

2. Den Topf vom Herd nehmen und die Haferflocken mindestens 10 Minuten quellen lassen.

3. Den Porridge in eine Schüssel oder in vier Portionsschälchen füllen. Den Zucker mit dem Zimt vermischen und über den Haferbrei streuen. Nach Belieben kalte flüssige Sahne dazu reichen.

Tip!

Typisch zum Frühstück sind auch geräucherte Fischfilets, zum Beispiel von Hering, Makrele, Forelle oder Lachs, die mit Pfeffer übermahlen und mit Dill garniert werden.

Im Bild vorne: Spiegeleier mit Speck und Grilltomate
Im Bild hinten: Porridge

Graved Lachs mit Saucen

Zutaten für 10 Personen:
2 frische Lachsfilets (mit Haut; etwa 1 kg)
75 g Meersalz
2 Eßl. Zucker
2 Teel. weißer Pfeffer, frisch gemahlen
2 Teel. Wacholderbeeren
2 Teel. Piment
2–3 Bund frischer Dill
Für die Senfsauce:
1 Eigelb
3 Eßl. mittelscharfer Senf
1/4 Teel. Zucker
100 ml Pflanzenöl
150 g Vollmilch-Joghurt
Salz
weißer Pfeffer, frisch gemahlen
Für die Pfeffersauce:
200 g Crème fraîche
2–3 Teel. eingelegte grüne Pfefferkörner
2 Eßl. trockener Sherry nach Belieben
Salz
schwarzer Pfeffer, frisch gemahlen
etwas Koriander, gemahlen

Für Gäste
Braucht etwas Zeit

- Zubereitungszeit: etwa 50 Minuten
- Marinierzeit: 2 Tage oder länger

Pro Portion etwa:
1500 kJ/360 kcal
16 g Eiweiß · 29 g Fett
5 g Kohlenhydrate

1. Die Lachsfilets kalt abwaschen, wieder abtrocknen. Noch einmal gründlich auf Gräten untersuchen und diese mit einer Pinzette entfernen.

2. Das Meersalz mit dem Zukker, dem Pfeffer, den Wacholderbeeren und dem Piment im Mörser sehr gut zerstoßen und vermengen oder im Mixer kurz pürieren.

3. Den Dill abspülen, trockenschütteln, dann vom Dill die Spitzen abzupfen und diese fein hacken.

4. Beide Fischfilets auf der Fleischseite gründlich mit den Gewürzen einreiben und mit dem Dill bestreuen. Die beiden Filets mit den Fleischseiten aufeinander legen.

5. Den Fisch fest in Alufolie wickeln, gut beschweren und im Kühlschrank mindestens 2 Tage durchziehen lassen, zwischendurch das Paket mehrfach wenden.

6. Für die Senfsauce das Eigelb mit dem Senf und dem Zucker in einer hohen Schüssel verquirlen, das Öl nach und nach unter ständigem Rühren dazugießen. Die Sauce mit dem Joghurt verrühren, mit Salz und Pfeffer abschmecken.

7. Für die Pfeffersauce die Crème fraîche in einem kleinen Topf bei schwacher Hitze erwärmen. Die Pfefferkörner und nach Belieben den Sherry einrühren, die Sauce mit Salz, Pfeffer und etwas Koriander abschmecken. Wieder abkühlen lassen.

8. Den Lachs auswickeln, etwas von der Gewürzmischung abkratzen. Den Lachs in hauchdünne Scheiben schneiden, mit den beiden Saucen servieren.

Tip!

Graved Lachs läßt sich am besten mit einem scharfen Messer mit langer, dünner Klinge aufschneiden. Es gibt dafür sogar spezielle Lachsmesser. Die Lachsseite wird dabei sehr schräg, beinahe parallel zum Brett, in dünne Scheiben geschnitten.

Den Graved Lachs mit den köstlichen Saucen können Sie sehr gut vorbereiten.

Geflügelsalat mit Kiwis

Zutaten für 6 Personen:
4 Hähnchenbrustfilets ohne Haut (je 125 g)
Salz
frisch gemahlener weißer Pfeffer
2 Eßl. Butterschmalz
2 Stangen Staudensellerie
200 g Kirschtomaten
3 Kiwis
2 Karambolen
1 Eßl. Zitronensaft
1 Eßl. flüssiger Honig
2 Eßl. trockener Weißwein (oder Gemüsebrühe)
100 g Mascarpone (italienischer Frischkäse)
100 g Magerjoghurt
1 Messerspitze Rosenpaprikapulver
200 g körnig gekochter Langkornreis
4 Blätter Basilikum

Gelingt leicht

Pro Portion etwa:
1400 kJ/330 kcal
29 g Eiweiß · 10 g Fett
36 g Kohlenhydrate

- Zubereitungszeit: etwa 45 Minuten

1. Die Hähnchenbrustfilets waschen, trockentupfen und mit etwas Salz und Pfeffer einreiben. Das Butterschmalz erhitzen, das Fleisch darin von allen Seiten 6–8 Minuten braten, in Folie wickeln und etwas durchziehen lassen.

2. Den Sellerie waschen, die grünen Blätter entfernen und die Selleriestangen in kleine Stücke schneiden. Die Kirschtomaten waschen und halbieren.

3. Die Kiwis schälen, halbieren und in Scheiben schneiden. Die Karambolen waschen und in Sterne schneiden.

4. Den Zitronensaft erhitzen, den Honig darin auflösen und mit dem Wein, dem Mascarpone, dem Joghurt und dem Paprikapulver verrühren. Die Sauce mit etwas Salz abschmecken.

5. Die Filets in Streifen schneiden und mit dem Reis, den Früchten, den Tomaten und dem Sellerie unter die Sauce heben. Das Basilikum waschen, streifig schneiden und auf dem Salat verteilen.

Feldsalat mit Früchten

Zutaten für 6 Personen:
300 g Feldsalat
4 Frühlingszwiebeln
2 mittelgroße Stauden Chicorée
2 Kaktusfeigen
100 g Kumquats
200 g Kapstachelbeeren
2 kleine Schalotten
1 Granadilla
1 reife Sharonfrucht
Saft von 1 Zitrone
2–3 Teel. Ahornsirup
Salz
frisch gemahlener weißer Pfeffer
5 Eßl. Kürbiskernöl

Etwas teurer

Pro Portion etwa:
840 kJ/230 kcal
2 g Eiweiß · 17 g Fett
17 g Kohlenhydrate

- Zubereitungszeit: etwa 50 Minuten

1. Den Feldsalat waschen und abtropfen lassen. Die Frühlingszwiebeln waschen, die hellen Teile in Scheibchen schneiden.

2. Den Chicorée waschen, die Stauden in Streifen schneiden und mit dem Feldsalat und den Zwiebeln mischen.

3. Von den Kaktusfeigen die Haut abziehen. Die Kumquats waschen. Die Früchte in etwa 1 cm große Würfel schneiden. Mit den entkelchten Kapstachelbeeren unter den Salat mischen.

4. Die Schalotten würfeln. Die Granadilla und die Sharonfrucht halbieren und das Fruchtfleisch herausschaben. Die Fruchtmasse mit dem Zitronensaft, dem Sirup, den Schalotten und etwas Salz und Pfeffer im Mixer kurz mischen.

5. Das Öl unter die Fruchtsauce schlagen, diese abschmecken und über den Salat gießen.

Im Bild oben: Geflügelsalat mit Kiwis
Im Bild unten: Feldsalat mit Früchten

Marinierte Paprika

Die Paprikaschoten können Sie auch gut schon zwei Tage vor der Einladung zubereiten.

Zutaten für 4–6 Personen:
je 3 rote und gelbe Paprikaschoten
(etwa 1,2 kg)
2 Knoblauchzehen
1 Eßl. Zitronensaft
2 Eßl. Olivenöl, kaltgepreßt
2–3 Teel. Kapern
Salz
weißer Pfeffer, frisch gemahlen
1/2 Bund Petersilie

Preiswert

Bei 6 Personen pro Portion etwa:
280 kJ/67 kcal
3 g Eiweiß · 3 g Fett
7 g Kohlenhydrate

- Zubereitungszeit: etwa 50 Minuten
- Marinierzeit: mindesten 8 Stunden

1. Den Backofen auf 220° vorheizen. Die Paprikaschoten waschen und auf das Backblech legen. Im heißen Ofen (Mitte, Gas Stufe 4, Umluft 200°) etwa 25 Minuten rösten, bis die Haut gebräunt ist und Blasen wirft.

2. Die Schoten aus dem Ofen nehmen, mit einem feuchten Tuch bedecken und etwas abkühlen lassen. Die Haut von den Schoten abziehen, dabei die Früchte achteln und die weißen Trennwände, die Kerne und die Stielansätze entfernen.

3. Den Knoblauch schälen und sehr fein hacken. Die Schotenstreifen mit dem Knoblauch, dem Zitronensaft, dem Olivenöl und den Kapern mischen und mit Salz und Pfeffer abschmekken. Zugedeckt an einem kühlen Ort mindestens 8 Stunden marinieren.

4. Die Petersilie waschen, trockenschwenken und ohne die groben Stiele fein hacken. Die Schoten vor dem Servieren noch einmal in der Marinade wenden, dann mit der Petersilie bestreuen und servieren.

Gefüllte Croissants

Zutaten für 12 Stück:
250 g frischer, gekühlter Blätterteig (1 Dose)
30 g geräucherter Schinken
30 g Emmentaler Käse
Backpapier
40 g Mokka-Schokolade
1 Eigelb
3 Eßl. Milch

Für Gäste

- Zubereitungszeit: etwa 45 Minuten

Pro Portion etwa:
570 kJ/140 kcal
3 g Eiweiß · 10 g Fett
10 g Kohlenhydrate

1. Den Backofen auf 200° vorheizen. Den Blätterteig aus der Dose nehmen und ausbreiten. Entsprechend den vorgegebenen Einkerbungen in Quadrate teilen, dann jedes Quadrat diagonal durchschneiden. Es entstehen 12 Dreiecke.

2. Den Schinken und den Käse klein würfeln, auf 6 Dreiecke streuen. Die Dreiecke von der Breitseite beginnend aufrollen. Ein Backblech mit Backpapier auslegen und die Röllchen darauf legen.

3. Die Schokolade klein hakken, auf die übrigen 6 Teigdreiecke streuen, aufrollen, auf das Blech setzen.

4. Das Eigelb mit der Milch verquirlen, die Croissants damit bepinseln. Im Backofen (Mitte) in etwa 12 Minuten goldgelb backen.

Tip!

Falls Sie es nicht ganz so eilig haben, können Sie auch tiefgefrorenen Blätterteig aus der Packung auftauen und verwenden.

Buffet-Ideen – einfach & preiswert

Für ein spontanes kleines Fest mit Freunden muß es nicht immer aufwendig und teuer sein. Auf der Basis von Klassikern wie Nudel- und Reissalat, Fleischpflanzerl und Matjes läßt sich preiswert und schnell etwas auf den Tisch zaubern. Damit steht einem fröhlichen Abend nichts mehr im Wege.

Selleriesalat

Celery Victor

Dieser berühmte Salat wurde bereits vor über 70 Jahren vom Küchenchef des St. Francis-Hotels in San Francisco kreiert. Für besondere Gelegenheiten wird er mit Krebsscheren aufgewertet.

Zutaten für 4 Personen:
4 kleine Stauden Stangensellerie
1 kleine Möhre
1 Zwiebel
3 Zweige Petersilie
1 Zweig Thymian
1 Lorbeerblatt
1 l kräftige Hühnerbrühe
3 Eier
3 Eßl. Weißweinessig
Salz
schwarzer Pfeffer, frisch gemahlen
8 Eßl. Olivenöl, kaltgepreßt
3 feste Tomaten
1 Bund Schnittlauch

Für Gäste

Pro Portion etwa:
1000 kJ/240 kcal
7 g Eiweiß · 21 g Fett
5 g Kohlenhydrate

- Zubereitungszeit: etwa 45 Minuten
- Kühlzeit: 2 Stunden

1. Die Selleriestauden gründlich waschen und putzen. Dabei am unteren Ende nur eine dünne Scheibe abschneiden, damit die Stauden weiterhin zusammenhängen. Die Stiele im oberen Teil abschneiden und für ein anderes Gericht verwenden. Die Stauden dann längs durchschneiden.

2. Die Möhre und die Zwiebel schälen und grob zerteilen. Mit den Petersilienzweigen und dem Thymianzweig, dem Lorbeerblatt und der Hühnerbrühe in einen breiten Topf geben. Die Brühe aufkochen lassen.

3. Die Selleriestauden in die Brühe legen und zugedeckt bei mittlerer Hitze 15–20 Minuten garen. Sie sollten nicht zu weich werden. Die Stauden im Sud auskühlen lassen.

4. Währenddessen in einem Topf Wasser zum Kochen bringen. Die Eier anstechen und in 8–10 Minuten hart kochen. Die Eier dann kalt abschrecken, schälen und in Scheiben schneiden.

5. Inzwischen in einer Schüssel den Essig mit Salz und Pfeffer verquirlen. Das Öl mit einem Schneebesen gründlich darunterschlagen. Das Dressing abschmecken.

6. Die Tomaten waschen und in Scheiben schneiden, dabei die Stielansätze entfernen. Den Schnittlauch in feine Röllchen schneiden.

7. Den Sellerie aus dem Topf heben und sehr gut abtropfen lassen. Die Stauden auf Teller oder auf eine Platte legen, mit dem Dressing beträufeln. Die Eier- und die Tomatenscheiben dazulegen, alles mit den Schnittlauchröllchen bestreuen und servieren.

Tip!

Die Brühe, in der Sie den Sellerie kochen, können Sie abseihen und zu einer feinen Gemüsesuppe verarbeiten. Garen Sie beispielsweise die übrigen Selleriestangen, Möhren und Lauch (alles kleingeschnitten) darin.

Ein berühmter Klassiker unter den Salaten: gegarte Selleriestauden, Tomaten, Eier und ein pikantes Dressing ergeben den Selleriesalat »Celery Victor«.

Kichererbsensalat

Zutaten für 8 Personen:
300 g Kichererbsen
Salz
2 schlanke Zucchini (etwa 500 g)
2 kleine Auberginen (etwa 500 g)
8 Eßl. Olivenöl
schwarzer Pfeffer, frisch gemahlen
2 Teel. frische Thymianblättchen
6 Eßl. Aceto balsamico
1 Bund Schnittlauch

Vegetarisch • Preiswert

Pro Portion etwa:
960 kJ/230 kcal
9 g Eiweiß · 12 g Fett
22 g Kohlenhydrate

- Zubereitungszeit: etwa 1 Stunde
- Quellzeit: über Nacht
- Marinierzeit: 1–2 Stunden

1. Die Kichererbsen mit knapp 1 l kaltem Wasser übergießen, zugedeckt über Nacht quellen lassen. Am nächsten Tag im Einweichwasser aufkochen, zugedeckt bei schwacher Hitze 30–50 Minuten (je nach Sorte und Alter) bißfest garen, zwischendurch etwa 2 Teelöffel Salz dazugeben. Abtropfen und abkühlen lassen.

2. Inzwischen die Zucchini und die Auberginen waschen, von den Stiel- und Blütenansätzen befreien und längs vierteln. In 1/2 cm dicke Scheiben schneiden. 3 Eßlöffel Öl in einer Pfanne nicht zu stark erhitzen, die Zucchini darin rundherum goldbraun braten. Salzen und pfeffern, aus der Pfanne nehmen.

3. Wieder 3 Eßlöffel Öl in der Pfanne erhitzen, die Auberginen darin portionsweise rundherum etwa 2 Minuten braten. Nach Bedarf das übrige Öl in die Pfanne geben. Die Auberginen salzen, pfeffern und aus der Pfanne nehmen. Auf Küchenpapier abtropfen lassen.

4. Die Kichererbsen mit den Zucchini- und den Auberginenstücken, dem Thymian und dem Essig mischen. Den Schnittlauch waschen, trockenschütteln, in feine Röllchen schneiden und untermischen. Den Salat zugedeckt 1–2 Stunden ziehen lassen, vor dem Servieren mit Salz und Pfeffer abschmecken.

Nudelsalat mit Käsedressing

Zutaten für 8–10 Personen:
Salz
600 g Penne (italienische Nudeln)
2 kg feste reife Tomaten (möglichst Flaschentomaten)
300 g Edelpilzkäse
50–100 ml Milch
400 g Schmand, ersatzweise saure Sahne
4 Eßl. Olivenöl
schwarzer Pfeffer, frisch gemahlen
2 Bund Basilikum
2 Bund glatte Petersilie
2 Bund Schnittlauch
2–3 Zweige Zitronenmelisse
50 g Pinienkerne

Vegetarisch

Bei 10 Personen pro Portion etwa:
2000 kJ/480 kcal
18 g Eiweiß · 22 g Fett
52 g Kohlenhydrate

- Zubereitungszeit: etwa 1 Stunde

Tip!

Am besten schmecken die länglichen Flaschen- oder Eiertomaten. Greifen Sie zu, wenn es welche gibt.

1. Reichlich Salzwasser zum Kochen bringen und die Penne darin nach der Packungsbeschreibung bißfest garen. In ein großes Sieb abgießen, unter kaltem Wasser abkühlen, damit sie nicht weitergaren. Die Nudeln gut abtropfen lassen.

2. Inzwischen die Tomaten waschen, vierteln oder achteln und entkernen, dabei von den Stielansätzen befreien. Den Edelpilzkäse mit dem Schmand und dem Olivenöl im Mixer pürieren, anschließend vorsichtig mit Pfeffer und etwas Salz abschmecken. Nach Belieben mit Milch cremig rühren.

3. Die Nudeln mit der Käsecreme vermengen. Die Kräuter waschen, trockenschütteln, verlesen und ohne die groben Stiele fein hacken, dabei einige Blättchen zum Garnieren beiseite legen. Die Kräuter und die Tomaten vorsichtig unter die Nudeln mengen.

4. Die Pinienkerne grob hacken, in einer trockenen Pfanne goldgelb rösten, über den Salat streuen und diesen mit den beiseite gelegten Kräutern garnieren.

Nudelsalat mit Gemüse

Zutaten für 4 Personen:
250 g Vollkorn-Hörnchennudeln
Salz
250 g Tomaten
1 Bund Frühlingszwiebeln
1 Zucchino
200 g junge Möhren
1 Stange Staudensellerie
je 1 Bund Petersilie, Basilikum und Schnittlauch
Saft von 1 Zitrone
1 Eßl. Weißweinessig
1 Teel. scharfer Senf
weißer Pfeffer, frisch gemahlen
4 Eßl. Olivenöl, kaltgepreßt

Für Gäste

Pro Portion etwa:
1400 kJ/330 kcal
12 g Eiweiß · 10 g Fett
47 g Kohlenhydrate
10 g Ballaststoffe

• Zubereitungszeit: etwa 1 1/2 Stunden (davon: 1 Stunde Marinierzeit)

1. Die Nudeln in reichlich sprudelnd kochendem Salzwasser »al dente« garen. Dann abschrecken und abtropfen lassen.

2. Die Tomaten waschen und klein würfeln. Die Frühlingszwiebeln putzen und mit dem zarten Grün in feine Ringe schneiden. Den Zucchino und die Möhren waschen, putzen und in feine Stifte schneiden. Den Sellerie waschen, putzen und in dünne Scheiben schneiden. Die Kräuter waschen und feinschneiden.

3. Den Zitronensaft mit dem Essig, dem Senf, Salz und Pfeffer verrühren. Das Öl teelöffelweise unterschlagen.

4. Die Nudeln mit den Zutaten und dem Dressing mischen und zugedeckt etwa 1 Stunde im Kühlschrank ziehen lassen.

Nudelsalat mit Bohnen, Birnen und Roquefort

Zutaten für 4 Personen:
250 g Vollkorn-Bandnudeln
Salz
350 g grüne Bohnen
1 Bund Bohnenkraut
1 rote Zwiebel
1 Knoblauchzehe
1 größere oder 2 kleinere saftige Birnen
1 Eßl. Zitronensaft
150 g Roquefort
1 Teel. Kräutersenf
3 Eßl. Kräuteressig
2 Eßl. Joghurt
weißer Pfeffer, frisch gemahlen
Cayennepfeffer
3 Eßl. Sonnenblumenöl
1 Bund Petersilie

Raffiniert

Pro Portion etwa:
2000 kJ/480 kcal
20 g Eiweiß · 20 g Fett
53 g Kohlenhydrate
10 g Ballaststoffe

• Zubereitungszeit: etwa 1 1/2 Stunden (davon: 1 Stunde Marinierzeit)

1. Die Nudeln in Stücke brechen und in reichlich sprudelnd kochendem Salzwasser »al dente« garen. Dann abschrekken und abtropfen lassen.

2. Die Bohnen putzen, waschen und in Stücke schneiden. Das Bohnenkraut waschen. Die Hälfte davon beiseite legen. Die Bohnen mit dem Bohnenkraut in sprudelnd kochendem Salzwasser in etwa 8 Minuten bißfest garen. Dann kalt abschrecken und abtropfen lassen.

3. Die Zwiebel und den Knoblauch schälen und fein hacken. Die Birne schälen, vierteln, vom Kerngehäuse befreien und in kleine Würfel schneiden. Die Birne mit dem Zitronensaft mischen. Den Roquefort ebenfalls klein würfeln.

4. Den Senf mit dem Essig und dem Joghurt verrühren und mit Salz, Pfeffer und Cayennepfeffer würzen. Das Öl teelöffelweise unterschlagen.

5. Die Nudeln mit den Zutaten und dem Dressing mischen und zugedeckt etwa 1 Stunde im Kühlschrank ziehen lassen.

6. Die Petersilie mit dem restlichen Bohnenkraut fein hacken und die Kräuter über den Salat streuen.

Bild oben: Nudelsalat mit Gemüse
Bild unten: Nudelsalat mit Bohnen, Birnen und Roquefort

Kohlrabi-Apfel-Salat

Zutaten für 8 Personen:
1 Bund Petersilie
7 Eßl. Apfelessig
Salz
schwarzer Pfeffer, frisch gemahlen
12 Eßl. Sonnenblumenöl
2 Eßl. Sesam- oder Walnußöl
6 kleine, rotschalige säuerliche Äpfel (beispielsweise Boskop; etwa 1 kg)
6 mittelgroße Kohlrabi (etwa 1 kg)
100 g Sonnenblumenkerne

Vollwertig · Schnell

Pro Portion etwa:
1300 kJ/310 kcal
6 g Eiweiß · 24 g Fett
18 g Kohlenhydrate

- Zubereitungszeit: etwa 40 Minuten

1. Die Petersilie waschen, trockenschütteln und ohne die groben Stiele fein hacken. Mit dem Essig, Salz und Pfeffer in einer großen Schüssel verrühren, dann beide Ölsorten kräftig unterschlagen.

2. Die Äpfel waschen, trockenreiben, vierteln, dabei von den Kerngehäusen befreien. Die Apfelviertel in Spalten schneiden. Diese sofort mit dem Dressing mischen.

3. Die Kohlrabi waschen und schälen. Das zarte Blattgrün hacken und zum Salat geben. Die Kohlrabiknollen vierteln und wie die Äpfel in Spalten schneiden. Ebenfalls in dem Dressing wenden.

4. Die Sonnenblumenkerne in einer trockenen Pfanne goldbraun rösten, dann zum Salat geben. Alles gründlich vermischen und mit Salz und Pfeffer pikant abschmecken.

Reissalat mit Brathähnchen

Zutaten für 10 Personen:
Salz
250 g Langkornreis-Wildreis-Mischung
600 g gemischtes, tiefgekühltes Suppengemüse
2 fertige Brathähnchen
150 g Crème fraîche
1 1/2 Eßl. Salatmayonnaise
1 Eßl. Tomatenmark
75–100 ml trockener Weißwein
schwarzer Pfeffer, frisch gemahlen

Raffiniert · Schnell

Pro Portion etwa:
1600 kJ/380 kcal
34 g Eiweiß · 16 g Fett
24 g Kohlenhydrate

- Zubereitungszeit: etwa 30 Minuten

1. Etwa 600 ml Salzwasser aufkochen, die Reismischung hineinstreuen, verrühren und sehr gut zugedeckt bei schwacher Hitze etwa 20 Minuten quellen lassen.

2. Salzwasser aufkochen. Das Suppengemüse hineinschütten, etwa 3 Minuten kochen lassen, in ein Sieb abgießen und gut abtropfen lassen.

3. Von beiden Brathähnchen zuerst die Brustfilets auslösen und diese quer in Scheiben schneiden, anschließend alles Fleisch von den Knochen lösen und klein würfeln.

4. In einer großen Schüssel die Crème fraîche mit der Salatmayonnaise, dem Tomatenmark und dem Wein verquirlen, mit Salz und Pfeffer würzig abschmecken.

5. Den Reis in ein Sieb abgießen, abtropfen lassen, mit dem Gemüse und dem kleingeschnittenen Hähnchenfleisch zur Salatsauce geben, alles vermengen. Zum Servieren die Hähnchenbrustfilets obenauf legen.

Im Bild vorne: Reissalat mit Brathähnchen
Im Bild hinten: Kohlrabi-Apfel-Salat

Hirse-Kiwi-Salat

Zutaten für 8 Personen:
1/2 l Gemüsebrühe
250 g Hirsekörner
400 g Putenbrustfilet
10 Eßl. Öl
Salz
schwarzer Pfeffer, frisch gemahlen
Cayennepfeffer
400 g mittelalter Gouda
8 Kiwis
8 Eßl. Apfelessig

Raffiniert

Pro Portion etwa:
2100 kJ/500 kcal
29 g Eiweiß · 29 g Fett
29 g Kohlenhydrate

- Zubereitungszeit: etwa 1 Stunde

1. Die Gemüsebrühe in einem Topf aufkochen, die Hirse einstreuen und zugedeckt bei milder Hitze etwa 15 Minuten garen, anschließend auflockern und abkühlen lassen.

2. Inzwischen das Putenfleisch waschen, trockentupfen und in feine Streifen schneiden. 1 Eßlöffel Öl in einer breiten Pfanne erhitzen, die Putenstreifen darin unter Rühren 3–4 Minuten bei starker Hitze goldbraun braten. Mit Salz, schwarzem Pfeffer und Cayennepfeffer würzen, aus der Pfanne nehmen und beiseite stellen.

3. Den Gouda entrinden, wie das Putenfleisch in Streifen schneiden. Die Kiwis schälen und längs in gleichmäßige Spalten schneiden.

4. Den Apfelessig mit dem restlichen Öl verquirlen, mit Salz, schwarzem Pfeffer und Cayennepfeffer abschmecken. Alle Zutaten in einer großen Schüssel vorsichtig vermengen.

Linsen-Puten-Salat

Zutaten für 8 Personen:
2 Bund Frühlingszwiebeln
1 Glas eingelegter Kürbis (330 g)
500 g Putenbrustfilet
Salz
schwarzer Pfeffer, frisch gemahlen
Cayennepfeffer
gemahlener Kreuzkümmel (Cumin)
10 Eßl. Öl
600 ml Hühnerbrühe
250 g rote Linsen
1 Bund Petersilie
8 Eßl. Weißweinessig

Preiswert
Gelingt leicht

Pro Portion etwa:
1300 kJ/310 kcal
24 g Eiweiß · 14 g Fett
19 g Kohlenhydrate

- Zubereitungszeit: etwa 1 Stunde
- Marinierzeit: mindestens 2 Stunden

1. Die Frühlingszwiebeln putzen, waschen und schräg in feine Ringe schneiden. Den Kürbis in ein Sieb abgießen, abtropfen lassen, den Sud auffangen. Die Kürbisstücke in dicke Scheiben schneiden.

2. Das Putenbrustfilet waschen und trockentupfen. Zuerst in etwa 1/2 cm dicke Scheiben, diese dann in Würfel schneiden. Mit Salz, schwarzem Pfeffer, Cayennepfeffer und etwas Kreuzkümmel würzen.

3. 2 Eßlöffel Öl in einer Pfanne erhitzen. Die Putenwürfel darin portionsweise unter Rühren etwa 1 Minute braten, wieder aus der Pfanne nehmen.

4. Die Brühe aufkochen, die Linsen darin zugedeckt bei schwacher Hitze etwa 10 Minuten köcheln lassen. Die Linsen in ein Sieb abgießen und abtropfen lassen.

5. Die Petersilie waschen, trockenschütteln und ohne die groben Stiele fein hacken. Mit dem Essig, 5 Eßlöffeln Kürbissud und dem restlichen Öl verrühren, mit Salz, Pfeffer und Kreuzkümmel abschmecken. Die vorbereiteten Zutaten untermengen und alles zugedeckt mindestens 2 Stunden durchziehen lassen.

Im Bild vorne: Linsen-Puten-Salat
Im Bild hinten: Hirse-Kiwi-Salat

Feldsalat mit Schinken

Gekochter Schinken ohne Fettrand eignet sich ebenso für dieses Rezept wie feiner Lachsschinken. Wenn Sie kein Schweinefleisch mögen, können Sie den Salat aber auch mit gegartem Geflügelfleisch oder Rinderbraten kombinieren.

Zutaten für 4 Personen:
300 g enthülste Perlerbsen (frisch oder tiefgefroren)
Salz
frisch gemahlener schwarzer Pfeffer
400 g gekochter Schinken
6 Cornichons
100 g Feldsalat
2 Eßl. Himbeeressig
1 Messerspitze Rosenpaprikapulver
3 Eßl. Maiskeimöl
200 g Maiskörner aus der Dose

Gelingt leicht

Pro Portion etwa:
1400 kJ/330 kcal
36 g Eiweiß · 12 g Fett
19 g Kohlenhydrate

• Zubereitungszeit: etwa 30 Minuten

1. Die Erbsen mit etwas Salz und 4 Eßlöffeln Wasser zugedeckt etwa 4 Minuten dünsten, in einem Sieb abtropfen lassen und 1 Eßlöffel vom Sud auffangen.

2. Den Schinken in Streifen schneiden, die Cornichons in Scheibchen. Den Feldsalat waschen, trocknen und putzen.

3. Den Essig mit etwas Salz und Pfeffer, dem Paprikapulver, dem Erbsensud und dem Öl verrühren. Den Schinken, die Cornichons, die Erbsen, den Feldsalat und den Mais mit der Salatsauce mischen und den Salat anrichten.

Griechischer Bauernsalat

Griechischer Bauernsalat hat sich mittlerweile auch bei uns zu einem Standardsalat entwickelt. Es gibt ihn je nach Jahreszeit in zahlreichen Variationen.

Zutaten für 4 Personen:
4 Tomaten
1 kleine Salatgurke
1 grüne Paprikaschote
1 rote Zwiebel
1–2 Knoblauchzehen
3 Eßl. Rotwein
Salz
frisch gemahlener schwarzer Pfeffer
1/2 Teel. getrockneter Oregano
4 Eßl. kaltgepreßtes Olivenöl
150 g Schafkäse
50 g schwarze Oliven

Gelingt leicht

Pro Portion etwa:
1400 kJ/330 kcal
9 g Eiweiß · 30 g Fett
6 g Kohlenhydrate

• Zubereitungszeit: etwa 30 Minuten

1. Die Tomaten waschen, achteln und dabei die Stielansätze ausschneiden. Die Gurke waschen, schälen und in Scheiben schneiden.

2. Die Paprikaschote halbieren, vom Stielansatz, den Rippen und Kernen befreien, waschen und in Streifen schneiden. Die Zwiebel in Ringe schneiden, den Knoblauch klein würfeln.

3. Den Rotwein mit etwas Salz und Pfeffer, dem gerebelten Oregano und dem Öl verrühren. Alle vorbereiteten Salatzutaten mit der Sauce mischen und den Bauernsalat dann anrichten.

4. Den Schafkäse zerbröckeln und mit den Oliven über den Salat streuen.

Im Bild vorne: Griechischer Bauernsalat
Im Bild hinten: Feldsalat mit Schinken

Wurstsalat nach Regensburger Art

Zutaten für 4 Personen:
8 Stück Regensburger Würste
(ersatzweise 800 g Fleischwurst)
2 mittelgroße Zwiebeln
1 Bund Schnittlauch
3–4 Eßl. Essig
4–5 Eßl. Öl
Salz
schwarzer Pfeffer, frisch gemahlen

Gelingt leicht • Schnell

Pro Portion etwa:
2800 kJ/670 kcal
27 g Eiweiß · 62 g Fett
3 g Kohlenhydrate

- Zubereitungszeit: etwa 20 Minuten

1. Die Würste längs einritzen und die Häute abziehen. Quer in feine und sehr dünne Scheiben schneiden.

2. Die Zwiebeln schälen und in feine Ringe schneiden. Den Schnittlauch waschen, trockenschleudern und in Röllchen schneiden.

3. Aus dem Essig, dem Öl, Salz und Pfeffer eine pikante Marinade herstellen. Den Schnittlauch unterrühren. In einer großen Schüssel die Wurstscheiben und die Zwiebelringe locker vermengen. Mit der Salatsauce übergießen und nochmals vermischen. Nach Bedarf mit Salz und Pfeffer nachwürzen, nach Belieben etwas ziehen lassen.

Obazda

Wer sich in Bayern (meist mit Essen) ankleckert, der »bazd sich o«. So spricht man von »Obazn«, wenn eine breiige Masse vermischt und angemacht wird. Also: Der weiche Käse wird mit Butter sowie Rahm vermischt und heißt damit »Obazda«. Im Rezept ist Camembert angegeben, jedoch wird für dieses Rezept oft übriggebliebener Käse, auch mit Quark vermischt.

Zutaten für 4 Personen:
400 g reifer, zimmerwarmer
Camembert (45%)
3 Eßl. Rahm
50 g weiche Butter
Salz
weißer Pfeffer, frisch gemahlen
1 kleine Zwiebel
Paprikapulver edelsüß
20 Salzstangen

Gelingt leicht

Pro Portion etwa:
2200 kJ/520 kcal
24 g Eiweiß · 38 g Fett
20 g Kohlenhydrate

- Zubereitungszeit: etwa 1 1/4 Stunden (davon 1 Stunde Kühlzeit

1. Den Camembert grob würfeln und in eine Schüssel geben. Den Rahm dazugeben und beides mit Hilfe einer Gabel fein zermusen.

2. Die Butter unter die Käsemasse rühren. Mit Salz und Pfeffer würzen. Die Zwiebel schälen, fein hacken und unter die Käsemasse rühren. Im Kühlschrank zugedeckt etwa 1 Stunde ziehen lassen.

3. Den Obazdn auf einem Teller kegelförmig anrichten und mit Paprika überpudern. Die Salzstangerl dazu servieren; lustig sieht es aus, wenn sie im Käse stecken. Dazu gehört Brot.

Tip!

Sollten Sie einmal einen relativ jungen Camembert zur Hand haben, so pürieren Sie diesen mit der doppelten Menge Rahm.

Bild oben:
Wurstsalat nach Regensburger Art
Bild unten: Obazda

Fleischpflanzerl und Kren

Was für den einen die Frikadelle, für den anderen der Hamburger oder das Beefsteak ist, ist für den Bayern das Fleischpflanzerl. Der dazu servierte Kren (Meerrettich) hat frisch geschabt schon manche zum Weinen gebracht.

Zutaten für 4 Personen:
2 Semmeln vom Vortag
100 ml heißes Wasser
1 mittelgroße Zwiebel
½ Bund Petersilie
½ Eßl. Butter
400 g gemischtes Hackfleisch
2 Eier
Salz
weißer Pfeffer, frisch gemahlen
½ Teel. getrockneter Majoran
¼ Teel. getrockneter Thymian
Muskatnuß, frisch gerieben
2 Eßl. Butterschmalz
½ frische Meerrettichwurzel

Schnell • Gelingt leicht

Pro Portion etwa:
2025 kJ/480 kcal
26 g Eiweiß · 33 g Fett
19 g Kohlenhydrate

- Zubereitungszeit: etwa 40 Minuten

1. Die Semmeln halbieren und quer in dünne Scheiben schneiden. Mit dem heißen Wasser übergießen und zum »Aufblähen« mit einem Tuch abdecken.

2. Die Zwiebel schälen und hacken. Die Petersilie waschen, trockentupfen und ebenfalls hacken. Beides in der heißen Butter glasig schwitzen.

3. Das Hackfleisch in eine Schüssel legen. Die Semmeln fest ausdrücken und zusammen mit dem Zwiebel-Petersilien-Gemisch zum Hackfleisch geben. Die Eier einschlagen und einen geschmeidigen Fleischteig herstellen. Mit Salz, Pfeffer, dem Majoran, dem Thymian und Muskat pikant würzen. Aus der Fleischmasse kleine runde Pflanzerl formen.

4. Das Butterschmalz in einer größeren Pfanne oder in zwei Pfannen erhitzen. Die Fleischpflanzerl von beiden Seiten bei starker Hitze anbraten, dann die Hitze reduzieren. Die Garzeit beträgt etwa 15 Minuten.

5. Den Merrettich sorgfältig schälen und grob schaben. Die braun gebratenen Fleischpflanzerl auf einer vorgewärmten Servierplatte anrichten. Mit Meerrettich überstreuen. Der Kartoffelsalat paßt sehr gut dazu.

Lauwarmer Kartoffelsalat

Zutaten für 4 Personen:
1 kg vorwiegend festkochende
Kartoffeln
Salz
100 g durchwachsener Speck
2 kleine Zwiebeln
1 Eßl. Butter
100 ml heiße Fleischbrühe
4 Eßl. Öl · 4 Eßl. Essig
weißer Pfeffer, frisch gemahlen
2 Eßl. Petersilie, frisch gehackt

Gelingt leicht

Pro Portion etwa:
1600 kJ/380 kcal
7 g Eiweiß · 25 g Fett
33 g Kohlenhydrate

- Zubereitungszeit: etwa 1 Stunde

1. Die Kartoffeln gründlich waschen und in Salzwasser weich garen. Die Kartoffeln abgießen und schälen. Halbieren, in Scheiben schneiden und in eine Schüssel legen.

2. Den Speck fein würfeln. Die Zwiebeln schälen und hacken. Die Butter erhitzen und die Speck- und Zwiebelwürfel darin einige Minuten braten. Den Pfanneninhalt über die Kartoffeln geben.

3. Die heiße Fleischbrühe, das Öl und den Essig eingießen. Salzen und pfeffern. Den Kartoffelsalat gründlich durchmengen. Kurz vor dem Servieren mit der Petersilie überstreuen.

Im Bild vorne:
Fleischpflanzerl und Kren
Im Bild hinten:
lauwarmer Kartoffelsalat

Hähnchen-Pflaumen-Spieße

Zutaten für 10 Spieße:
250 g getrocknete Pflaumen
1/4 l trockener Weißwein (oder Apfelsaft)
150 g Bacon (Frühstücksspeck), in dünnen Scheiben
500 g Hähnchenbrustfilet
schwarzer Pfeffer, frisch gemahlen
gemahlener Koriander
10 Schaschlik-Spieße
4 Eßl. Öl

Gelingt leicht

Pro Spieß etwa:
1100 kJ/260 kcal
13 g Eiweiß · 14 g Fett
15 g Kohlenhydrate

- Zubereitungszeit: etwa 40 Minuten

1. Die Pflaumen entsteinen und in einen kleinen Topf legen. Den Wein oder den Apfelsaft angießen, die Pflaumen zugedeckt etwa 5 Minuten bei mittlerer Hitze köcheln lassen.

2. Die Pflaumen abtropfen und etwas abkühlen lassen. Die Speckscheiben halbieren. Jede Pflaume mit einem Stück Speck umwickeln.

3. Das Hähnchenbrustfilet kalt abbrausen, abtrocknen und mundgerecht würfeln. Mit Pfeffer und Koriander würzen.

4. Die umwickelten Pflaumen und das Hähnchenfleisch abwechselnd auf Schaschlikspieße reihen.

5. Das Öl in zwei Pfannen erhitzen, die Spieße darin bei mittlerer Hitze rundherum etwa 10 Minuten braten.

Hackbraten im Speckmantel

Zutaten für 8–10 Personen:
2 Brötchen vom Vortag
1 Gemüsezwiebel
1 Eßl. Öl
4 Knoblauchzehen
2 Teel. getrockneter Oregano
75 g entsteinte grüne Oliven
800 g gemischtes Hackfleisch
3 Eier
Salz
schwarzer Pfeffer, frisch gemahlen
200 g Bacon (Frühstücksspeck in dünnen Scheiben)
150 g milder Schafkäse

Am Vortag zubereiten
Rustikal

Bei 10 Personen pro Portion etwa:
1800 kJ/430 kcal
25 g Eiweiß · 36 g Fett
3 g Kohlenhydrate

- Zubereitungszeit: etwa 1 1/2 Stunden

1. Die Brötchen in Scheiben schneiden, in eine Schüssel geben, mit warmem Wasser übergießen und quellen lassen.

2. Die Zwiebel schälen und fein würfeln. Das Öl in einer Pfanne erhitzen und die Zwiebelwürfel darin bei mittlerer Hitze glasig werden lassen. Den Knoblauch schälen und dazupressen, den Oregano einrühren. Die Mischung etwas abkühlen lassen.

3. Die Oliven klein würfeln, die Brötchen gut ausdrücken. Beides mit den Zwiebeln würfeln, dem Hackfleisch und den Eiern gründlich vermengen. Mit Salz und Pfeffer würzen.

4. Den Backofen auf 225° vorheizen. Zwei lange Stücke Klarsichtfolie längs überlappend auf die Arbeitsfläche legen. Die Baconscheiben so darauflegen, daß eine große Speckfläche entsteht.

5. Die Hackfleischmasse auf dem Speck verteilen. Den Schafkäse grob würfeln und als Streifen quer in die Mitte geben. Das Hackfleisch mit Hilfe der Klarsichtfolie aufrollen, dabei an einer Schmalseite beginnen. Die Rolle vorsichtig auf ein Backblech heben, die Folie entfernen. Den Hackbraten im Backofen (Mitte) etwa 1 Stunde garen. Etwas abkühlen lassen, dann vorsichtig auf eine Platte heben und auskühlen lassen.

Im Bild vorne:
Hähnchen-Pflaumen-Spieße
Im Bild hinten:
Hackbraten im Speckmantel

Eierkörbchen

Zutaten für etwa 8 Stück:
4 Eier
1 Eßl. Remoulade
Salz
weißer Pfeffer, frisch gemahlen
4 Teel. Forellenkaviar
4 Teel. Deutscher Kaviar
2–3 Dillzweige
Was Sie sonst noch brauchen:
1 kleinen Topf
1 scharfes Küchenmesser
1 Teelöffel
1 kleine Schüssel
1 Spritzbeutel mit kleiner Sterntülle

Für Gäste

- Zubereitungszeit: etwa 25 Minuten

1. In dem Topf Wasser zum Kochen bringen. Die Eier anstechen, in das kochende Wasser geben und in etwa 10 Minuten bei mittlerer Hitze hart kochen. Die Eier herausnehmen und kalt abschrecken.

2. Die Eier schälen und quer halbieren. Die runden Enden abschneiden, damit die Eihälften stehen können. Die Eigelbe mit dem Teelöffel herausnehmen und in die Schüssel geben. Mit einer Gabel zerdrücken und mit der Remoulade zu einer geschmeidigen Creme verrühren.

3. Die Masse in den Spritzbeutel mit kleiner Sterntülle geben. Den Spritzbeutel oben zusammendrehen und die Masse in die Eihälften spritzen.

4. Je 1 Teelöffel Forellenkaviar auf die Creme in den vier Eihälften geben. Auf die restlichen Eihälften je 1 Teelöffel Deutschen Kaviar geben.

5. Den Dill waschen und trockenschütteln. Jede Eihälfte mit einem kleinen Dillzweigchen garnieren.

Tip!

Statt der Remoulade können Sie die Eigelbe auch mit Crème fraîche verrühren. Wenn es schnell gehen soll, lassen Sie die Eigelbe in den Eiern und geben den Kaviar oben drauf.

Miesmuschelschmetterlinge

Eine kleine Garnitur für warme und kalte Fischvorspeisen.

Zutaten für etwa 8 Stück:
100 ml Weißwein
Salz
20–25 geputzte, geschlossene Miesmuscheln
1/2 Bund Schnittlauch
Was Sie sonst noch brauchen:
1 mittelgroßen Topf

Gelingt leicht

- Zubereitungszeit: etwa 15 Minuten

1. Den Weißwein und die gleiche Menge Wasser in einem Topf zum Kochen bringen. Mit Salz würzen.

2. Die Miesmuscheln unter fließendem kaltem Wasser gründlich abbürsten und in die kochende Flüssigkeit geben, den Deckel auflegen. 5 Minuten bei mittlerer Hitze kochen lassen, bis die Muscheln sich geöffnet haben. Den Topf vom Herd ziehen und die Muscheln bis zum Servieren im Sud warm halten.

3. Inzwischen den Schnittlauch waschen, trockenschütteln und pro Schmetterling 2 schöne Schnittlauchhalme, die später die Schmetterlingsfühler darstellen sollen, bereitlegen.

4. Wenn angerichtet ist, die Muscheln aus dem Sud nehmen und auf Haushaltspapier abtropfen lassen. Jetzt noch geschlossene Muscheln wegwerfen, sie sind schlecht. Die anderen Muscheln aufklappen und das Muschelfleisch vorsichtig auslösen.

5. Pro Teller 1 aufgeklappte Muschel an den Tellerrand legen, die leere Muschelschale mit Muschelfleisch aus einer anderen Muschel füllen und die beiden Schnittlauchhalme zwischen die Muschelhälften legen, so daß ein Schmetterlingsbild entsteht.

Bild oben: Eierkörbchen
Bild unten: Miesmuschelschmetterlinge

Matjes mit Zwiebeldip

Zutaten für 8 Personen:
1 kleines Bund Dill
2 Frühlingszwiebeln (etwa 40 g geputzt)
220 g Naturjoghurt
150 g Mayonnaise (aus dem Glas)
2 Eßl. scharfer Senf
3 Eßl. Zitronensaft
Salz
schwarzer Pfeffer, frisch gemahlen
Zucker
8 mild gesalzene Matjesfilets

Schnell

Pro Portion etwa:
1200 kJ/290 kcal
12 g Eiweiß · 25 g Fett
3 g Kohlenhydrate

- Zubereitungszeit: etwa 20 Minuten

1. Den Dill waschen und trockenschütteln. Einige Zweigchen beiseite legen, die übrigen hacken.

2. Die Frühlingszwiebeln putzen und waschen. Eine Frühlingszwiebel ohne das dunkle Grün fein hacken. Die andere Frühlingszwiebel in feine Ringe schneiden. Beides getrennt beiseite stellen.

3. Den Joghurt mit der Mayonnaise gut verrühren. Den Senf und den Zitronensaft hinzufügen. Feingehackten Dill und die gehackten Frühlingszwiebeln unterrühren. Den Dip mit Salz, Pfeffer und Zucker herzhaft abschmecken.

4. Die Matjetsfilets auf eine Platte legen und mit Dill und der in Ringe geschnittenen Frühlingszwiebel dekorieren. Den Dip in einer Schüssel extra dazustellen. Dunkles Brot paßt am besten dazu.

Tip!

Matjes gibt es lose und abgepackt zu kaufen. Bei uns hat der frische Matjes im Frühsommer Saison.Probieren Sie ein Stück Matjes, bevor Sie ein Rezept damit zubereiten. Vor allem abgepackte Matjesfilets können recht salzig schmecken. Besser ist es dann, sie etwa 30 Minuten in kaltes Wasser zu legen.

Matjestatar

Zutaten für 8 Personen:
4 mild gesalzene Matjesfilets
1 kleine Zwiebel
1 Salzgurke (etwa 40 g)
60 g eingelegte rote Bete
1 Eßl. Aquavit nach Belieben
schwarzer Pfeffer, frisch gemahlen
Zucker

Gelingt leicht

Pro Portion etwa:
340 kJ/81 kcal
4 g Eiweiß · 6 g Fett
2 g Kohlenhydrate

- Zubereitungszeit: etwa 20 Minuten

1. Die Matjesfilets unter kaltem Wasser abspülen, mit Küchenpapier trockentupfen. Dann mit einem großen Messer ganz fein hacken und in eine Schüssel geben.

2. Die Zwiebel schälen. Zwiebel, die Salzgurke und die rote Bete fein würfeln. Zum Matjes geben.

3. Nach Belieben den Aquavit hinzufügen und alles gut vermischen. Das Tatar mit reichlich Pfeffer und 2–3 Prisen Zucker abschmecken. Vor dem Anrichten nochmals gut durchrühren, weil die Matjes Wasser ziehen. Erst dann in eine Schale füllen. Dazu schmeckt dunkles Brot.

Variante:
Statt der Salzgurke können Sie das Tatar auch mit Gewürzgurke zubereiten.

Im Bild vorne: Matjestatar
Im Bild hinten:
Matjes mit Zwiebeldip

AALBORG
EXTRA
AKVAVIT

Glasmeister Hering

Das ist der Klassiker auf einem echten skandinavischen Buffet: Glasmeister Hering, auch Glasbläser Hering genannt. Er sollte auch auf Ihrem Buffet nicht fehlen. Die Zubereitung zieht sich zwar über mehrere Tage hin, das Ergebnis kann sich dafür aber sehen lassen.

Zutaten für 8 Personen:
8 Salzheringe, ausgenommen und ohne Kopf
100 g Möhren
100 g rote Zwiebeln
je 1 Teel. Senfkörner und Pimentkörner
3 Nelken
1/2 Teel. weiße Pfefferkörner
2 Lorbeerblätter
25 ml Essigessenz
100 g Zucker
2 Teel. Salz

Berühmtes Rezept
Braucht etwas Zeit

Pro Portion etwa:
1400 kJ/330 kcal
26 g Eiweiß · 22 g Fett
6 g Kohlenhydrate

- Zubereitungszeit: etwa 1 Stunde
- Zeit zum Wässern und Durchziehen: 4–5 Tage

1. Die Salzheringe in eine Schüssel legen und mit kaltem Wasser übergießen. Sie müssen gut mit Wasser bedeckt sein. Die Heringe mindestens 10 Stunden wässern, damit sie Salz verlieren. Das Wasser 3–4mal wechseln.

2. Die Möhre waschen, putzen und in feine Scheiben schneiden. Die Zwiebel schälen und in dünne Ringe schneiden. Möhren und Zwiebeln in eine Schüssel geben und mit kochendem Wasser übergießen. Etwa 1 Minute ziehen lassen, das Wasser abschütten. Das Gemüse im Sieb oder auf Küchenpapier abtropfen lassen.

3. Knapp 1/2 l Wasser mit den Gewürzen und dem Zucker aufkochen. Etwa 5 Minuten köcheln lassen. In ein anderes Gefäß umfüllen und abkühlen lassen. Am besten in ein kaltes Wasserbad stellen, dann geht es schneller.

4. Die Heringe unter kaltem Wasser waschen und mit Küchenpapier abtrocknen. Mit einem spitzen Messer am Rücken längs aufschneiden und die Filets an beiden Seiten so ablösen, daß keine Gräten am Fleisch verbleiben. Die restlichen Gräten an den Fischfilets sorgfältig entfernen. Die Filets in mundgerechte Stücke schneiden.

5. In ein Glas von etwa 1 l Inhalt (es kann auch ein viereckiges Glasgefäß sein) abwechselnd Heringstücke, Möhrenscheiben und Zwiebelringe schichten. Mit dem kalten Sud aufgießen. Die Zutaten sollten vom Sud bedeckt sein. Das Glas mit einem passenden Deckel oder Frischhaltefolie gut verschließen. Der Glasmeister Hering muß 4 Tage an einem kühlen Ort durchziehen.

Tips!

- Wenn Sie »Fischhände« vermeiden wollen: Ziehen Sie zum Filetieren der Heringe Einmalhandschuhe an.
- Besonders zart und weich werden die Heringe, wenn Sie zum Wässern Mineralwasser verwenden.

Kein Smørgåsbord ohne Glasmeister Hering! Der Name entstand wahrscheinlich, weil der Hering zusammen mit Möhren, Zwiebeln und vielen Gewürzen in ein Glasgefäß geschichtet wird.

Zucchinipuffer

Kolokithokeftédes

Zutaten für 12 Puffer:
700 g Zucchini
Salz
1 mittelgroße Zwiebel
20 g Butter
1 Bund Petersilie
2 Eier
1 Teel. feingehackte Minze oder Dill
120 g Paniermehl
100 g Kasséri-Käse oder Emmentaler, frisch gerieben
Pfeffer, frisch gemahlen
etwas Mehl
etwa 8–10 Eßl. Oliven- oder Sonnenblumenöl zum Ausbacken

Vegetarisch

Bei 12 Puffern pro Stück etwa:
960 kJ/230 kcal
6 g Eiweiß · 18 g Fett
11 g Kohlenhydrate

- Zubereitungszeit: etwa 1 Stunde

1. Die Zucchini waschen, die Stiel- und Blütenansätze entfernen und in Scheiben schneiden. In Salzwasser in etwa 10 Minuten garen.

2. Die Zucchini gut abtropfen lassen und pürieren, dann in eine Schüssel geben.

3. Die Zwiebel zu den Zucchini reiben. Die Butter zerlassen. Die Petersilie waschen, trockenschütteln und ohne die groben Stiele fein hacken.

4. Die Eier, die zerlassene Butter, die Kräuter, das Paniermehl und den Käse unter die Zucchini rühren, mit Salz und Pfeffer abschmecken. Die Mischung etwa 5 Minuten stehen lassen.

5. Die Hände leicht einölen und aus jeweils 1 Eßlöffel von der Zucchinimasse etwa 1 cm dicke Puffer formen. Etwas Mehl auf einen Teller geben. Die Puffer leicht darin wenden.

6. Das Öl in einer Pfanne erhitzen und die Puffer nacheinander im heißen Öl von beiden Seiten in etwa 2–3 Minuten goldgelb backen. Aus der Pfanne nehmen und die Puffer auf Küchenpapier entfetten.

Gebratene Auberginenscheiben

Melitsánes tiganités

Zutaten für 4 Personen:
4 mittelgroße Auberginen
Salz
etwas Mehl zum Wenden
Olivenöl zum Ausbacken
4 Knoblauchzehen
125 g geschälte Mandeln
4 Scheiben altbackenes Weißbrot
6 Eßl. Oliven- oder Sonnenblumenöl
2–3 Eßl. Zitronensaft oder Weißweinessig

Vegetarisch

Pro Portion etwa:
3500 kJ/830 kcal
12 g Eiweiß · 72 g Fett
35 g Kohlenhydrate

- Zubereitungszeit: etwa 1 Stunde

1. Die Auberginen abspülen, die Stielansätze entfernen und längs in dünne Scheiben schneiden. Etwa 1/2 Stunde in Salzwasser legen, zwischen Küchenpapier trocknen.

2. Etwas Mehl auf einen flachen Teller sieben und jede Auberginenscheibe von beiden Seiten hineindrücken, loses Mehl abschütteln.

3. In einer Pfanne reichlich Olivenöl erhitzen und die Auberginen portionsweise von beiden Seiten jeweils etwa 4 Minuten darin goldbraun braten. Herausnehmen und auf Küchenpapier entfetten.

4. Für die Sauce die Knoblauchzehen mit den Mandeln zerkleinern. Das Brot kurz in Wasser einweichen, ausdrükken, aber nicht zu sehr, denn die Sauce soll eine breiartige Konsistenz erhalten. Das Brot mit den Mandeln und dem Knoblauch am besten mit dem Pürierstab durcharbeiten oder verrühren. Nach und nach das Olivenöl, den Zitronensaft oder den Essig unterrühren und mit Salz abschmecken.

5. Die gebratenen Auberginenscheiben auf einen Teller legen und mit der Sauce servieren.

Im Bild links: Zucchinipuffer
Im Bild rechts:
Gebratene Auberginenscheiben

Fladenbrot mit Dips

Die Dips können Sie auch einzeln als Vorspeise servieren.

Zutaten für 6-8 Personen:

Für die Fladen:

500 g Mehl

Salz

1 Würfel Hefe (42 g)

1 Ei

Für die Arbeitsfläche: Mehl

Für den Auberginendip:

2 Auberginen (etwa 700 g)

1 mittelgroße Fleischtomate

3–4 Knoblauchzehen

1 Bund Petersilie

1–2 Eßl. Zitronensaft

1 Eßl. Olivenöl, kaltgepreßt

Salz

weißer Pfeffer, frisch gemahlen

Für den Käsedip:

250 g Schafkäse

100 ml Milch

3–4 Zweige frische Minze

1 Teel. gemahlener Kreuzkümmel

Salz

Für den Möhrendip:

2 mittelgroße Möhren

1 Bund Dill

250 g Joghurt

1 Knoblauchzehe

Salz

weißer Pfeffer, frisch gemahlen

Raffiniert

Bei 8 Personen pro Portion etwa:
1600 kJ/380 kcal
17 g Eiweiß · 10 g Fett
52 g Kohlenhydrate

- Zubereitungszeit: etwa 2 1/4 Stunden

1. Für den Fladen das Mehl mit 1 gehäuften Teelöffel Salz in eine Schüssel sieben. In die Mitte eine Mulde drücken, die Hefe hineinbröckeln und mit 3 Eßlöffeln lauwarmen Wasser verrühren, bis sie sich aufgelöst hat. Den Vorteig mit etwas Mehr bestäuben und zugedeckt etwa 15 Minuten an einem warmen Ort ruhen lassen, bis er sichtbar aufgegangen ist.

2. 1/4 lauwarmes Wasser und das Ei zum Vorteig geben. Alles mit den Knethaken des Handrührgeräts verrühren, bis der Teig Blasen wirft und sich vom Schüsselrand löst. Den Teig zugedeckt etwa 1 Stunde an einem warmen Ort gehen lassen, bis sich sein Volumen etwa verdoppelt hat.

3. Inzwischen die Auberginen waschen, abtrocknen und auf ein Backblech legen. Den Ofen auf 200° (Gas Stufe 3, Umluft 180°) schalten. Die Auberginen im Ofen (Mitte) etwa 1 Stunde backen, bis sie weich sind.

4. Die Tomate waschen und sehr klein würfeln, dabei den Stielansatz entfernen. Den Knoblauch schälen, die Petersilie waschen und trockenschwenken. Beides sehr fein hacken. Die Auberginen aus dem Ofen nehmen und längs aufschneiden. Das Fruchtfleisch herauskratzen, mit einer Gabel fein zerdrücken und mit der Tomate, dem Knoblauch, der Petersilie, dem Zitronensaft, dem Öl sowie mit Salz und Pfeffer mischen.

5. Den Schafkäse würfeln, mit einer Gabel zerdrücken und mit der Milch zu einer cremigen Masse verrühren. Die Minze waschen und trockenschwenken. Die Blättchen abzupfen, in feine Streifen schneiden und unter die Käsecreme mischen. Die Creme mit dem Kreuzkümmel und Salz abschmecken.

6. Die Möhren putzen, waschen und sehr fein raspeln. Den Dill waschen, trockenschwenken und ohne die groben Stiele fein hacken. Die Möhren und den Dill mit dem Joghurt vermischen. Den Koblauch schälen und durch die Presse dazudrücken. Den Möhrendip mit Salz und Pfeffer abschmecken. Den Backofen wieder auf 200° vorheizen.

7. Für den Fladen den Teig nochmals durchkneten und anschließend halbieren. Jede Hälfte auf der leicht bemehlten Arbeitsfläche zu einem runden Fladen ausrollen. Zwei Backbleche fetten und die Fladen jeweils darauflegen. Den Teig mit einer Gabel mehrmals einstechen und mit kaltem Wasser bepinseln. Die Fladen im heißen Ofen (Mitte, Gas Stufe 3, Umluft 180°) nacheinander in je etwa 20 Minuten goldbraun backen. Die Fladen abkühlen lassen und mit den Dips servieren.

Selbstgebackenes Fladenbrot mit pikanten Dips paßt zu Wein ebenso wie zwischen zwei Menügänge.

Buntes Sommerbuffet

Ob Gartenfest, Grillparty oder ein warmer Sommerabend auf der Terrasse: Die Jahreszeit lädt dazu ein, möglichst viel Zeit draußen zu verbringen. Was liegt da näher, als Ihre Gäste mit kalten Köstlichkeiten zu bewirten. Hier finden Sie Anregungen für leckere Sommersalate, bunte Gemüsekreationen und hübsche Terrinen.

Grüner Kartoffelsalat

Besonders delikat mit Wildkräutern.

Zutaten für 4 Personen:
1 kg festkochende Kartoffeln
Salz
1/4 l Rinderfond (Glas)
4–5 Eßl. Weißweinessig
weißer Pfeffer, frisch gemahlen
6 Scheiben Frühstücksspeck (Bacon)
3 Frühlingszwiebeln
4 Eßl. Sonnenblumenöl
1 Bund Radieschen
1 Bund Brunnenkresse (oder Gartenkresse)
30 g Sauerampferblätter
30 g Gänseblümchenblätter und -blüten (oder Borretsch mit Blüten)

Preiswert

Pro Portion etwa:
1600 kJ/380 kcal
11 g Eiweiß · 19 g Fett
37 g Kohlenhydrate

- Zubereitungszeit: etwa 1 Stunde

Tip!

Wildkräuter können Sie im Frühjahr auf ungedüngten Wiesen selbst sammeln, am besten auf Feuchtwiesen in der Nähe von Bächen, aber nicht neben befahrenen Straßen. Gänseblümchenblüten und -blätter haben einen zart nussigen Geschmack.

1. Die Kartoffeln in Salzwasser etwa 25 Minuten kochen, abgießen und noch warm schälen, in Scheiben schneiden. Den Rinderfond mit dem Essig, Salz und Pfeffer erhitzen, über die Kartoffeln gießen.

2. Den Speck in Streifen schneiden, die Frühlingszwiebeln waschen, putzen und mit dem zarten Grün in Scheiben schneiden. 1 Eßlöffel von dem Öl in einer Pfanne erhitzen, den Speck darin ausbraten, die Frühlingszwiebeln kurz mitbraten, dann über die Kartoffeln gießen. Das restliche Öl untermischen.

3. Die Radieschen in Scheiben schneiden. Einige zarte Blätter fein schneiden. Die Kresseblättchen und die Kräuter hacken und alles unter den Kartoffelsalat mischen.

4. Den Salat mit den Radieschenscheiben und den Gänseblümchen- oder Borretschblüten garnieren. Bis zum Servieren etwas durchziehen lassen.

Champignon-Käse-Spieße

Gebratene Spieße einmal anders: Champignons werden gegeneinandergesetzt, so umschließen sie den Käse als Füllung. Achten Sie beim Einkaufen darauf, daß die Champignonköpfe schon etwas geöffnet und möglichst gleich groß sind. Erhalten Sie gerade keine Grillzwiebeln, nehmen Sie normale und vierteln sie. Die Spieße werden auf einer Tomatensauce serviert.

Zutaten für 4 Personen:

Für die Spieße:

400 g gleich große, leicht geöffnete Champignons
125 g halbfester Schnittkäse (Butterkäse, Bel Paese, Port Salut)
200 g flache Grillzwiebeln
125 g Frühstücksspeck in dünnen Scheiben (Bacon)
1–2 Eßl. Öl zum Bestreichen

Für die Sauce:

1 kleine Zwiebel
1 Eßl. Olivenöl
1/8 l Rotwein
1 große Dose Tomaten
Salz, Pfeffer, Thymian
5–10 Tropfen Tabasco
1 Prise Zucker

Raffiniert

Pro Portion etwa:
1100 kJ/260 kcal
13 g Eiweiß · 17 g Fett
10 g Kohlenhydrate

- Zubereitungszeit: etwa 45 Minuten

1. Die Champignons säubern, die Stiele ausbrechen und zur Seite legen. Den Schnittkäse in Würfel schneiden (so groß, daß sie später in die Pilzköpfe passen). Die Grillzwiebeln schälen. Den Backofen auf 200° vorheizen.

2. Je 2 Champignons mit der Öffnung gegeneinander um 1 Stück Käse setzen, mit 1 Scheibe Frühstücksspeck umwickeln. Abwechselnd mit den Zwiebeln auf geölte Spieße stecken. Leicht mit Öl bepinseln.

3. Auf leicht geöltem Backblech in den Backofen (Mitte) schieben und 25–30 Minuten braten, dabei einmal umdrehen (oder in einer Pfanne rundum braun braten).

4. Für die Sauce die Zwiebel und die Pilzstiele würfeln, in Öl anbraten. Den Rotwein und die Tomaten zugeben, dick einkochen lassen. Mit Salz, Pfeffer, Thymian, dem Tabasco und dem Zucker würzen. Auf Teller verteilen, die Spieße darauf anrichten.

Artischocken mit Schinken-füllung

Erst müssen Sie Blatt für Blatt mit den Fingern abzupfen (nur der untere, fleischige Teil ist eßbar), bevor Sie das Beste, die kleinen Blätter und den saftigen Boden samt der Füllung essen können.

Zutaten für 4 Personen:
2 Zitronen (eine davon unbehandelt)
4 mittelgroße Artischocken
2 Scheiben Toastbrot
2 Bund glatte Petersilie
1/2 Bund frischer Thymian (oder 1/2 Eßl. getrockneter Thymian)
6–8 Salbeiblätter (oder 1 Teel. getrockneter Salbei)
3 Knoblauchzehen · 3 Eßl. Kapern
50 g gekochter Schinken
8 Eßl. kaltgepreßtes Olivenöl
Salz
schwarzer Pfeffer, frisch gemahlen
1/4 l trockener Weißwein

Spezialität • Raffiniert

Pro Portion etwa:
1300 kJ/310 kcal
6 g Eiweiß · 19 g Fett
17 g Kohlenhydrate

- Zubereitungszeit: etwa 1 3/4 Stunden

Tip!
Wem das Zubereiten der ganzen Artischocken zu mühsam ist, kann auch auf Artischockenböden aus dem Glas zurückgreifen.

1. Den Saft beider Zitronen in einer Schüssel mit viel kaltem Wasser mischen. Die Artischocken waschen. Die Stiele abschneiden, 3–4 Reihen der äußeren Blätter und das obere Drittel wegschneiden. Die Blättchen und Härchen im Inneren herauszupfen, die Böden glattschneiden. Die Artischocken in das Zitronenwasser legen.

2. Den Backofen auf 200° vorheizen. Das Brot etwa 5 Minuten in Wasser einweichen. Die Petersilie, den Thymian und den Salbei abbrausen, die Blätter fein hacken. Die Knoblauchzehen schälen, zusammen mit den Kapern und dem Schinken ebenfalls sehr fein hacken.

3. Das Brot gut ausdrücken, die Kräuter, die Schinkenmischung und 6 Eßlöffel Olivenöl dazugeben. Alles gut durchmischen. Mit Salz, Pfeffer und der abgeriebenen Zitronenschale kräftig würzen.

4. Die Artischocken gut abtropfen lassen. In eine Auflaufform setzen. Die Füllung in die Mitte und zwischen die Blätter verteilen. Mit dem übrigen Olivenöl beträufeln, mit dem Wein umgießen. Mit Alufolie abdecken und etwa 45 Minuten in den Ofen (Mitte, Gas Stufe 3, Umluft 180°) stellen, dann offen weitere 15 Minuten garen.

Spaghettisalat mit Meeres-früchten

Zutaten für 4 Personen:
400 g frische Miesmuscheln
1/4 l trockener Weißwein
1 Zwiebel
Salz
4 Riesengarnelen (roh)
4 Schollenfilets
100 g Tiefseegarnelen
100 g Crème fraîche
300 g Spaghetti
1 Eßl. Olivenöl
1 Bund gemischte Kräuter (Petersilie, Thymian, Salbei, Rosmarin, Oregano)
Saft von 1 Zitrone
Pfeffer, frisch gemahlen

Für Gäste

Pro Portion etwa:
2300 kJ/550 kcal
36 g Eiweiß · 13 g Fett
60 g Kohlenhydrate

- Zubereitungszeit: etwa 1 Stunde

1. Die Muscheln unter fließendem Wasser sauber bürsten, entbarten. Nur geschlossene verwenden. In dem Weißwein erhitzen, die Zwiebel kleinhacken und dazugeben, salzen und etwa 7 Minuten kochen. (Muscheln, die sich nicht geöffnet haben, wegwerfen.) Das Muschelfleisch auslösen, zur Seite stellen.

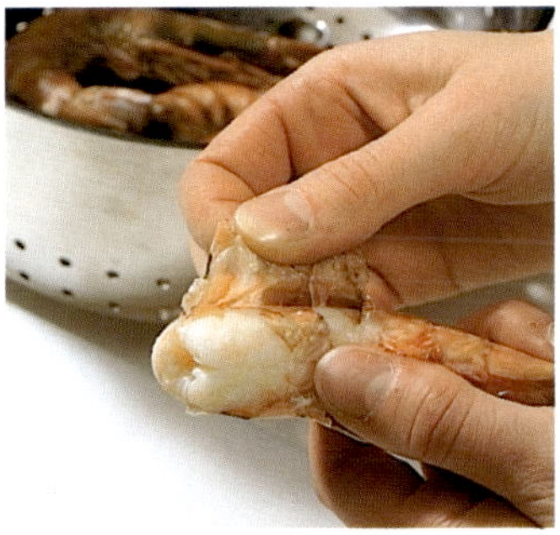

2. Im Kochsud die Riesengarnelen etwa 5 Minuten garen, abtropfen lassen und schälen, längs halbieren und den dunklen Darm auslösen. Im gleichen Sud die Schollenfilets etwa 5 Minuten garen, ebenso die Tiefseegarnelen. Den Kochsud (ohne den Bodensatz) abgießen und mit Crème fraîche verrühren.

3. In einer Kasserolle einkochen, bis nur noch die Hälfte an Flüssigkeit übrig ist. Die Spaghetti einmal durchbrechen und in reichlich Salzwasser mit dem Olivenöl in etwa 9 Minuten knapp garkochen, abgießen und kalt abschrecken.

4. Die Kräuter fein hacken. Die Sauce mit dem Zitronensaft und den Kräutern verquirlen, mit Salz und Pfeffer würzen. Die Meeresfrüchte vorsichtig unter die Spaghetti heben und mit der Sauce mischen. Lauwarm servieren.

Crudités au roquefort

Rohkostplatte
mit Roquefortsauce

Bei der Zusammenstellung einer Rohkostplatte sind Ihrer Phantasie keine Grenzen gesetzt. Es eignet sich fast die gesamte Palette des Angebots an Gemüse und Salaten. Für eine kleinere Rohkostplatte brauchen Sie nur eine Auswahl zu treffen und die Menge der Sauce entsprechend zu reduzieren. Die Sauce schmeckt noch besser, wenn Sie sie am Tag vorher zubereiten und im Kühlschrank aufbewahren.

Zutaten für 10–12 Personen:
300 g Roquefort
250 g Crème fraîche
Saft von 2–3 Zitronen
Salz
Pfeffer, frisch gemahlen
500 g junge Möhren
1 schwarzer Rettich
2 Bund Radieschen
1 kleiner Blumenkohl
2 grüne Paprikaschoten
2 rote Paprikaschoten
1 Staude Stangensellerie
1 Fenchelknolle
1 Salatgurke
800 g feste reife Tomaten
1 Gemüsezwiebel
1 kleiner Kopfsalat
1 kleiner Friséesalat
1 kleiner Kopf Bataviasalat
1 kleiner Kopf Eisbergsalat
1 Karton Kresse
500 g Champignons
2 Avocados

Braucht etwas Zeit
Für Gäste

Bei 10 Personen pro Portion etwa:
1500 kJ/360 kcal
13 g Eiweiß · 29 g Fett
12 g Kohlenhydrate

- Zubereitungszeit: etwa 1 1/2 Stunden

1. Zuerst die Roquefortsauce bereiten: Den Käse würfeln und mit einer Gabel zermusen oder pürieren. Die Crème fraîche cremig rühren, dann mit dem Käse mischen. Etwa die Hälfte des Zitronensaftes dazugeben. Abschmecken und sehr sparsam salzen und pfeffern. Die Sauce in den Kühlschrank stellen.

2. Die Möhren, den Rettich und die Radieschen putzen, gründlich waschen, eventuell abbürsten und abtupfen. Die Möhren längs vierteln, den Rettich eventuell halbieren und in dünne Scheiben schneiden, die Radieschen ganz lassen. Auf einer großen Platte anordnen. Den Blumenkohl in Röschen teilen, abbrausen, abtrocknen und auf die Platte legen.

3. Die Paprikaschoten waschen, achteln und von Rippen und Kernen befreien. Den Sellerie waschen, am Wurzelende dünn abschneiden. Die Stangen eventuell von Fäden befreien und in etwa 5 cm lange Stücke schneiden. Frische, junge Blättchen nicht entfernen. Den Fenchel waschen, putzen und mit den Blättchen in feine Scheibchen schneiden. Die Gurke waschen, längs halbieren und mit einem Teelöffel das weiche Innere herauskratzen. Das Fruchtfleisch in etwa 3 cm lange Stücke schneiden. Die Zutaten auf der Platte anordnen.

4. Die Tomaten waschen und quer halbieren, salzen und pfeffern. Die Zwiebel schälen und in Ringe schneiden. Die Tomaten auf die Platte legen, die Zwiebelringe darauf verteilen.

5. Die Strünke von den Blattsalaten entfernen. Die äußeren Blätter zum Garnieren beiseite legen, die Salatherzen vierteln. Gründlich waschen und abtropfen lassen. Die Kresseblättchen von den Stielen schneiden und vorerst in eine kleine Schüssel geben.

6. Die Pilze mit Küchenpapier gut abreiben oder schnell kalt abspülen und putzen. Ganz lassen. Mit dem restlichen Zitronensaft beträufeln. Die Avocados sehr vorsichtig mit einem scharfen Messer schälen, längs halbieren und die Kerne behutsam herauslösen. Das Fruchtfleisch achteln und mit Zitronensaft beträufeln.

7. Diese Zutaten auch auf der Platte aufschichten. Die Kresseblättchen dazulegen. Die Platte mit den großen Salatblättern garnieren und servieren. Die Roquefortsauce dazu reichen.

Rohkost wie die Crudités au roquefort gehörte in Frankreich schon vor der allgemeinen »Gesundheitswelle« zum klassischen Vorspeisenangebot.

Märchenhafte Düfte und Aromen, kräftig gewürzte Speisen und originelle Zutaten: Lassen Sie sich verführen von der ungewöhnlich köstlichen arabischen Küche!

Orientalische Vorspeisen

Zutaten:
Für die Kichererbsencreme:
1/2 Dose gegarte Kichererbsen (etwa 125 g)
1 Stück frische Chilischote
1/2 Teel. Kreuzkümmelsamen
1/2 Eßl. Sesammus
1 Eßl. Zitronensaft
Salz
1/2 Teel. Erdnußöl
Für den Salat:
1 kleine Gärtnergurke
1 Fleischtomate
1/2 Bund Petersilie
2–3 Stengel frische Minze
1 Eßl. Zitronensaft
Salz
weißer Pfeffer, frisch gemahlen
1 Eßl. Olivenöl
Außerdem:
1/2 Fladenbrot mit Sesam (aus dem türkischen Feinkostgeschäft)

Raffiniert

Pro Portion etwa:
470 kJ/110 kcal
3 g Eiweiß · 8 g Fett
7g Kohlenhydrate

- Zubereitungszeit: etwa 20 Minuten

1. Für die Kichererbsencreme alle Zutaten mit etwa 4 Eßlöffeln kaltem Wasser in den Mixer geben und fein pürieren.

2. Für den Salat die Gurke und die Tomate waschen und in Würfel schneiden. Die Kräuter waschen und trockenschwenken. Die Petersilienblättchen von den Stielen zupfen, die Minze in feine Streifen schneiden. Alle diese Zutaten mit dem Zitronensaft, Salz, Pfeffer und dem Öl mischen.

3. Das Fladenbrot bei 150° im heißen Backofen (Mitte, Umluft 140°) kurz aufbacken, damit es schön heiß und knusprig ist.

Tips!

- Fladenbrot können Sie auch selbst backen. Dafür 250 g Mehl mit 1 kräftigen Prise Salz mischen. 1/2 Würfel Hefe (20 g) mit etwa 1/8 l lauwarmem Wasser verrühren, mit 1 Eigelb zum Mehl geben. Alles zu einem glatten Teig verkneten und zugedeckt an einem warmen Ort etwa 45 Minuten gehen lassen. Dann auf wenig Mehl zu einem Fladen ausrollen, auf ein gefettetes Backblech legen und mit einer Gabel mehrmals einstechen. Mit Sesam bestreuen und bei 200° (Umluft 180°) etwa 20 Minuten backen.
- Kichererbsen in Dosen bekommen Sie in gut sortierten Supermärkten und in italienischen und türkischen Lebensmittelgeschäften.

Gemüsespieße auf Dillsauce

Gemüse auf originelle Art serviert: Schafkäsestücke werden in Paprikastreifen gewickelt und mit Champignons, Zwiebeln, Zucchini und Auberginen auf Spieße gesteckt.

Zutaten für 4 Personen:
2 große rote Paprikaschoten (à 300 g)
4 Eßl. Olivenöl
100 g fetter Schafkäse (griechischer Feta oder bulgarischer Schafkäse)
1 Teel. Oregano
250 g Champignons
8 Schalotten
1 Zucchino (250 g)
1 Aubergine (250 g)
Salz
Pfeffer, frisch gemahlen
1 Bund Dill
200 g Vollmilchjoghurt
200 g Sahnejoghurt (griechischer, 10% Fett i. Tr.)
1 unbehandelte Zitrone
8 Spieße

Für Gäste

Pro Portion etwa:
1100 kJ/260 kcal
12 g Eiweiß · 18 g Fett
13 g Kohlenhydrate

- Zubereitungszeit: etwa 1 Stunde

1. Die Paprikaschoten waschen, gut trockentupfen und längs halbieren. Kerne und helle Trennwände sorgfältig entfernen, das Fruchtfleisch längs in etwa 3 cm breite Streifen schneiden.

2. In einer Pfanne mit Deckel 1 Eßlöffel Olivenöl erhitzen, die Paprikastreifen (Hautseite nach unten) zugedeckt bei mittlerer Hitze 5–7 Minuten braten. Paprikastreifen herausnehmen, etwas abkühlen lassen und die Haut abziehen.

3. In der Zwischenzeit den Schafkäse in kleinfingerdicke, etwa 2 cm lange Streifen zerteilen und in dem Oregano wenden. Die Champignons mit Küchenpapier abreiben oder kurz waschen, die Stiele abschneiden. Die Schalotten schälen und längs halbieren.

4. Den Zucchino waschen, gut trockentupfen und in etwa 1 cm dicke Scheiben schneiden, ebenso die Aubergine. Die Auberginenscheiben vierteln. Die Schafkäsestücke in die Paprikastreifen einwickeln.

5. Pro Person zwei Spieße ölen, darauf abwechselnd ein Stück Schalotte, eine Zucchinischeibe, ein in Paprika eingerolltes Stück Schafkäse, einen Champignon, ein Stück Aubergine und so weiter aufreihen, mit einem Schalottenstück als Halt abschließen. Das Gemüse leicht salzen und pfeffern.

6. Das restliche Öl in die Pfanne geben und die Spieße etwa 7 Minuten zugedeckt braten (falls der Deckel einen Lüftungsschieber hat, diesen öffnen), dann die Spieße wenden und noch etwa 7 Minuten braten.

7. Inzwischen für die Sauce den Dill waschen, trockenschütteln und kleinschneiden. Beide Joghurtsorten mit Dill, Salz, Pfeffer, etwas geriebener Zitronenschale und Zitronensaft verrühren.

8. Die heißen Spieße auf der kalten Sauce servieren. Dazu passen Pellkartoffeln oder knuspriges Baguette, als Getränk eine Apfelsaft-Schorle oder ein trockener Weißwein.

Tip!

Achten Sie darauf, einen nicht zu mageren Schafkäse zu nehmen, sonst zerbröckelt er beim Aufspießen. Zu fett sollte er aber auch nicht sein, er zerläuft sonst beim Braten oder Grillen – denn die Spieße kann man auch gut beim Grillfest über Holzkohle grillen, dabei das Gemüse mit Olivenöl bepinseln und bei nicht allzu starker Hitze garen, damit es nicht austrocknet. Fürs Grillen im Freien können die Spieße schon fertig vorbereitet und mit Öl bestrichen werden, die Joghurtsauce wird angerührt und in eine dicht schließende Frischhaltedose verpackt.

Die heißen »Gemüse-Schaschliks« werden auf einer kalten Joghurtsauce mit viel frischem Dill serviert: ein apartes, kontrastreiches Gericht.

Gorgonzolarolle mit Gemüse

Überraschen Sie Ihre Gäste mit dieser dekorativen Gemüserolle. Sie paßt hervorragend als Vorspeise oder auf ein kaltes Buffet. Als Ergänzung dazu schmeckt ein Salat der Saison – im Sommer Eissalat mit Tomaten und einigen Paprikawürfeln, im Winter Rosenkohlfrischkost mit Äpfeln und Walnüssen.

Zutaten für 8 Personen:
100 g Gorgonzola
4 Eier
1 Eigelb
Meersalz
125 g Dinkel, mit 1/2 Teel. Koriander sehr fein gemahlen
450 g Quark
1 Eßl. trockener Weißwein
2 Teel. Zitronensaft
50 g Parmesan, frisch gerieben
150 g Sahne
je 100 g rote und gelbe Paprikaschoten
50 g grüne Paprikaschoten
50 g Fenchel
30 g ungesalzene Erdnüsse
Zum Backen:
Backpapier
Zum Garnieren:
Kerbelblättchen

Raffiniert
Läßt sich vorbereiten

Pro Portion etwa:
1300 kJ/310 kcal
17 g Eiweiß · 20 g Fett
11 g Kohlenhydrate
2 g Ballaststoffe

- Zubereitungszeit: etwa 1 Stunde 40 Minuten
- Kühlzeit: 5–12 Stunden

1. Den Gorgonzola aus dem Kühlschrank nehmen, damit er sich leichter verarbeiten läßt. Ein Stück Backpapier in der Größe des Blechs abschneiden und durch Kniffe ein Rechteck von 35 x 25 cm Größe markieren. Das Blech mit dem Backpapier auslegen. Den Backofen auf 200° vorheizen.

2. Die Eier trennen. Die Eiweiße mit 1/4 Teelöffel Salz sehr steif schlagen. Alle Eigelbe mit 2 Eßlöffeln warmem Wasser zu einer dicken Creme rühren. Die Eicreme auf den Eischnee gleiten lassen. Das gewürzte Mehl darüber sieben. Alles mit einem Spatel locker mischen. Den Teig gleichmäßig auf das Backpapier streichen.

3. Den Biskuit im Backofen (Mitte) in etwa 12 Minuten goldgelb backen. Die Oberfläche sollte trocken, die Ränder noch weich sein. Inzwischen die Arbeitsfläche mit Backpapier belegen. Die Biskuitplatte an den Rändern vom Blech lösen, auf das Backpapier stürzen und mit dem Blech bedeckt auskühlen lassen.

4. Inzwischen den Quark mit dem Wein, dem Zitronensaft und Salz cremig rühren. Den Gorgonzola mit einer Gabel fein zerdrücken und mit dem Parmesan unter den Quark mischen. Die Sahne steif schlagen und unterheben. Die Käsecreme zugedeckt kalt stellen.

5. Die Paprikaschoten entkernen, waschen und trockentupfen. Die Schoten und den Fenchel in sehr kleine Würfel schneiden. Das Gemüse in einer Schüssel mischen.

6. Das Blech vom Biskuit abnehmen, und das Papier abziehen. Die Käsecreme (bis auf 3 Eßlöffel) auf der Biskuitplatte verstreichen; dabei am oberen Längsrand 2 cm frei lassen, damit die Füllung beim Aufrollen nicht herausquillt. Das Gemüse aufstreuen und leicht andrücken.

7. Die Biskuitplatte von der Längsseite her aufrollen und mit der »Naht« nach unten auf eine Platte gleiten lassen. Die Biskuitrolle ringsum mit der restlichen Creme bestreichen. Mit einer Abdeckhaube oder mit Alufolie locker abdecken und 5–12 Stunden im Kühlschrank ziehen lassen.

8. Die Erdnüsse mit einem schweren Messer grob hacken. In einer Pfanne ohne Fett unter Umwenden goldgelb rösten, dann kalt werden lassen. Kurz vor dem Servieren die Gorgonzolarolle mit den Erdnüssen bestreuen und mit Kerbelblättchen garnieren.

Tips!

Den Fenchel können Sie auch durch gewürfelte junge Zucchini, Radieschenwürfel, Streifen von Staudensellerie oder 2–3 Eßlöffel Rettichsprossen (4 Tage gekeimt) ersetzen. Ganz ausgezeichnet schmeckt die Käsecreme zu Vollkornbrot oder Pellkartoffeln und als Füllung von pikanten Windbeuteln.

Sehr dekorativ fürs kalte Buffet: Die Creme in Torteletts aus salzigem Mürbeteig füllen und mit Streifen von roten Paprikaschoten oder Tomaten und mit Basilikumblättchen garnieren. Oder 3 Paprikaschoten (grün, rot und gelb) längs halbieren, die Kerne und die weißen Innenwände entfernen. Die Schoten waschen und trockentupfen. Dann die Creme hineinfüllen und mit abgezupftem Fenchelkraut garnieren.

Salat mit Artischockenböden

Palace Court Salad

Erfunden wurde dieser feine Salat im ehemaligen Palace Hotel in San Francisco. Meist wird er mit dem zarten Fleisch der Dungeness crab, einer Steinkrebsart, zubereitet und mit Krebsscheren verziert. Stehen diese edlen Meeresbewohner nicht zur Verfügung, werden sie durch andere Krebse oder aber durch Garnelen ersetzt.

Zutaten für 4 Personen:
Für den Salat:
4 große Artischocken
Salz
3 Eßl. Zitronensaft
150 g gegarte und geschälte Garnelen
4 Zweige Petersilie
etwas Schnittlauch
4 Eßl. Salatmayonnaise
weißer Pfeffer, frisch gemahlen
1/2 kleiner Eisbergsalat
2 kleine feste Tomaten
1 hartgekochtes Ei

Für Gäste

Pro Portion etwa:
920 kJ/220 kcal
12 g Eiweiß · 13 g Fett
6 g Kohlenhydrate

- Zubereitungszeit: etwa 1 Stunde

1. Die Artischocken waschen, die Stiele herausbrechen oder abschneiden. Die oberen zwei Drittel der Hüllblätter mit einem scharfen Messer abschneiden, dann die verbliebenen Hüllblätter rundherum von den Artischockenböden abschneiden. Das weiche »Heu« aus den Böden entfernen und alle noch verbliebenen harten Stellen von den Böden abschneiden.

2. Etwas Salzwasser in einem Topf aufkochen lassen, 2 Eßlöffel Zitronensaft und die Artischockenböden hineingeben. Die Böden zugedeckt bei mittlerer Hitze etwa 20 Minuten dünsten, dann gut abtropfen lassen.

3. Inzwischen die Garnelen kalt abbrausen und nach Belieben hacken. Die Kräuter ebenfalls waschen und fein hacken.

4. Die Garnelen mit den Kräutern und der Mayonnaise vermengen. Die Masse mit Salz, Pfeffer und etwas Zitronensaft abschmecken. Ein wenig davon in die Artischockenböden füllen.

5. Den Eisbergsalat waschen, trockenschütteln und in feine Streifen schneiden. Die Streifen auf vier Teller geben.

6. Die Tomaten waschen und ohne die Stielansätze in Scheiben schneiden, auf die Salatteller legen. Jeweils 1 gefüllten Artischockenboden darauf setzen.

7. Das Ei schälen und sehr fein hacken, über den Salat streuen und diesen sofort servieren. Die übrige Garnelenmischung dazu reichen.

Tip!

Sie können auch auf Artischockenböden aus dem Glas oder aus der Dose zurückgreifen und damit viel Zeit sparen.

Garnelen in Dressing auf gedünsteten Artischockenböden: Der Palace Court Salad ist ein exklusives Gericht, der im Palace Hotel in San Francisco kreiert wurde.

Wildreissalat mit Lachs

Zutaten für 4 Personen:
100 g Wildreis
Salz
100 g Champignons
2 Schalotten
300 g geräucherter Lachs
1 Eßl. Zitronensaft
1 Teel. Zucker
6 Eßl. Crème fraîche
1 Teel. mittelscharfer Senf
1 Messerspitze Paprikapulver
1 Bund Dill

Exklusiv

Pro Portion etwa:
1200 kJ/290 kcal
21 g Eiweiß · 13 g Fett
21 g Kohlenhydrate

- Zubereitungszeit: etwa 45 Minuten
- Marinierzeit: etwa 20 Minuten

1. Den Reis waschen, in 300 ccm kochendes Salzwasser schütten, etwa 5 Minuten sprudelnd, dann zugedeckt etwa 40 Minuten leicht kochen lassen.

2. Die Champignons putzen und blättrig schneiden. Die Schalotten würfeln. Den Lachs zu Röllchen formen.

3. Den Zitronensaft mit dem Zucker verrühren, die Crème fraîche, den Senf, etwas Salz und das Paprikapulver untermischen. Den Dill waschen und die Blättchen abzupfen.

4. Den Reis ausdämpfen, abkühlen lassen, mit den Schalotten, den Champignons und der Sauce vermengen und zugedeckt 20 Minuten durchziehen lassen. Vor dem Servieren den Dill darüber streuen und den Salat zum Schluß mit den Lachsröllchen belegen.

Reissalat mit Hähnchen

Für Reissalate eignen sich alle Reissorten. Soll Ihr Salat aber möglichst viele Nährstoffe enthalten, dann verwenden Sie am besten Naturreis. Das ist ungeschälter Reis, bei dem die Randschichten und das Silberhäutchen erhalten geblieben sind. Für besondere Gelegenheiten empfehle ich Ihnen Wildreis.

Zutaten für 4 Personen:
400 g Hähnchenfilets
1/4 l Geflügelbouillon
120 g Langkornreis
Salz
2 Orangen
150 g Sahnejoghurt
2 Eßl. Crème double
3 Eßl. Zitronensaft
2 Eßl. helle Sojasauce
1 Teel. Currypulver
3 Eßl. Korinthen
2 nicht zu reife Bananen

Braucht etwas Zeit

Pro Portion etwa:
1400 kJ/330 kcal
28 g Eiweiß · 5 g Fett
48 g Kohlenhydrate

- Zubereitungszeit: etwa 40 Minuten (davon etwa 30 Minuten Marinierzeit)

1. Die Hähnchenfilets in der Geflügelbouillon zugedeckt 20 Minuten sacht kochen lassen.

2. Den Reis mit etwas Salz in 1/2 l kochendes Wasser schütten und bei mittlerer Hitze im offenen Topf 15 Minuten leicht kochen lassen.

3. Die Orangen wie einen Apfel schälen, die Spalten aus den Zwischenhäutchen schneiden und halbieren. Den abgetropften Saft mit dem Joghurt, der Crème double, dem Zitronensaft, der Sojasauce und dem Curry verrühren.

4. Die Korinthen heiß waschen und in den letzten 5 Minuten im Reis mitkochen lassen. Das Hähnchenfleisch würfeln.

5. Von der Geflügelbouillon 6 Eßlöffel unter die Currysauce mischen. Die Bananen schälen, in Scheiben schneiden, mit dem Reis, dem Hähnchenfleisch und den Orangenstücken unter die Sauce mischen und zugedeckt 30 Minuten durchziehen lassen.

Im Bild vorne: Reissalat mit Hähnchen
Im Bild hinten: Wildreissalat mit Lachs

Kartoffelsalat mit Forellenfilets

Zutaten für 8–10 Personen:
2 kg kleine, neue festkochende Kartoffeln
Salz
1 kleine Salatgurke (etwa 350 g)
400 g geräucherte Forellenfilets
1 unbehandelte Zitrone
2 große Bund Dill
150 ml Gemüsebrühe
250 g Schmand, ersatzweise saure Sahne
schwarzer Pfeffer, frisch gemahlen
Tabasco

Rustikal

Bei 10 Personen pro Portion etwa:
850 kJ/200 kcal
13 g Eiweiß · 4 g Fett
29 g Kohlenhydrate

- Zubereitungszeit: etwa 45 Minuten

1. Die Kartoffeln gründlich waschen, zugedeckt in wenig Salzwasser garen. Abgießen, kurz abkühlen lassen, dann pellen und halbieren.

2. Die Salatgurke gründlich waschen, schälen, längs halbieren, entkernen und die Hälften in Scheiben schneiden. Die Forellenfilets häuten und quer in etwa 1/2 cm breite Streifen schneiden.

3. Die Zitrone heiß abwaschen, abtrocknen, die Schale fein abreiben und den Saft auspressen. Den Dill waschen, trockenschütteln und ohne die groben Stiele fein hacken. Die Zitronenschale und den -saft, den Dill, die Brühe und den Schmand verrühren, die Sauce mit Salz, Pfeffer und einigen Tropfen Tabasco würzen.

4. Alle Zutaten in eine große Salatschüssel geben und vorsichtig vermengen.

Chicorée-Muschel-Cocktail

Zutaten für 8 Personen:
200 g Schalotten
8 Eßl. Weißweinessig · Salz
schwarzer Pfeffer, frisch gemahlen
6 Eßl. Olivenöl
6 Eßl. neutrales Pflanzenöl
700 g Chicorée
400 g feste Tomaten
2 Gläser Miesmuscheln in Wassersud (je etwa 330 g)
1 Bund glatte Petersilie

Raffiniert

Pro Portion etwa:
850 kJ/200 kcal
10 g Eiweiß · 16 g Fett
4 g Kohlenhydrate

- Zubereitungszeit: etwa 45 Minuten

1. Die Schalotten schälen und sehr fein würfeln, mit dem Essig, Salz und Pfeffer verquirlen. Beide Ölsorten kräftig unterschlagen.

2. Den Chicorée putzen und waschen. Einige große, schöne Blätter ablösen und beiseite legen, den übrigen Chicorée quer in 1 cm dicke Scheiben schneiden. Die Scheiben auseinander blättern.

3. Die Tomaten waschen, in dünne Spalten schneiden, dabei von den Stielansätzen und den Kernen befreien. Die Muscheln in ein Sieb geben, kurz unter kaltem Wasser abbrausen und gut abtropfen lassen. Die Petersilie waschen, trockenschütteln und ohne die groben Stiele fein hacken.

4. Den Chicorée, die Tomaten, die Muscheln und die Petersilie vorsichtig in der Salatsauce wenden. Eine Schale mit den Chicoréeblättern auslegen. Den Muschelsalat darauf anrichten.

Tip!

Wenn Sie ausreichend Zeit haben, können Sie 2,5 kg frische Miesmuscheln gründlich unter Wasser abbürsten. 1/8 l Wasser, Suppengewürz und Salz in einem großen Topf aufkochen, die Muscheln darin zugedeckt knapp 10 Minuten garen. Das Muschelfleisch aus den Schalen lösen.

Bild oben:
Kartoffelsalat mit Forellenfilets
Bild unten:
Chicorée-Muschel-Cocktail

Nudelsalat mit Pesto

Pesto, die würzige italienische Kräutersauce, wird gewöhnlich zu heiß servierten Nudeln gegessen. Sie schmeckt jedoch auch vorzüglich zu Salat. Pesto können Sie in einem verschlossenen Glas eine Woche im Kühlschrank aufbewahren. Hauptbestandteil des Rezeptes ist Basilikum, daher sollten Sie es möglichst frisch und nicht getrocknet verwenden.

Zutaten für 4 Personen:
3 Bund Basilikum
1/2 Bund Petersilie
3 Knoblauchzehen
2 Eßl. Pinienkerne
je 50 g frisch geriebener Parmesan und Pecorino (italienischer Schafkäse)
100 ccm kaltgepreßtes Olivenöl
Salz
frisch gemahlener schwarzer Pfeffer
2 1/2 l Gemüsebrühe aus Würfeln
1 Teel. Pflanzenöl
250 g Bandnudeln
300 g Zucchini
100 g Brunnenkresse
200 g Thunfisch aus der Dose ohne Öl

Braucht etwas Zeit

Pro Portion etwa:
3600 kJ/860 kcal
36 Eiweiß · 53 g Fett
5 g Kohlenhydrate

- Zubereitungszeit: etwa 2 Stunden (davon etwa 1 Stunde Zeit zum Durchziehen)

1. Die Kräuter waschen, trockenschleudern und die Blättchen von den Stielen zupfen.

2. Die Knoblauchzehen schälen und in kleine Würfel schneiden.

3. Die Pinienkerne in einer Pfanne ohne Fett unter ständigem Wenden bei mittlerer Hitze rösten, bis sie leicht Farbe annehmen und angenehm zu duften beginnen.

4. Die Kräuter mit dem Knoblauch und den Pinienkernen im Mörser zerreiben. Das Püree in eine Schüssel geben und nach und nach mit dem Käse, dem Olivenöl, etwas Salz und Pfeffer verrühren. Den Pesto zugedeckt für etwa 1 Stunde in den Kühlschrank stellen.

5. Die Gemüsebrühe mit dem Pflanzenöl in einem großen Topf zum Kochen bringen, die Nudeln hineinschütten, einmal umrühren und etwa 8 Minuten kochen lassen. Nach etwa 6 Minuten prüfen, ob die Nudeln schon gar sind, sie dürfen nicht zerkochen, sondern sollen noch »Biß« haben, »al dente« sein, wie man in Italien sagt.

6. Die Zucchini waschen, die Stielansätze und Enden entfernen. Das Gemüse in kleine Würfel schneiden. Die Brunnenkresse waschen, trockenschleudern und die Blättchen von den Stielen zupfen.

7. Die Nudeln in einem Sieb abtropfen lassen; dabei 3 Eßlöffel vom Kochsud auffangen und unter den Pesto mischen. Den Thunfisch in kleine Stücke zerteilen.

8. Die Nudeln mit den Zucchini, der Brunnenkresse, dem Thunfisch und dem Pesto mischen und den Salat zugedeckt bis zum Servieren durchziehen lassen.

Varianten

Pesto schmeckt auch gut zu anderen Nudelsalaten. Hier einige Anregungen:

250 g Spaghetti in kleinere Stücke brechen und in Gemüsebrühe mit etwas Öl »al dente« kochen. 500 g Tomaten waschen, achteln und die Stielansätze ausschneiden. 1 grüne Paprikaschote waschen, putzen und in Streifen schneiden. 50–100 g in Scheiben geschnittene Salami und 50 g Oliven mit den Tomaten, den Schotenstreifen und den Spaghetti mischen. Zuletzt den Salat mit dem Pesto anmachen.

250 g Farfalle oder Krawättli-Nudeln in Gemüsebrühe mit etwas Öl »al dente« kochen. 300 g enthülste Perlerbsen in 3 Eßlöffeln mildem Salzwasser zugedeckt etwa 3 Minuten dünsten, in ein Sieb schütten und abkühlen lassen. 1 große Zwiebel würfeln und mit den Erbsen, 100 g gewürfeltem, gekochtem Schinken und 4 gewürfelten Cornichons unter die Nudeln mischen. Zuletzt mit dem Pesto vermengen.

250 g Penne in Gemüsebrühe mit etwas Öl »al dente« kochen. 250 g Lauchzwiebeln putzen, waschen und in Größe der Penne zurechtschneiden, dicke Stangen längs halbieren. 1 Avocado dünn schälen, halbieren, den Stein entfernen und die Hälften würfeln. Alle Salatzutaten mit 200 g Maiskörnern aus der Dose mischen und mit dem Pesto anmachen.

Spargel-mousse

Zutaten für 4 Personen:
1 kg weißer Spargel
Salz
4 Blatt Gelatine
250 g Magerjoghurt
3 Eßl. Mayonnaise
1 1/2 Teel. Zitronensaft
weißer Pfeffer, frisch gemahlen
Muskatnuß, frisch gerieben
150 g Sahne

Gelingt leicht

Pro Portion etwa:
960 kJ/230 kcal
10 g Eiweiß · 18 g Fett
7 g Kohlenhydrate

- Zubereitungszeit: etwa 30 Minuten
- Kühlzeiten: 2 3/4–3 3/4 Stunden

1. Den Spargel schälen, die Enden großzügig abschneiden. Es sollen etwa 500 g geputzter Spargel übrig bleiben. Die Stangen in etwa 5 cm lange Stücke schneiden und in Salzwasser in etwa 20 Minuten sehr weich kochen. Abgießen und gut abtropfen lassen. Inzwischen die Gelatine in kaltem Wasser einweichen.

2. Die Spargelstücke, den Joghurt und die Mayonnaise im Mixer pürieren. In eine Schüssel geben und mit Zitronensaft, Salz, Pfeffer und Muskat abschmecken. Die Gelatine in wenig heißem Wasser auflösen und unter die Spargelmasse rühren. Für 30–40 Minuten in den Kühlschrank stellen. Wenn die Masse anfängt, fest zu werden, die Sahne steif schlagen und unterziehen. Weitere 2–3 Stunden kalt stellen.

3. Mit einem in heißes Wasser getauchten Löffel Portionen abstechen und mit Toastbrot servieren.

Avocado-mousse

Zutaten für eine Kastenform von 1–1 1/2 l Inhalt:
3/4 l Milch
8 Eigelb
8 Blatt Gelatine
4 reife Avocados
3 Eßl. Zitronensaft
Salz
weißer Pfeffer, frisch gemahlen
1 Knoblauchzehe

Raffiniert

Bei 10 Personen pro Portion etwa: 1200 kJ/290 kcal
9 g Eiweiß · 26 g Fett
4 g Kohlenhydrate

- Zubereitungszeit: etwa 45 Minuten
- Kühlzeit: 2–3 Stunden

1. Die Milch aufkochen. Die Eigelbe mit dem Handrührgerät zu einer cremigen Masse aufschlagen, die heiße, nicht mehr kochende Milch unterrühren. In ein heißes Wasserbad stellen und rühren, bis die Creme dick wird. Sie darf aber auf keinen Fall kochen. Dann in ein kaltes Wasserbad stellen und noch etwa 5 Minuten weiterrühren.

2. Inzwischen die Gelatine in kaltem Wasser einweichen. Dann ausdrücken und in der warmen Creme auflösen.

3. 3 Avocados schälen, halbieren und die Kerne entfernen. 3 Hälften zum Garnieren zurückbehalten und sofort mit Zitronensaft beträufeln. Den Rest pürieren und in die Creme rühren. Kräftig salzen und pfeffern. Knoblauch schälen und dazupressen. Gut verrühren.

4. 2 Avocadohälften in etwa 1 cm große Stücke schneiden. Die Form mit der Hälfte der Avocadocreme füllen und die Stückchen daraufgeben. Mit der restlichen Creme bedecken. Mit Folie abdecken und die Mousse im Kühlschrank fest werden lassen.

5. Zum Servieren die Form kurz unter heißes Wasser halten und den Inhalt vorsichtig stürzen. Oder die Mousse in einer Keramikform kalt werden lassen und servieren. Mit einem in heißes Wasser getauchten Löffel Portionen abstechen. Die übrige Avocado in Spalten schneiden und die Mousse damit anrichten.

Im Bild vorne: Spargelmousse
Im Bild hinten: Avocadomousse

Marinierte Zwiebeln

Noch edler wird diese Vorspeise, wenn Sie dazu die aromatischen Schalotten verwenden.

Zutaten für 4 Personen:
500 g kleine Zwiebeln
4 Zweige frischer Estragon
1/2 unbehandelte Zitrone
100 ml trockener Weißwein
2 Eßl. Olivenöl, kalt gepreßt
Salz
weißer Pfeffer, frisch gemahlen

Gelingt leicht

Pro Portion etwa:
430 kJ/100 kcal
2 g Eiweiß · 4 g Fett
10 g Kohlenhydrate

- Zubereitungszeit: etwa 30 Minuten
- Marinierzeit: mindestens 8 Stunden

1. Die Zwiebeln schälen und falls sie größer sind als Walnüsse, halbieren oder vierteln. Den Estragon waschen, trockentupfen und die Blättchen von den Stielen zupfen.

2. Die Zitronenhälften heiß waschen und abtrocknen. Die Schale dünn abschälen und in feine Streifen schneiden. Die Zitrone auspressen.

3. Den Zitronensaft mit der -schale, dem Wein 1/8 l Wasser und dem Öl in einem Topf zum Kochen bringen. Mit Salz und Pfeffer würzen. Die Zwiebeln mit dem Estragon hineingeben und zugedeckt bei mittlerer Hitze in etwa 10 Minuten bißfest garen.

4. Die Zwiebeln mit dem Sud in eine Schüssel füllen und zugedeckt mindestens 8 Stunden bei Zimmertemperatur ruhen lassen. Dazu schmeckt am besten Volkornbaguette.

Basilikumforellen

Besonders hübsch sieht diese festliche Vorspeise aus, wenn Sie die Fischfilets auf Blattsalat anrichten.

Zutaten für 6 Personen:
6 frische Forellenfilets
3 Eßl. Zitronensaft (oder Limettensaft)
3 Eßl. milder Weißweinessig
2 Teel. weiße Pfefferkörner
2 große Bunde Basilikum
1 Eßl. Salz
1/2 Eßl. Zucker

Braucht etwas Zeit

Pro Portion etwa:
920 kJ/220 kcal
41 g Eiweiß · 6 g Fett
2 g Kohlenhydrate

- Zubereitungszeit: etwa 30 Minuten
- Marinierzeit: 20–32 Stunden

1. Die Forellenfilets in eine flache Porzellanschale legen. Den Zitronensaft mit dem Essig und 1/4 l Wasser mischen und über die Filets gießen. Die Filets etwa 8 Stunden im Kühlschrank ruhen lassen.

2. Die Pfefferkörner im Mörser oder mit einem großen schweren Messer grob zerkleinern. Das Basilikum waschen und trockentupfen. Die Blättchen von den Stielen zupfen und fein hacken.

3. Die Forellenfilets abtropfen lassen und mit Küchenpapier trockentupfen. Die Porzellanschale trocknen. Die Hälfte der Filets wieder in die Schale geben. Die Pfefferkörner und das Basilikum mit dem Salz und dem Zucker mischen. Die Hälfte der Mischung über die Filets streuen. Die übrigen Filets darauf legen und mit der restlichen Basilikummischung bedecken. Die Filets mit Folie abdecken und mit einem Holzbrett und einem Gewicht (zum Beispiel einem mit Wasser gefüllten Einmachglas) beschweren. Die Forellenfilets 12–24 Stunden im Kühlschrank marinieren.

4. Die Forellenfilets mitr Zitronenschnitzeln und frischen Basilikumblättern servieren. Dazu schmeckt knuspriges Weißbrot.

Im Bild vorne: Basilikumforellen
Im Bild hinten: Marinierte Zwiebeln

Marinierter Schellfisch

Zutaten für 8 Personen:
1 kg Schellfischfilet
Salz
weißer Pfeffer, frisch gemahlen
200 ml Fischfond (Glas)
8 Eßl. Öl
6 Eßl. Weißweinessig
1 Bund Schnittlauch
75 g grüne paprikagefüllte Oliven
4 kleine feste Tomaten (etwa 400 g)

Raffiniert

Pro Portion etwa:
860 kJ/200 kcal
23 g Eiweiß · 12 g Fett
2 g Kohlenhydrate

- Zubereitungszeit: etwa 45 Minuten
- Marinierzeit: 2 Stunden

1. Das Fischfilet kalt abbrausen, trockentupfen und schräg in 1/2 cm dicke, nicht zu kleine Scheiben schneiden. Salzen und pfeffern.

2. Den Fischfond, das Öl und den Essig in einem breiten Topf aufkochen, von der Kochstelle ziehen. Die Fischscheiben nebeneinander in den Sud legen, wieder auf die Kochstelle setzen und zugedeckt bei mittlerer Hitze etwa 4 Minuten garen. Im Sud abkühlen lassen.

3. Den Schnittlauch waschen und in feine Röllchen schneiden. Die Oliven in Scheiben schneiden. Die Tomaten waschen, vierteln, entkernen und sehr fein würfeln.

4. Den Fisch vorsichtig auf eine Platte heben, die Oliven und die Tomaten dazwischen verteilen. Mit dem Schnittlauch bestreuen und mit etwas Fischsud beträufeln.

Filet in Gelee mit Kräutercreme

Zutaten für 10 Personen:
6 Blatt weiße Gelatine
400 ml Waldpilz- oder Rinderfond (Glas)
10 Scheiben Rinderfilet von je etwa 1 cm Dicke (etwa 500 g)
100 ml Madeira
Salz
weißer Pfeffer, frisch gemahlen
einige Tropfen Tabasco
1 Bund glatte Petersilie
1 Bund Schnittlauch
250 g Speisequark
250 g Vollmilchjoghurt
100 ml Milch

Festlich · Schnell

Pro Portion etwa:
560 kJ/150 kcal
15 g Eiweiß · 7 g Fett
3 g Kohlenhydrate

- Zubereitungszeit: etwa 20 Minuten
- Gelierzeit: über Nacht

1. Die Gelatine nach der Packungsbeschreibung in kaltem Wasser einweichen.

2. Den Fond in einem breiten Topf aufkochen. Das Fleisch kalt abbrausen. Das Fleisch in den Fond legen, den Topf von der Kochstelle nehmen und das Fleisch zugedeckt etwa 5 Minuten ziehen lassen. Das Fleisch herausheben und dachziegelartig auf einer Platte anrichten.

3. Den Fond nochmals erhitzen und die ausgedrückte Gelatine darin auflösen. Den Madeira unterrühren und den Sud mit Salz, Pfeffer und Tabasco pikant abschmecken. Etwas abkühlen lassen, dann über die Fleischscheiben verteilen.

4. Einige Petersilienstengel waschen und trockenschütteln. Die Blättchen abzupfen und in den Sud geben. Die Platte zugedeckt in den Kühlschrank stellen und den Sud über Nacht erstarren lassen.

5. Zum Servieren den Schnittlauch und die restliche Petersilie waschen und trockenschütteln. Den Schnittlauch in feine Röllchen schneiden, die Petersilie ohne die groben Stiele fein hacken. Die Kräuter mit dem Quark, dem Joghurt und der Milch verrühren. Alles mit Salz und Pfeffer abschmekken. Die Kräutercreme getrennt zu den Fleischscheiben reichen.

Im Bild vorne:
Filet in Gelee mit Kräutercreme
Im Bild hinten: Marinierter Schellfisch

Lachsmousse mit Spargel

Zutaten für 8 Personen:
500 g grüner Spargel
Salz
2 Eßl. Butter
400 g Lachsfilet
weißer Pfeffer, frisch gemahlen
8 Blatt weiße Gelatine
250 g Sahne

Festlich
Am Vortag zubereiten

Pro Portion etwa:
950 kJ/230 kcal
14 g Eiweiß · 19 g Fett
2 g Kohlenhydrate

- Zubereitungszeit: etwa 1 1/4 Stunden
- Kühlzeit: mindestens 2 Stunden, besser über Nacht

1. Den Spargel waschen, im unteren Drittel schälen und die Enden abschneiden. Die Spargelschalen und -abschnitte mit 1/4 l Wasser, Salz und der Butter in einen Topf geben, aufkochen und zugedeckt etwa 15 Minuten kochen lassen. Anschließend abseihen und den Sud auffangen.

2. Die Spargelstangen halbieren, die unteren Hälften in dünne Scheiben schneiden. Den Spargelsud wieder aufkochen und den Spargel darin gut 5 Minuten zugedeckt dünsten. Abtropfen lassen, den Sud auffangen.

3. Den Lachs kalt abbrausen, in etwa 1 cm dicke Scheiben schneiden, salzen und pfeffern. Den Spargelsud in einen weiten Topf geben und aufkochen. Die Lachsscheiben nebeneinander in den Topf legen und zugedeckt bei schwacher Hitze knapp 5 Minuten ziehen lassen.

4. Den Lachs in ein Sieb abgießen und abtropfen lassen, den Sud dabei auffangen. Den Lachs im Mixer pürieren, in eine Schüssel geben, mit Salz und Pfeffer würzen. Dabei sehr pikant abschmecken, denn die Masse wird später durch die Sahne und das Gelieren milder.

5. Die Gelatine nach der Packungsbeschreibung in kaltem Wasser einweichen.

6. Den Spargel-Fisch-Sud in einem breiten Topf bei starker Hitze bis auf etwa fünf Eßlöffel einkochen lassen. Vom Herd nehmen, die Gelatine darin auflösen, den Sud unter die Fischfarce rühren und diese zugedeckt kalt stellen.

7. Sobald die Farce zu gelieren beginnt, die Sahne steif schlagen und unterheben. Die kleingeschnittenen Spargelstangen vorsichtig untermengen.

8. Eine runde Schüssel mit kaltem Wasser ausspülen. Die Spargelköpfe sternförmig auf dem Boden der Schüssel anordnen. Die Lachsfarce vorsichtig darüber geben. Die Schüssel zudecken und mindestens 2 Stunden, besser aber über Nacht, kühl stellen. Zum Servieren die Schüssel kurz in heißes Wasser stellen und die Mousse auf eine Platte stürzen.

Tip!

Außerhalb der Spargelsaison können Sie Broccoli verwenden.
Sie können die Lachsmousse auch ohne Gemüse zubereiten. Verwenden Sie zum Garen des Lachses dann Fischfond. Ansonsten bleibt die Zubereitung gleich.

Eine Lachsmousse ziert Ihr Buffet dreifach: es sieht hübsch aus und schmeckt einfach köstlich. Und: Sie können die Mousse gut vorbereiten.

Fisch in Gelee

Zutaten für 8 Personen:
5 Pimentkörner
3 Stengel glatte Petersilie
1 kleine rote Zwiebel · Salz
25 ml Essigessenz · 1 Lorbeerblatt
1 küchenfertige Regenbogenforelle (etwa 225 g)
6 Blatt weiße Gelatine
80 g geräuchertes Makrelenfilet (ersatzweise anderes geräuchertes Fischfilet)

Läßt sich gut vorbereiten

Pro Portion etwa:
260 kJ/62 kcal
9 g Eiweiß · 2 g Fett
1 g Kohlenhydrate

- Zubereitungszeit: etwa 1 Stunde
- Kühlzeit: mindestens 2 Stunden, besser über Nacht

1. Die Pimentkörner im Mörser grob zerstoßen oder mit einem Messer hacken. Die Petersilie waschen und trockenschütteln. Die Blättchen abzupfen. Die Zwiebel schälen und in Ringe schneiden.

2. Den Piment, die Petersilienstiele und die Zwiebelringe in einen Topf geben und 1 l Wasser dazugießen. 1 Eßlöffel Salz, die Essigessenz und das Lorbeerblatt hinzufügen. Den Sud im geschlossenen Topf einmal aufkochen lassen.

3. Die Forelle waschen. In den Topf legen und im Sud bei kleiner Hitze etwa 20 Minuten ziehen lassen.

4. Die Forelle und die Zwiebelringe mit der Schaumkelle aus dem Sud heben und abkühlen lassen.

5. Die Gelatine in kaltem Wasser mindestens 5 Minuten einweichen. Den Fischsud durch ein feines Sieb in ein Litermaß gießen. 1/2 l davon abmessen und die Gelatine darin auflösen. Beiseite stellen.

6. Die Forellenfilets von Haut und Gräten befreien und in Stückchen teilen. Das Makrelenfilet kleinschneiden.

7. Die Fischstückchen mit Petersilienblättchen und Zwiebelringen in die Förmchen legen. Die Fischbrühe darüber gießen. Die Förmchen für mindestens 2 Stunden kühl stellen, am besten über Nacht.

8. Die Gelees in den Förmchen servieren. Dazu passen Salzkartoffeln.

Geräucherte Forellenfilets

Zutaten für 8 Personen:
600 g saure Sahne
1 mittelgroße Zwiebel
15 Wacholderbeeren
Salz
schwarzer Pfeffer, frisch gemahlen
Zucker
Zum Dekorieren: Dillzweige
4 geräucherte Forellen

Schnell • Gelingt leicht

Pro Portion etwa:
880 kJ/210 kcal
24 g Eiweiß · 11 g Fett
4 g Kohlenhydrate

- Zubereitungszeit: etwa 20 Minuten

1. Die saure Sahne in einer Schüssel mit dem Schneebesen glatt rühren.

2. Die Zwiebel schälen und in kleine Würfel schneiden. Die Wacholderbeeren im Mörser oder mit einer breiten Messerklinge zerdrücken.

3. Die Zwiebel und die Wacholderbeeren zur sauren Sahne geben und untermischen. Die Sauce mit Salz, Pfeffer und Zucker kräftig abschmecken. In einer Schüssel anrichten und mit dem Dill dekorieren.

4. Die Forellenfilets von den Gräten lösen, die Filets ohne Haut auf einer Platte anrichten.

Im Bild vorne: Geräucherte Forellenfilets
Im Bild hinten: Fisch in Gelee

Petersilien-mousse

Zutaten für 4 Personen:
4 Blatt weiße Gelatine
2 Bund glatte Petersilie
150 g Vollmilch-Joghurt
Salz
schwarzer Pfeffer, frisch gemahlen
125 g Sahne
300 g reife feste Tomaten
1 Eßl. Aceto Balsamico (Balsam-
essig)
3–4 Eßl. Olivenöl, kaltgepreßt

Läßt sich gut vorbereiten

Pro Portion etwa:
940 kJ/220 kcal
5 g Eiweiß · 19 g Fett
6 g Kohlenhydrate

- Zubereitungszeit: etwa 30 Minuten
- Gelierzeit: 3 Stunden

1. Die Gelatine etwa 5 Minuten in reichlich kaltem Wasser einweichen. Die Petersilie waschen und fein hacken.

2. Die Gelatine tropfnaß in einen kleinen Topf geben und bei schwacher Hitze verflüssigen. Die Gelatine mit dem Joghurt und der Petersilie verrühren und mit Salz und Pfeffer kräftig würzen.

3. Die Sahne steif schlagen und unter die Joghurtmasse heben. Die Mousse zugedeckt etwa 3 Stunden kühl stellen.

4. Die Tomaten waschen, halbieren und die Kerne entfernen. Die Tomaten von den Stielansätzen befreien und klein würfeln. Die Tomaten mit dem Essig und dem Öl vermengen und mit Salz und Pfeffer würzen.

5. Zum Servieren von der Petersilienmousse mit einem Eßlöffel Nocken abstechen, auf vier Tellern anrichten und mit den Tomatenwürfeln servieren.

Makrelen-mousse

Zutaten für 4 Personen:
2 Blatt weiße Gelatine
150 g geräuchertes Makrelenfilet
1 mittelgroße Schalotte
100 g kalte Crème fraîche
weißer Pfeffer, frisch gemahlen
1 Teel. mittelscharfer Senf
1 Teel. abgeriebene Schale einer
unbehandelten Zitrone
Salz
100 g Sahne
1 Bund Dill
1 Stück Salatgurke (etwa 100 g)
250 g Quark (20 % Fett i. Tr.)

Gelingt leicht

Pro Portion etwa:
1400 kJ/330 kcal
18 g Eiweiß · 27 g Fett
5 g Kohlenhydrate

- Zubereitungszeit: etwa 40 Minuten
- Gelierzeit: 4 Stunden

1. Die Gelatine etwa 5 Minuten in reichlich kaltem Wasser einweichen.

2. Das Makrelenfilet eventuell häuten. Die Schalotte schälen. Beides in Stücke schneiden und mit 2 Eßlöffeln Crème fraîche pürieren. Das Püree durch ein feines Sieb streichen und mit Pfeffer, dem Senf, der Zitronenschale und wenig Salz würzen.

3. Die Gelatine tropfnaß in einen kleinen Topf geben, bei schwacher Hitze verflüssigen und in die Sahne rühren. Die Sahne steif schlagen und unter die Makrelenmasse heben. Die Makrelenmousse zugedeckt etwa 4 Stunden kühl stellen.

4. Den Dill waschen. Einige Zweige zum Garnieren beiseite legen, den Rest hacken. Die Gurke schälen, grob raspeln und mit der restlichen Crème fraîche, dem Quark und dem gehackten Dill verrühren. Den Gurkenquark mit Salz und Pfeffer abschmecken.

5. Von der Makrelenmousse Nocken abstechen. Die Nocken mit der Dillsauce anrichten und mit den Dillzweigen garnieren.

Im Bild oben: Petersilienmousse
Im Bild unten: Makrelenmousse

Schinken-Gemüse-Terrine

Zutaten für 10 Personen:
1 kleine, gelbe Paprikaschote
300 g Broccoli
Salz
1 Dose Kidneybohnen (400 g)
250 g gekochter Schinken, in dicken Scheiben
250 g Kasseler-Aufschnitt, in dicken Scheiben
12 Blatt weiße Gelatine
800 ml Wildfond, ersatzweise gute Gemüsebrühe
Salz
weißer Pfeffer, frisch gemahlen
2 Eßl. Zitronensaft
Für die Sauce:
200 g Crème fraîche
150 g Vollmilch-Joghurt
2–3 Eßl. Mangochutney (Fertigprodukt)
Salz
schwarzer Pfeffer, frisch gemahlen

Raffiniert
Braucht etwas Zeit

- Zubereitungszeit: etwa 1 1/2 Stunden
- Gelierzeit: über Nacht

Pro Portion etwa:
1100 kJ/260 kcal
20 g Eiweiß · 16 g Fett
12 g Kohlenhydrate

1. Die Paprikaschote vierteln, putzen und waschen, dabei die Trennwände und Kerne entfernen. Die Viertel in feine Streifen schneiden.

2. Den Broccoli putzen und waschen, Stiele und Röschen voneinander trennen. Die Stiele schälen, in wenig Salzwasser geben und gut zugedeckt etwa 5 Minuten dünsten, dann die Röschen dazugeben, alles noch etwa 5 Minuten dünsten. Kalt abbrausen, gut abtropfen lassen.

3. Die Kidneybohnen in ein Sieb abgießen, unter kaltem Wasser abbrausen und gut abtropfen lassen. Den gekochten Schinken und den Kasseler-Aufschnitt klein würfeln, dabei die Fettränder entfernen.

4. Die Gelatine etwa 5 Minuten in kaltem Wasser einweichen. Etwas von dem Fond erhitzen, die Gelatine tropfnaß darin auflösen, dann mit dem übrigen Fond verrühren. Mit Salz, Pfeffer und dem Zitronensaft sehr würzig abschmecken.

5. Etwas Fond in eine Schüssel (etwa 1,5 l Inhalt) gießen und im Kühlschrank erstarren lassen.

6. Einige Zutaten darauf arrangieren – sie bilden später die Oberfläche. Etwas Fond angießen, erneut im Kühlschrank erstarren lassen.

7. Die übrigen Zutaten mischen, in die Form füllen, den restlichen Fond angießen. Über Nacht im Kühlschrank gelieren lassen.

8. Am nächsten Morgen die Schüssel kurz in warmes Wasser stellen, dann auf eine Platte stürzen. In einem Schüsselchen die Crème fraîche mit dem Joghurt und dem Mangochutney verrühren, mit Salz und Pfeffer abschmecken. Die Sauce zur Gemüseterrine servieren.

Tip!

Für Sülzen wie diese können Sie eigentlich jede Schüssel verwenden. Bedenken Sie, daß die Sülze nach dem Erstarren gestürzt werden soll, daß also der Boden der Schüssel später die Oberfläche der Speise bildet. Besonders einfach lassen sich Sülzen aus Schüsseln mit geradem Boden und geraden oder leicht schräg nach außen zeigenden Wänden stürzen.
Jede Unebenheit im Schüsselrand erschwert die Sache, daraus gleitet die fertige Geleespeise nicht immer sauber heraus. In jedem Fall ist etwas Geduld nötig. Stellen Sie die Schüssel mit der erstarrten Sülze für eine Weile in warmes (nicht zu heißes!) Wasser. Dadurch löst sich die Gelatine am Schüsselrand. Nun können Sie die Servierplatte auf die Schüssel legen und beides zusammen umdrehen. Die Schüssel läßt sich abheben, die Sülze thront auf der Platte. Haftet die Sülze noch an der Schüssel, stellen Sie diese noch etwas länger in warmes Wasser, bis der Vorgang gelingt!

Hasenpâté

Zutaten für 12 Personen:
2 Hasenrücken (je 500 g mit Knochen)
1 Zwiebel
1 kleines Bund Suppengrün
1 Zweig Thymian und Rosmarin
4 Wacholderbeeren
2 Lorbeerblätter
2 Eßl. trockener Sherry
2 Eßl. trockener Weißwein
1/4 l weißer Portwein
2 Eßl. Olivenöl
120 g Butter
Salz · Pfeffer, frisch gemahlen
1 Eßl. Madeira
1 Eßl. trockener Wermut
250 g Sahne
Zum Garnieren: Preiselbeerkompott

Raffiniert • Gelingt leicht

Pro Portion etwa:
960 kJ/230 kcal
8 g Eiweiß · 17 g Fett
5 g Kohlenhydrate

- Zubereitungszeit: etwa 1 Stunde
- Kühlzeiten: 4–5 Stunden

1. Die Hasenrücken häuten, die oberen großen und die unteren kleinen Filets von den Knochen lösen (es sollen etwa 400 g Fleisch übrig bleiben) und in eine Schüssel legen.

2. Die Zwiebel schälen und vierteln, das Suppengrün putzen und grob schneiden. Mit Thymian, Rosmarin, Wacholder, Lorbeer, Sherry und Wein zum Fleisch geben und zugedeckt etwa 2 Stunden kalt stellen.

3. Die Hasenfilets aus der Marinade nehmen, trockentupfen. Das Öl in einer Pfanne erhitzen und die Filets darin unter Wenden von allen Seiten in etwa 5 Minuten braun anbraten. Aus der Pfanne nehmen und beiseite stellen. Die Marinade mit dem Gemüse in die Pfanne geben und offen bei mittlerer Hitze auf etwa 8 Eßlöffel einkochen lassen.

4. Das Hasenfleisch durch den Fleischwolf drehen oder im Mixer pürieren. Den Bratfond durch ein Sieb gießen. Die Butter erhitzen. Bratfond, Butter und Fleisch mit dem Pürierstab oder im Mixer zu einer homogenen Masse verarbeiten.

5. Mit Salz, Pfeffer, Madeira und Wermut kräftig würzen und abkühlen lassen.

6. Die Sahne steif schlagen und unterziehen. Für 2–3 Stunden in den Kühlschrank stellen. Zum Anrichten mit einem in heißes Wasser getauchten Löffel von dem Hasenpâté Nocken abstechen und auf Teller setzen. Mit dem Preiselbeerkompott garnieren.

Tip!

Besonders edel wird das Pâté, wenn Sie es mit in Stifte geschnittenen schwarzen Trüffeln (aus dem Glas) anrichten.

Schinkenpâté

Zutaten für 4 Personen:
300 g gekochter Schinken
10 grüne Oliven ohne Stein
200 g Mascarpone
Salz
weißer Pfeffer, frisch gemahlen

Schnell

Pro Portion etwa:
1100 kJ/260 kcal
25 g Eiweiß · 17 g Fett
2 g Kohlenhydrate

- Zubereitungszeit: etwa 10 Minuten
- Kühlzeit: 3–4 Stunden

1. Den Schinken vom Fettrand befreien und in winzige Würfel schneiden. Die Oliven ebenfalls sehr klein schneiden oder hacken.

2. Schinken, Oliven und Mascarpone miteinander vermengen und mit Salz und Pfeffer abschmecken. Für 3–4 Stunden kalt stellen. Mit getoastetem Brot servieren.

Im Bild vorne: Schinkenpâté
Im Bild hinten: Hasenpâté

Fingerfood für's Bürofest

Es gibt immer mal wieder Anlässe, zu denen Sie Ihren Kollegen im Büro etwas anbieten möchten. Ob Geburtstagsfeier, Beförderung, Ein- oder Ausstand: Da es meist an Tischen und Besteck mangelt, heißt die Devise »Fingerfood«. Kleine Leckereien, die Sie zu Hause vorbereiten können – gleichermaßen hübsch für's Auge und den Gaumen.

Garnelen-Gurken-Quiches

Zutaten für 4 Personen:
2 Platten tiefgefrorener Blätterteig
300 g rohe Garnelen
1 Eiweiß
3 Eßl. kalte Sahne
1 Stück Salatgurke (etwa 100 g)
Salz
weißer Pfeffer, frisch gemahlen
1–2 Eßl. Zitronensaft
einige Dillzweige zum Garnieren

Für Gäste

Pro Portion etwa:
930 kJ/220 kcal
14 g Eiweiß · 13 g Fett
13 g Kohlenhydrate

- Zubereitungszeit: etwa 50 Minuten

Varianten:
Statt Garnelen können Sie auch Fischfilet, zum Beispiel Seeteufel, Kabeljau oder Lachs, nehmen. Und wem Gurken zu neutral schmecken, der nimmt 1 Bund gemischte Kräuter oder 1 Tomate.

1. Die Blätterteigplatten nebeneinanderlegen und in etwa 15 Minuten auftauen lassen. Das Garnelenfleisch aus den Schalen lösen, vom dunklen fadenförmigen Darm befreien, waschen und in kleine Würfel schneiden.

2. Die Garnelenwürfel mit dem Eiweiß im Mixer pürieren. Die Sahne eßlöffelweise unterrühren. Die Gurke schälen, von den Kernen befreien und klein würfeln.

3. Den Backofen auf 180° vorheizen. Die Garnelencreme mit den Gurken mischen und mit Salz, Pfeffer und dem Zitronensaft abschmecken. Vier feuerfeste Förmchen mit glattem Rand kalt ausspülen, aber nicht abtrocknen. Die Blätterteigplatten jeweils halbieren und die feuchten Förmchen damit auskleiden.

4. Die Garnelenmasse auf dem Blätterteig verstreichen. Die Quiches auf ein Backblech stellen und im Backofen (unten, Gas Stufe 2) in etwa 25 Minuten backen, bis der Teig gebräunt ist. Mit Dill garnieren.

Gefüllte Pilze

Die Pilze schmecken auch warm serviert als kleiner Imbiß.

Zutaten für 4–6 Personen:
20 mittelgroße Champignons (etwa 400 g)
1 kleine Tomate
125 g Mozzarella
2 Teel. Pesto (aus dem Glas)
Salz
weißer Pfeffer, frisch gemahlen

Finger-Food

Bei 6 Personen pro Portion etwa:
350 kJ/83 kcal
6 g Eiweiß · 5 g Fett
1 g Kohlenhydrate

- Zubereitungszeit: etwa 35 Minuten

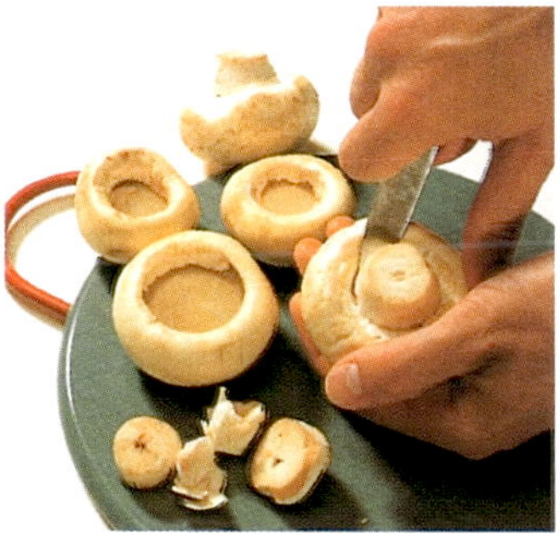

1. Die Pilze putzen und nur wenn nötig, ganz kurz waschen. Die Stiele heraustrennen und für ein anderes Gericht – zum Beispiel eine Suppe – verwenden.

2. Die Tomate waschen und fein hacken, dabei den Stielansatz entfernen. Den Mozzarella abtropfen lassen und klein würfeln. Den Backofen auf 200° vorheizen. Die Tomaten mit den Mozzarellawürfeln und dem Pesto mischen und mit Salz und Pfeffer abschmecken.

3. Die Pilzköpfe salzen, mit der Mozzarellamasse füllen und in eine feuerfeste Form setzen.

4. Die Pilze im heißen Ofen (Mitte, Gas Stufe 3, Umluft 180°) etwa 20 Minuten backen, bis sie schön gebräunt sind. Dann mit einem Schaumlöffel aus der Form heben und auf einen Teller geben. Warm oder abgekühlt servieren.

Wan-Tans mit Hähnchen

Wan-Tan-Blätter erhalten Sie tiefgefroren in Asienläden oder gut sortierten Supermärkten.

Zutaten für 25 Stück:
20 g getrocknete Tongupilze (Asienladen)
1 Knoblauchzehe
1 Stück frischer Ingwer (etwa walnußgroß)
2 Eßl. Sojasauce
1 Eßl. Reisessig
schwarzer Pfeffer, frisch gemahlen
1/2 Teel. Sambal Oelek
100 g Hähnchenbrustfilet
25 Wan-Tan-Blätter (Nudelteigplatten; etwa 100 g)
2 Frühlingszwiebeln
1 Eßl. Öl
Zum Ausbacken: Öl

Raffiniert

Pro Stück etwa:
110 kJ/25 kcal
1 g Eiweiß · 1 g Fett
2 g Kohlenhydrate

- Zubereitungszeit: etwa 50 Minuten
- Marinierzeit: 1 Stunde

Tip!

Die Füllung für diese asiatischen Taschen können Sie gut bereits am Vortag zubereiten.

1. Die Pilze mit warmem Wasser übergießen, beiseite stellen. Den Knoblauch und den Ingwer schälen und fein hacken. Mit der Sojasauce, dem Reisessig, Pfeffer und dem Sambal Oelek verrühren. Das Hähnchenfleisch waschen, trockentupfen, sehr fein würfeln und in der Marinade zugedeckt etwa 1 Stunde ziehen lassen.

2. Inzwischen die Wan-Tan-Blätter zugedeckt unter einem Küchentuch auftauen lassen. Die Frühlingszwiebeln waschen, putzen und in sehr feine Scheiben schneiden. Die Pilze abtropfen lassen und klein würfeln, dabei die harten Stiele entfernen.

3. Das Öl in einer Pfanne erhitzen, die Pilze, die Frühlingszwiebeln und das Hähnchenfleisch mit der Marinade hineingeben und unter Rühren nur etwa 1 Minute anbraten. In eine Schüssel umfüllen. Das Öl zum Fritieren erhitzen.

4. Die Ränder der Wan-Tan-Blätter mit kaltem Wasser bepinseln. Jeweils 1 Teelöffel Füllung daraufgeben. Zwei gegenüberliegende Ecken zur Mitte legen. Die Blätter von einer der anderen Ecken aus aufrollen und das Ende leicht festdrücken. Die Röllchen portionsweise goldbraun ausbacken. (Vorsicht Spritzgefahr!).

Pikante Sesambonbons

Zutaten für etwa 20 Stück:
300 g Tiefkühl-Blätterteig
100 g gekochter Schinken
50 g Leerdamer
1/2 Bund Schnittlauch
schwarzer Pfeffer, frisch gemahlen
1 Eigelb
Currypulver
3 Eßl. Sesamsamen, geschält
Zum Ausrollen: Mehl
Für das Backblech: Backpapier

Preiswert

Pro Stück etwa:
360 kJ/90 kcal
3 g Eiweiß · 6 g Fett
5 g Kohlenhydrate

- Zubereitungszeit: etwa 1 1/4 Stunden

1. Die Blätterteigplatten nebeneinander legen und auftauen lassen. Den Backofen auf 200° vorheizen, ein Backblech mit Backpapier auslegen. Den Schinken und den Käse sehr fein würfeln.

2. Den Schnittlauch waschen, trockenschütteln, in feine Röllchen schneiden und mit dem Schinken und dem Käse vermengen. Die Mischung mit Pfeffer kräftig würzen.

3. Den Blätterteig auf leicht bemehlter Fläche dünn ausrollen. Quadrate von 9 cm Kantenlänge ausschneiden. Jeweils 1 Teelöffel Schinkenmischung in die Mitte einer Außenkante setzen.

4. Die Teigstücke aufrollen, die Seiten wie Bonbons zusammendrehen, leicht festdrücken und auf das Blech legen. Das Eigelb mit 1 Eßlöffel Wasser und etwas Currypulver verquirlen. Die Bonbons damit bestreichen und mit den Sesamsamen bestreuen. Im Backofen (Mitte) etwa 25 Minuten backen.

Fleurons

Dieses klassische Blätterteiggebäck reicht man zu Fischgerichten mit viel Sauce. Es paßt aber auch hervorragend zu Suppen und sogar zu Desserts.

Zutaten für etwa 10 Stück:
100 g Tiefkühl-Blätterteig (das entspricht in der Regel 1 Teigplatte)
Mehl
1 Eigelb
Was Sie sonst noch brauchen:
1 Nudelholz
1 Ausstechform (Kreis mit gezacktem Rand oder Halbmond)
1 Backblech
1 Palette
1 Pinsel

Gelingt leicht

- Zubereitungszeit: etwa 1 Stunde 20 Minuten (davon etwa 15 Minuten Auftauzeit und etwa 40 Minuten Ruhezeit)

1. Den Blätterteig zum Auftauen auf eine mit etwas Mehl bestäubte Fläche legen. Den Backofen auf 200° vorheizen. Den Blätterteig mit dem Nudelholz auf bemehlter Arbeitsfläche nicht zu dünn ausrollen und dann etwa 20 Minuten ruhen lassen.

2. Die Ausstechform in etwas Mehl wenden, ausklopfen und die Fleurons ausstechen. Wenn Sie Formen haben, die genau zum Gericht passen, zum Beispiel Fische oder Früchte, dann verwenden Sie diese. Das Backblech mit kaltem Wasser abspülen.

3. Die ausgestochenen Formen mit einer Palette auf das Backblech setzen und nochmals etwa 20 Minuten ruhen lassen. Das Eigelb mit wenig Wasser verquirlen. Die Oberfläche der Fleurons damit bestreichen. Die Ränder nicht bestreichen, sonst kann der Blätterteig nicht richtig aufgehen.

4. In den heißen Backofen (unten) schieben und in etwa 10 Minuten knusprig braun backen. Die Fleurons herausnehmen, mit der Palette vom Backblech lösen und auf einem Kuchengitter auskühlen lassen. Bis zur Verwendung trocken und zwischen etwas Butterbrotpapier lagern.

Varianten:
Wollen Sie Ihre Blätterteigfleurons zu einer kräftigen Kartoffelsuppe servieren, bestreuen Sie sie vor dem Backen mit etwas Kümmel. Zur Tomatensuppe passen Fleurons, die vor dem Backen mit etwas Parmesan bestreut wurden. Sie können natürlich auch andere Käsesorten verwenden.

Käsespiralen

Die pikanten Blätterteigstangen empfehlen sich zu saucenreichen Fischgerichten oder kalten Schinkenplatten. Aber auch solo zum Apéritif oder zum Knabbern für die Weinrunde sind die knusprigen Spiralen immer willkommen!

Zutaten für etwa 10 Stück:
200 g TK-Blätterteig (das entspricht in der Regel 2 Teigplatten)
150 g Parmesan (ersatzweise Reibkäse)
1 TL Paprikapulver, edelsüß
Arbeitsgeräte:
1 Nudelholz
1 Teigrad
1 Pinsel

Gelingt leicht

- Zubereitungszeit: etwa 35 Minuten (davon etwa 15 Minuten Auftauzeit)

1. Die Teigplatten auftauen lassen und den Backofen auf 200° vorheizen. Die aufgetauten Teigplatten mit dem Nudelholz ein wenig in die Länge ausrollen.

2. Mit dem Teigrad längliche, etwa 1 cm breite Streifen ausradeln. Das sieht besonders schön aus, weil der Rand gezackt wird. Das Backblech mit kaltem Wasser abspülen.

3. Den Käse und das Paprikapulver mischen. Die Teigstreifen mit wenig Wasser bepinseln und mit der Käsemischung bestreuen. Dann an beiden Enden festhalten und die Streifen so gegeneinander verdrehen, daß eine Spiralform entsteht.

4. Diese Spiralen auf das Backblech setzen. Kurz ruhen lassen und dann im heißen Backofen (unten) etwa 10 Minuten backen. Nach Ende der Backzeit herausnehmen, abkühlen lassen und bis zur Verwendung luftig und trocken aufbewahren.

Quarkblätterteig mit Käse

Kleines Hauptgericht

Wenn Sie die Teigtaschen nur halb so groß machen, passen sie auch kalt zu einem Käsebuffet. Der Quarkblätterteig kann auch etwa 2–3 Tage im voraus zubereitet und im Kühlschrank aufgehoben werden. Auch Tiefkühlen ist möglich, aber nicht zu lange lagern, sonst wird das Fett ranzig.

Zutaten für 4 Personen:
125 g Magerquark
150 g Mehl
Salz
1/4 Teel. Backpulver
100 g kalte Butter
1 kleine Stange Lauch
8 Scheiben Frühstücksspeck (Bacon)
1 Eßl. Öl zum Braten
150 g Weichkäse
50 g gehackte Mandeln
Mehl für die Arbeitsfläche
1 Ei
Fett für das Backblech

Braucht etwas Zeit

Pro Portion etwa:
3100 kJ/740 kcal
22 g Eiweiß · 60 g Fett
29 g Kohlenhydrate

- Zubereitungszeit: etwa 1 1/2 Stunden

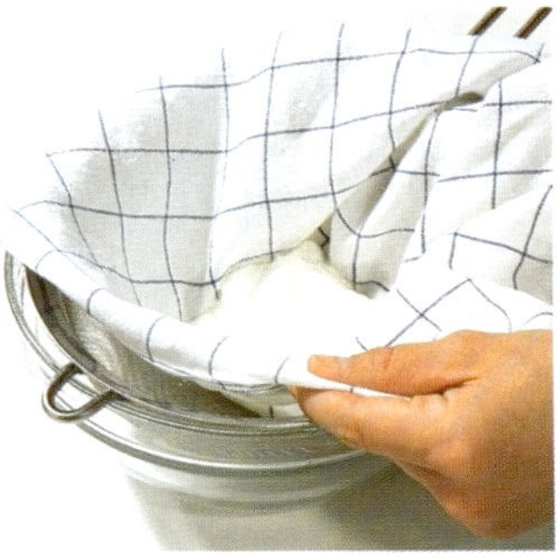

1. Für den Teig den Quark in ein mit einem Tuch ausgelegtes Sieb geben, abtropfen lassen, dann gut im Tuch ausdrücken. In eine Schüssel geben.

2. Das Mehl, 1 Prise Salz und das Backpulver darüber streuen, Butter in Flöckchen zerteilen und daraufgeben. Mit zwei Messern gegeneinanderziehend vermischen, dann kurz und schnell zu einem Teig verkneten (er soll nicht so glatt wie üblich sein). In Folie wikkeln und etwa 30 Minuten kühlen.

3. Für die Füllung den Lauch längs aufschneiden, gründlich waschen, in feine Scheiben schneiden. Den Frühstücksspeck in Streifen schneiden, in dem Öl anbraten. Den Lauch dazugeben und etwa 5 Minuten unter Rühren dünsten.

4. Den Käse klein würfeln und zum Lauch geben, die Mandeln untermischen. Die Pfanne vom Herd nehmen und abkühlen lassen.

5. Den gekühlten Teig auf einer bemehlten Arbeitsfläche etwa zentimeterdick ausrollen, von zwei Seiten her zusammenschlagen und erneut ausrollen. Das drei- bis viermal wiederholen. Wenn der Teig recht weich geworden ist, nochmals 1/2 Stunde kühlen. Dann den Backofen auf 200° vorheizen.

6. Den fertigen Blätterteig messerrückendick ausrollen, zu 20 x 30 cm großen Quadraten ausradeln. Jeweils 2 Eßlöffel Lauchfüllung auf ein Teigblatt geben. Das Ei mit einigen Tropfen Wasser verquirlen.

7. Die Teigränder mit Ei bestreichen. Die Platten zu Rechtecken zusammenfalten, die Ränder mit den Zinken einer Gabel festdrücken, so daß ein schönes Muster entsteht.

8. Die Teigpäckchen auf der Oberfläche mit Ei bestreichen, auf ein leicht gefettetes Backblech setzen und im Backofen (Mitte) etwa 20 Minuten mittelbraun backen. Mit Salat servieren.

Variante:

Schnelle Teigtaschen

Viel fixer geht das Rezept natürlich mit tiefgekühltem Fertig-Blätterteig. Dieser muß nur aufgetaut werden; die einzelnen Platten werden leicht mit Mehl bestäubt und etwa auf die doppelte Größe ausgerollt. Für die Füllung können Sie auch ganz einfach 250 g Doppelrahm-Frischkäse nehmen und mit reichlich gehackten Kräutern – mindestens 3 gehäufte Eßlöffel voll – und der gleichen Menge gehackten Nüssen vermischen. Gehackte Nüsse gibt es auch fertig gemischt als Backzutat. Blätterteig wie oben füllen, die Ränder aber mit einem Messerrücken festdrücken, damit der Teig schön aufblättern kann. Beim Bestreichen auch darauf achten, daß kein Ei über die Ränder fließt.

Staudensellerie mit Erdnußpüree

Ein indonesisch inspiriertes Gericht, das sich prima für eine Vorspeisen-Tafel eignet.

Zutaten für 4 Personen:
125 g Schweinenacken
1 Schalotte
1 Knoblauchzehe
1 Eßl. Öl
1 Eßl. Sojasauce
1 Eßl. Weißweinessig
1/2 Teel. Zucker · Salz
schwarzer Pfeffer, frisch gemahlen
40 g salzige Erdnußcreme
1 Teel. Sambal oelek
4 Stangen Staudensellerie

Für Gäste • Raffiniert

Pro Portion etwa:
840 kJ/200 kcal
9 g Eiweiß · 16 g Fett
4 g Kohlenhydrate

- Zubereitungszeit: etwa 1 Stunde 10 Minuten
- Kühlzeit: etwa 30 Minuten

1. Das Fleisch würfeln. Die Schalotte und den Knoblauch schälen und fein hacken.

2. Das Öl in einem Topf erhitzen, die Fleischwürfel darin braun anbraten. Die Schalotten- und Knoblauchwürfel hinzufügen und glasig dünsten. Die Sojasauce, den Essig und 6 Eßlöffel Wasser angießen. Mit dem Zucker, Salz und Pfeffer würzen. Zugedeckt etwa 20 Minuten köcheln lassen.

3. Das Fleisch mit dem Pürierstab oder im Mixer fein zerkleinern. Die Erdnußcreme, das Sambal oelek und eventuell noch 2–3 Eßlöffel Wasser untermischen. Zugedeckt etwa 30 Minuten kühl stellen.

4. Den Sellerie putzen, waschen und in Stücke von etwa 5 cm schneiden, das Püree locker hineinstreichen. Mit dem Selleriegrün garnieren.

Gefüllte Weinblätter

Die mit Reis gefüllten »Dolmadakia« sind in Griechenland eine beliebte kalte Vorspeise.

Zutaten für 4 Personen:
1/2 Zwiebel
1 Eßl. Pinienkerne
4 Eßl. Olivenöl
50 g Rundkornreis
5 Minzeblätter
3 Zweige Dill
1 Eßl. Korinthen
Salz
schwarzer Pfeffer, frisch gemahlen
1 Zitrone
12 eingelegte Weinblätter in Salzlake (etwa 60 g)
200 g griechischer Joghurt

Gut vorzubereiten

Pro Portion etwa:
970 kJ/230 kcal
6 g Eiweiß · 14 g Fett
20 g Kohlenhydrate

- Zubereitungszeit: etwa 1 3/4 Stunden

1. Die Zwiebel schälen und sehr fein würfeln. Die Pinienkerne ohne Fett goldbraun rösten.

2. 1 Eßlöffel Olivenöl in einem Topf erhitzen. Die Zwiebelwürfel darin glasig dünsten. Den Reis unterrühren und etwa 3 Minuten unter Rühren andünsten. 100 ml heißes Wasser angießen und den Reis zugedeckt bei schwacher Hitze 8–10 Minuten quellen lassen.

3. Die Kräuter fein hacken. Mit den Pinienkernen und den Korinthen unter den Reis mischen. Alles mit Salz, Pfeffer und etwas Zitronensaft kräftig abschmecken, erkalten lassen.

4. Die Weinblätter gründlich abspülen, abtropfen lassen und die dicken Stengel entfernen. 12 gleich große Blätter mit der glänzenden Seite nach unten auf einem Küchentuch ausbreiten, jeweils 1 gehäuften Teelöffel Reismasse am Stielansatz darauf häufen. An beiden Seiten über der Füllung einschlagen und aufrollen.

5. Die Weinblätter dicht nebeneinander in einen breiten Topf legen. Den restlichen Zitronensaft und das übrige Olivenöl angießen, alles knapp mit Wasser bedecken. Zugedeckt bei sehr schwacher Hitze etwa 45 Minuten köcheln lassen. Mit dem Joghurt servieren.

Im Bild oben: Gefüllte Weinblätter
Im Bild unten: Staudensellerie mit Erdnußpüree

Strudelscheiben mit Käse

Kol böreği

Von den vielen herzhaften Strudelteig-Spezialitäten läßt sich dieses Börek besonders schnell herstellen. Es paßt hervorragend zu Wein und zu Rakı und ist in der Türkei auch als Vorspeise beliebt.

Zutaten für etwa 20 Scheiben:
30 g Butter · etwa 150 ccm Milch
etwa 90 g Joghurt
2 Eier · 200 g Schafkäse
50 g Emmentaler, frisch gerieben
je 1/2 Bund Dill und Petersilie
1 Teel. Pul biber (Plättchenpaprika; türkisches Spezialgeschäft)
3 große Yufkablätter (Strudelteig, Fertigprodukt; türkisches oder unter dem Namen Fillo auch griechisches Spezialgeschäft)
1/2 Eßl. Mehl
etwa 1/8 l Sonnenblumenöl zum Braten

Raffiniert • Für Gäste

Pro Scheibe etwa:
540 kJ/130 kcal
4 g Eiweiß · 11 g Fett
3 g Kohlenhydrate

- Zubereitungszeit: etwa 45 Minuten

1. Die Butter in einem kleinen Topf zerlassen, dann den Topf von der Kochstelle nehmen.

2. 1/8 l Milch, den Joghurt und 1 Ei darin verquirlen.

3. Den Schafkäse in einer Schüssel zerbröseln. Den Emmentaler dazugeben. Die Kräuter gründlich waschen und trockenschütteln. Die Blättchen abzupfen und hacken. Die Kräuter mit dem zweiten Ei, der restlichen Milch und dem Plättchenpaprika zum Käse geben und alles zu einer Paste verkneten.

4. Die Packung mit dem Yufkateig öffnen und vorsichtig 3 Platten herausnehmen. Den Rest wieder in die Folie stecken und diese zukleben, damit die Teigplatten nicht austrocknen. Im Kühlschrank aufbewahren.

5. Die erste Yufka-Platte auf einer Arbeitsfläche ausbreiten und die Butter-Milch-Eier-Mischung mit dem Pinsel auftragen – die Ränder nicht vergessen. Die zweite Platte darauflegen und ebenfalls gründlich einpinseln, so daß sie richtig naß ist. Die dritte Platte darauf legen und mit etwas weniger Flüssigkeit bestreichen. Die Käsepaste auftragen. Die Strudelblätter etwa 5 Minuten ruhen lassen, dann gleichmäßig und fest zusammenrollen. Vorsicht! Sie reißen leicht. Die Rolle mit der restlichen Butter-Milch-Eier-Mischung bestreichen. Weitere 5 Minuten ruhen lassen.

6. Eine Arbeitsplatte mit dem Mehl bestäuben. Mit einem sehr scharfen Messer 1 cm dicke Scheiben schräg von der Rolle abschneiden und auf die Platte legen.

7. Das Sonnenblumenöl etwa 1/2 cm hoch in eine Pfanne gießen, erhitzen und die Scheiben auf beiden Seiten darin schön goldbraun braten. Das Börek auf Küchenkrepp legen und entfetten. Warm servieren.

Variante:
Schafkäseröllchen
Sigara böreği

Noch bekannter als die Strudelteigscheiben sind mit Käse gefüllte Röllchen, die wie Zigarren aussehen. Sie werden aus den gleichen Zutaten hergestellt, nur anders verarbeitet. Für die Röllchen ein großes rundes Yufkablatt auf einer Arbeitsfläche mit einem scharfen Messer über Kreuz vierteln und jedes Viertel (wie Tortenstücke) noch einmal in jeweils 3 Teile schneiden. Die Käsefüllung wie im Rezept beschrieben zubereiten. Eine Untertasse mit Wasser bereitstellen. Jeweils auf das breite Ende der Teigstücke etwas Käse geben und diese bis zur Spitze fest aufrollen. Die Spitze mit Wasser bepinseln und auf dem Röllchen festkleben. Auf diese Weise alle Teigstücke aufrollen und die »Zigarren« in der Pfanne in Öl rundum goldbraun braten. Sofort servieren.

Strudel gibt es in der Türkei in vielen Varianten; die Strudelscheiben mit Käse schmecken besonders herzhaft.

Krabbenbällchen

Rempah udang

Zutaten für etwa 24 Stück (ausreichend für 4 Personen):
250 g Krabben (ohne Schale)
200 g frische Sojabohnenkeimlinge
1 Bund Frühlingszwiebeln
1 daumengroßes Stück Ingwer
1 Ei
100 g Weizenmehl
1 Teel. Backpulver
1/2 Teel. Sambal oelek
Salz
Zum Ausbacken: 750 ml raffinertes Pflanzenöl

Gelingt leicht

Bei 24 Stück pro Stück etwa:
290 kJ/69 kcal
3 g Eiweiß · 5 g Fett
3 g Kohlenhydrate

- Zubereitungszeit: etwa 40 Minuten

1. Die Krabben und die Sojabohnenkeimlinge in einem Sieb abbrausen und abtropfen lassen. Die Frühlingszwiebeln waschen, putzen und kleinschneiden. Den Ingwer schälen und ebenfalls kleinschneiden. Alles im Blitzhacker zerkleinern und in eine Schüssel geben.

2. Das Ei, das Mehl, das Backpulver und das Sambal oelek hinzufügen und alles miteinander zu einem festen, gut formbaren Teig verkneten. Falls der Teig zu fest wird, eßlöffelweise lauwarmes Wasser dazugeben.

3. Das Öl in einem hohen Topf oder in einer Friteuse erhitzen. Von dem Teig jeweils 1/2 Eßlöffel abnehmen und zu einer etwa walnußgroßen Kugel formen. Die Kugeln portionsweise vorsichtig ins heiße Fett gleiten lassen und darin knusprig ausbacken. Vorsicht, Spritzgefahr! Die Kugeln mit einem Schaumlöffel herausheben und auf Küchenpapier abtropfen lassen. Die Bällchen werden heiß oder kalt als Snack oder als Beilage zur Reistafel serviert.

Maiskroketten

Pergedel jagung

Zutaten für etwa 16 Stück (ausreichend für 4 Personen):
1 Dose Maiskörner (285 g Abtropfgewicht)
1 mittelgroße Zwiebel
100 g Erdnußkerne
1/2 Teel. Sambal oelek
1 Ei
100 g Weizenmehl
1 Teel. gemahlener Koriander
Salz
Zum Ausbacken: 750 ml raffiniertes Pflanzenöl

Preiswert

Bei 16 Stück pro Stück etwa:
750 kJ/180 kcal
4 g Eiweiß · 10 g Fett
17 g Kohlenhydrate

- Zubereitungszeit: etwa 30 Minuten

1. Den Mais in einem Sieb gut abtropfen lassen. Die Zwiebel schälen und in feine Würfel schneiden. Die Erdnußkerne mit einem Mörser zerstoßen. Alles in eine Schüssel geben.

2. Das Sambal oelek, das Ei, das Weizenmehl, den Koriander und Salz hinzufügen und alles zu einem formbaren Teig verkneten. Falls er zu fest wird, löffelweise warmes Wasser dazugeben.

3. Das Öl in einem hohen Topf oder in einer Friteuse erhitzen. Von dem Teig jeweils 1 Eßlöffel abnehmen und daraus eine daumengroße Krokette formen. Die Kroketten portionsweise ins Fett gleiten lassen und knusprig ausbacken. Vorsicht, Spritzgefahr! Mit einem Schaumlöffel herausnehmen und auf Küchenpapier abtropfen lassen. Die Kroketten heiß oder kalt als Snack oder als Beilage zur Reistafel servieren.

Im Bild vorne: Maiskroketten
Im Bild hinten: Krabbenbällchen

Appetits-Bemmchen

Zutaten für 6 Personen:
Für alle Bemmchen gilt: verschiedene dunkle Brotsorten, insgesamt etwa 600 g

Für Gäste · Gelingt leicht

Pro Bemmchen-Portion (mit Belag) etwa:
4600 kJ/1096 kcal
57 g Eiweiß · 65 g Fett
76 g Kohlenhydrate

- Zubereitungszeit: etwa 1–2 Stunden

Schabefleisch-Bemmchen

1 kleine Zwiebel
150 g Schabefleisch (Tatar)
2 Eigelb
Salz
schwarzer Pfeffer, frisch gemahlen
100 g Brot (etwa 3 Scheiben)
Butter · 4 Sardellenfilets
1 Eßl. Kapern

Die Zwiebel schälen, klein würfeln und mit dem Schabefleisch, den Eigelben und den Gewürzen vermengen. Abschmecken, die Brotscheiben dünn mit Butter bestreichen, dick das Schabefleisch auftragen. Die Sardellenfilets längs durchschneiden und kreuzweise auf die Brote legen. Die Kapern dazwischen streuen.

Leberwurst-Bemmchen

100 g Brot (etwa 3 Scheiben)
1 große Knoblauchzehe
Butter
100 g kräftig gewürzte Leberwurst
kleine Gewürzgurken

Dünne Brotscheiben im Toaster rösten. Den Knoblauch schälen und das Brot damit einreiben. Mit Butter und Leberwurst bestreichen. Kleine »Reiterchen« schneiden. Die Gürkchen fächerartig einschneiden und dazulegen.

Frühlings-Bemmchen

1 Bund Radieschen
1/2 junge Gurke
120 g Vollkornbrot (etwa 4 Scheiben)
150 g Quark (20 %) · Salz
weißer Pfeffer, frisch gemahlen
1 Bund Schnittlauch

Die Radieschen und die Gurke abspülen und in Scheiben schneiden. Das Vollkornbrot dick mit Quark bestreichen. Abwechselnd mit Gurken- und Radieschenscheiben belegen. Mit Salz und Pfeffer würzen. Den Schnittlauch waschen, trockenschütteln, kleinschneiden und darüber streuen.

Kater-Bemmchen

2 Eigelb · 4 Eßl. Öl
1 Teel. Essig
schwarzer Pfeffer, frisch gemahlen
je 1 Prise Salz und Zucker
100 g geraspelter Tomatenpaprika
150 g geraspelte Gewürzgurken
120 g Brot (etwa 4 Scheiben)

Aus den Eigelben, dem Öl und dem Essig eine Mayonnaise rühren und pikant abschmekken. Den Paprika mit einem Drittel der Mayonnaise, die Gurken mit dem Rest vermischen. Das Brot toasten, die Gurkenmasse aufstreichen und die Paprikamayonnaise dekorativ in die Mitte setzen.

Bemmchen mit Schiebböcker Kaas

120 g Brot (etwa 4 Scheiben)
100 g Griebenschmalz
200 g Harzer Käse mit Kümmel
1 Bund Radieschen
2 Stengel Petersilie

Das Brot mit dem Fett bestreichen. Den Käse in Scheiben auf das Brot legen. Mit Radieschenröschen und der Petersilie dekorieren.

Diese kleinen Brotscheiben werden in Sachsen variantenreich und immer sehr liebevoll hergerichtet.

STARKBIER
TORGAU
RITTER

Hackschnitten vom Blech

Zutaten für etwa 25 Stück:
200 g Weißbrot vom Vortag (oder 4–5 Brötchen)
3 mittelgroße Zwiebeln
1 Eßl. Öl
4 Knoblauchzehen
1,5 kg mageres Rinderhackfleisch
4 Eier
einige Zweige frischer oder 3 Teel. getrockneter Majoran
Salz
schwarzer Pfeffer, frisch gemahlen
Cayennepfeffer
5 kleine feste Tomaten
250 g Mozzarella

Rustikal · Schnell

Pro Stück etwa:
850 kJ/200 kcal
18 g Eiweiß · 12 g Fett
5 g Kohlenhydrate

- Zubereitungszeit: etwa 1 Stunde

1. Das Weißbrot in Scheiben schneiden, in eine Schüssel geben und mit warmem Wasser übergießen.

2. Die Zwiebeln schälen und sehr fein würfeln. Das Öl in einer Pfanne erhitzen, die Zwiebeln darin glasig werden lassen. Den Knoblauch schälen und dazupressen. Die Pfanne von der Kochstelle nehmen.

3. Den Backofen auf 200° vorheizen. Das Weißbrot sehr gut ausdrücken, in eine große Schüssel geben. Die Zwiebeln, das Hackfleisch und die Eier dazugeben.

4. Den Majoran waschen und trockenschütteln. Die Blättchen von den Stielen streifen. Etwa 3 Eßlöffel der Blättchen fein hacken und zum Hackfleisch geben (ersatzweise 3 Teelöffel getrockneten Majoran dazugeben) und alles zu einem geschmeidigen Fleischteig verkneten. Die Masse mit Salz, schwarzem Pfeffer und Cayennepfeffer pikant würzen und auf einem Backblech bis an den Rand auseinanderdrücken und glattstreichen. Das Hackfleisch im Backofen (Mitte) etwa 20 Minuten backen.

5. Inzwischen die Tomaten waschen, abtrocknen, in dünne Scheiben schneiden und dabei die Stielansätze entfernen. Den Mozzarella ebenfalls in dünne Scheiben schneiden, große Scheiben halbieren.

6. Nach 20 Minuten das Hackfleisch aus dem Backofen nehmen. Die Temperatur auf 250° erhöhen. Den Hackfleischkuchen mit einem Bratenwender oder einer Palette nochmals flachdrücken. Mit den Tomatenscheiben so belegen, daß später auf jedem Portionsstück eine Tomatenscheibe liegt.

7. Jede Tomatenscheibe mit 2–3 Majoranblättchen belegen, mit etwas Salz und Pfeffer würzen und mit je einer Mozzarellascheibe bedecken. Alles im Backofen (Mitte) noch etwa 10 Minuten backen. Den Hackfleischkuchen aus dem Backofen nehmen, abkühlen lassen und zum Servieren in Stücke schneiden.

Tips!

- Den Hackfleischkuchen können Sie am besten gleich auf dem Blech aufs Buffet stellen. Sie können die Ränder des Bleches mit bunten Servietten umwickeln.
- Der Hackfleischkuchen schmeckt auch warm prima. Sie können ihn am Morgen backen und später für das Büffet noch einmal etwa 10 Minuten in den heißen Ofen stellen.

Die pikanten Hackschnitten können Sie direkt auf dem Blech servieren oder auf einer hübschen Platte anrichten.

Zwiebelküchlein

Zutaten für etwa 35 Stück:
200 g Zwiebeln
40 g Bacon (Frühstücksspeck)
1 Ei
60 g Crème fraîche
2 Teel. getrockneter Thymian
Salz
schwarzer Pfeffer, frisch gemahlen
1 Dose backfertiger, gekühlter
Hefeteig (300 g)
Mehl zum Ausrollen
Für das Backblech: Backpapier

Gelingt leicht

Pro Stück etwa:
170 kJ/40 kcal
1 g Eiweiß · 2 g Fett
4 g Kohlenhydrate

- Zubereitungszeit: etwa 40 Minuten

1. Den Backofen auf 225° vorheizen. Ein Backblech mit Backpapier auslegen.

2. Die Zwiebeln schälen und sehr fein würfeln. Den Bacon ebenfalls fein würfeln und in einer Pfanne bei mittlerer Hitze auslassen. Die Zwiebeln dazugeben und bei schwacher Hitze unter Rühren glasig werden lassen.

3. Das Ei mit der Crème fraîche, dem Thymian und Salz und Pfeffer verrühren.

4. Den Teig aus der Dose nehmen, auf leicht bemehlter Fläche 3–4 mm dünn ausrollen. Mit einer runden Ausstechform oder einem Glas von etwa 5 cm Durchmesser Taler ausstechen. Bei jedem Taler einen schmalen Rand formen.

5. Die Zwiebelmischung auf den Teigtalern verteilen und leicht andrücken. Mit etwas Eiersahne bedecken. Die Taler im Backofen (Mitte) etwa 15 Minuten backen.

Tip!

Am Vortag können Sie bereits die Zwiebelmischung zubereiten.

Salat-Schinken-Röllchen

Zutaten für etwa 30 Stück:
100 g gekochter Schinken
100 g Doppelrahmfrischkäse
100 g Crème fraîche
weißer Pfeffer, frisch gemahlen
Salz
1 Eßl. Sherry (nach Belieben)
2 Blatt weiße Gelatine
1 Kopf grüner Salat
250 g helles Bauernbrot

Raffiniert

Pro Stück etwa:
210 kJ/50 kcal
2 g Eiweiß · 3 g Fett
4 g Kohlenhydrate

- Zubereitungszeit: etwa 45 Minuten
- Kühlzeit: mindestens 3 Stunden

1. Etwa ein Drittel des Schinkens in feine Würfel schneiden.

2. Den restlichen Schinken pürieren, mit dem Frischkäse und der Crème fraîche verrühren, mit Pfeffer, etwas Salz und nach Belieben mit dem Sherry abschmecken. Die Schinkenwürfel untermischen.

3. Die Gelatine nach der Packungsbeschreibung einweichen. Tropfnaß in einen kleinen Topf geben, bei schwacher Hitze auflösen und unter die Schinkencreme rühren.

4. Den Salat putzen, waschen und gut trockenschütteln. Je zwei Blätter übereinander legen, mit Küchenpapier trockentupfen. (Übrigen Salat später zum Garnieren verwenden.)

5. Die Schinkencreme etwa 1/2 cm dick auf die Salatblätter streichen. Die Blätter vorsichtig aufrollen, in Klarsichtfolie wickeln und mindestens 3 Stunden in den Kühlschrank legen.

6. Die Salatrouladen aus der Folie wickeln und in 1 cm dicke Scheiben schneiden. Aus dem Bauernbrot Taler ausstechen, die ebenso groß sind wie die Salatröllchen. Die Salatröllchen darauf legen.

Im Bild vorne: Salat-Schinken-Röllchen
Im Bild hinten: Zwiebelküchlein

Gefüllte Kirschtomaten

Zutaten für etwa 35 Stück:
Salz
30 g kleine Sternchen-Suppennudeln
1/2 Bund Basilikum · 40g Mozzarella
4 Eßl. Pinienkerne
schwarzer Pfeffer, frisch gemahlen
500 g Kirschtomaten

Zum Sektempfang
Am Vortag vorbereiten

Pro Stück etwa:
60 kJ/15 kcal
1 g Eiweiß · 1 g Fett
1 g Kohlenhydrate

- Zubereitungszeit: etwa 40 Minuten

1. Salzwasser aufkochen und die Nudeln darin nach der Packungsbeschreibung nur knapp bißfest garen. In ein Sieb abgießen, kalt abbrausen und gut abtropfen lassen.

2. Das Basilikum kurz waschen und trockenschütteln. Sehr kleine Blättchen zum Garnieren beiseite legen, die restlichen fein hacken.

3. Den Mozzarella klein würfeln. Die Pinienkerne in einer trockenen Pfanne goldgelb rösten. 35 Stück beiseite legen, die restlichen Kerne grob hacken.

4. Das gehackte Basilikum mit dem Mozzarella, den gehackten Pinienkernen und den Nudeln vermengen, mit Salz und Pfeffer würzen.

5. Die Tomaten waschen, die Blättchen entfernen. An der gegenüberliegenden Seite eine dünne Scheibe abschneiden, die Tomaten dann vorsichtig aushöhlen. Mit der Nudelmischung füllen, mit den Basilikumblättchen und ganzen Pinienkernen garnieren.

Tip!

Am Vortag können Sie bereits die Nudeln kochen oder aber die Füllung komplett vorbereiten.

Grünkernbällchen

Zutaten für etwa 30 Stück:
1 kleine Möhre
1 kleine Zwiebel
5 Eßl. Öl
150 g Grünkernschrot
300 ml milde Gemüsebrühe
1 Eßl. frische Thymianblättchen oder
1 Teel. getrockneter Thymian
1 Ei · Salz
schwarzer Pfeffer, frisch gemahlen
200 g mittelalter Gouda, in 1/2 cm dicke Scheiben geschnitten
125 g kleine Kirschtomaten
kleine Holzspießchen oder Cocktailspießchen

Vollwertig · Preiswert

Pro Stück etwa:
260 kJ/62 kcal
3 g Eiweiß · 4 g Fett
2 g Kohlenhydrate

- Zubereitungszeit: etwa 1 1/4 Stunden

1. Die Möhre und die Zwiebel schälen und sehr klein würfeln. 1 Eßlöffel Öl in einem Topf erhitzen, das Gemüse darin bei schwacher Hitze unter Rühren etwa 2 Minuten anbraten.

2. Den Grünkernschrot dazugeben und kurz mitbraten. Die Brühe angießen und den Thymian einrühren. Alles zugedeckt bei ganz schwacher Hitze etwa 20 Minuten ausquellen lassen.

3. Die Masse etwas abkühlen lassen, dann mit dem Ei vermischen und mit Salz und Pfeffer kräftig abschmecken. Knapp walnußgroße Bällchen daraus formen. Das restliche Öl in einer großen Pfanne erhitzen, die Bällchen darin rundherum braun braten.

4. Den Käse in etwa 1 cm große Quadrate schneiden. Die Kirschtomaten waschen und halbieren.

5. Zuerst ein Grünkernbällchen, dann eine halbe Kirschtomate und ein Käsestück auf je ein Holzspießchen oder ein Cocktailspießchen stecken.

Im Bild vorne: Grünkernbällchen
Im Bild hinten: Gefüllte Kirschtomaten

Blinröllchen

Zutaten für etwa 24 Stück:
2 Eier
100 ml Mineralwasser
30 g Weizenmehl
50 g Buchweizenmehl
Salz
1 Eßl. Butter
3 Blatt weiße Gelatine
200 g Schmand
1 Bund Dill
weißer Pfeffer, frisch gemahlen
1 Limette
50 g Forellenkaviar (1 Gläschen)

Zum Sektempfang
Am Vortag zubereiten

Pro Stück etwa:
240 kJ/57 kcal
2 g Eiweiß · 4 g Fett
3 g Kohlenhydrate

- Zubereitungszeit: etwa 1 Stunde (davon 30 Minuten Quellzeit)
- Kühlzeit: mindestens 4 Stunden, besser über Nacht

1. Die Eier mit dem Mineralwasser, den beiden Mehlsorten und 1 Teelöffel Salz glattrühren. Den Teig etwa 30 Minuten quellen lassen.

2. In einer beschichteten Pfanne nacheinander drei dünne Pfannkuchen backen, dazu immer wieder etwas Butter in die Pfanne geben. Die Pfannkuchen aufeinander legen und mit einem Tuch bedeckt abkühlen lassen.

3. In der Zwischenzeit die Gelatine 5 Minuten in kaltem Wasser einweichen. Tropfnaß in einen kleinen Topf geben und darin bei schwacher Hitze auflösen. Mit dem Schmand verrühren.

4. Den Dill waschen, trockenschütteln und ohne die groben Stiele fein hacken. Unter den Schmand rühren. Die Masse mit Pfeffer, abgeriebener Limettenschale, einigen Tropfen Limettensaft und wenig Salz abschmecken. Die Masse kalt stellen, bis sie geliert ist.

5. Die Pfannkuchen nebeneinander legen. Den gelierten Schmand nochmals durchrühren. Jeweils die vorderen zwei Drittel der Pfannkuchen damit bestreichen.

6. Den Kaviar auf das vorderste Drittel geben. Die Pfannkuchen vorsichtig aufrollen und fest in Alufolie wickeln. Mindestens 4 Stunden, besser über Nacht, im Kühlschrank durchkühlen lassen.

7. Vor dem Servieren die Pfannkuchenrollen in etwa 2 cm dicke Scheiben schneiden und auf einer Platte anrichten.

Feigenhäppchen

Zutaten für 40 Stück:
10 große, frische Feigen
75 g Serrano- oder Parmaschinken, in dünne Scheiben geschnitten
75 g Mascarpone
Salz
schwarzer Pfeffer, frisch gemahlen
etwas abgeriebene Schale einer unbehandelten Zitrone
40 Pistazienkerne

Schnell · Gelingt leicht

Pro Stück etwa:
87 kJ/21 kcal
1 g Eiweiß · 1 g Fett
2 g Kohlenhydrate

- Zubereitungszeit: etwa 20 Minuten

1. Die Feigen vorsichtig abreiben, dann vierteln. Den Schinken in kleine Stücke teilen und locker auf den Feigenschnitzen arrangieren.

2. Den Mascarpone verrühren, mit Salz, Pfeffer und Zitronenschale abschmecken. Die Masse in einen Spritzbeutel mit kleiner Sterntülle füllen und auf die Feigen spritzen.

3. Die Käsetupfer mit je einer Pistazie garnieren.

Bild oben: Blinröllchen
Bild unten: Feigenhäppchen

Brotecken mit Käsesalat

Zutaten für etwa 30 Stück:
200 g mittelalter Gouda, in Scheiben geschnitten
100 g Radieschen
1 kleine Zwiebel
2 Eßl. Olivenöl, kaltgepreßt
Salz
schwarzer Pfeffer, frisch gemahlen
5 Scheiben Bauernbrot (etwa 200 g)
1 Bund Schnittlauch

Preiswert • Rustikal

Pro Stück etwa:
190 kJ/45 kcal
2 g Eiweiß · 3 g Fett
3 g Kohlenhydrate

- Zubereitungszeit: etwa 45 Minuten

1. Den Gouda in sehr feine Stifte schneiden. Die Radieschen putzen, waschen und in dünne Scheiben, diese in schmale Stifte schneiden.

2. Die Zwiebel schälen und sehr fein würfeln, mit den Radieschen und dem Käse mischen. Das Olivenöl unterrühren und alles mit Salz und Pfeffer würzen. Im Kühlschrank zugedeckt 2–3 Stunden durchziehen lassen.

3. Jede Brotscheibe in 6 mundgerechte Stücke schneiden. Den Käsesalat auf den Stücken verteilen. Den Schnittlauch waschen, trockenschütteln und in feine Röllchen schneiden. Die Brote damit bestreuen.

Bunte Weißbrotecken

Zutaten für etwa 65 Stück:
2 rote Paprikaschoten
Salz
100 g weiche Butter
100 g Quark (20%)
schwarzer Pfeffer, frisch gemahlen
1 großes Bund gemischte Kräuter (wie Schnittlauch, Petersilie, Dill, Kerbel)
2 Eßl. Parmesan, frisch gerieben
100 g schwarze Oliven
3 Sardellenfilets
1 Knoblauchzehe
2 Eßl. Olivenöl, kaltgepreßt
1 Kastenweißbrot
1/2 Kästchen Kresse
1 Eßl. kleine Kapern

Preiswert

Pro Stück etwa:
190 kJ/45 kcal
1 g Eiweiß · 3 g Fett
4 g Kohlenhydrate

- Zubereitungszeit: etwa 1 Stunde

1. Die Paprikaschoten waschen, halbieren und von den Kernen und den weißen Trennhäuten befreien. Eine Schotenhälfte in kleine Rauten schneiden und diese beiseite legen. Den Rest grob zerkleinern und in wenig Salzwasser etwa 10 Minuten zugedeckt bei schwacher Hitze garen. Die Paprikastücke abgießen, gut abtropfen und abkühlen lassen. Im Mixer oder mit dem Pürierstab pürieren und durch ein feines Sieb streichen.

2. Das Paprikapüree mit der Hälfte der Butter und der Hälfte des Quarks verrühren. Die Masse mit Salz und Pfeffer würzen.

3. Die Kräuter waschen, trockenschütteln und ohne die groben Stiele sehr fein hacken. Mit dem Parmesan, der restlichen Butter und dem restlichen Quark verrühren und alles mit Salz und Pfeffer würzen.

4. Die Oliven entsteinen. Die Sardellenfilets kalt abspülen, den Knoblauch schälen. Zusammen mit dem Olivenöl pürieren. Die Creme mit Pfeffer und (wenig!) Salz würzen.

5. Das Weißbrot quer in 4–5 Scheiben schneiden. Die Scheiben mit den verschiedenen Cremes bestreichen, in mundgerechte Stücke schneiden.

6. Die Kresse abbrausen, die Blättchen abschneiden. Die Paprika-Brot-Ecken mit Paprikastücken, die Kräuter-Ecken mit Kresse und die Oliven-Ecken mit Kapern garnieren.

> **Tip!**
> Die Cremes können Sie am Vortag zubereiten.

Im Bild vorne: Brotecken mit Käsesalat
Im Bild hinten: Bunte Weißbrotecken

Kresse-tomaten

Eine üppige Verzierung für den sommerlichen Abendtisch oder als Mittelpunkt einer Salatvorspeise. Wachteleier bekommen Sie mittlerweile fast überall frisch, sonst können Sie auch gekochte Wachteleier aus dem Glas nehmen. Bei frischer Ware sollten Sie als zusätzliche Garnitur einige Schalenhälften an den Teller- oder Plattenrand setzen. Sind keine Wachteleier zu bekommen, dann fragen Sie Ihren Händler nach Junghenneneiern. Das sind die ersten kleinen Eier der jungen Legehennen. Sie sind nicht viel größer als Wachteleier, haben aber einen anderen Geschmack.

Zutaten für 4 Stück:
4 mittelgroße Tomaten
8 Wachteleier (ersatzweise Junghenneneier)
2 Kästchen Gartenkresse (oder die gleiche Menge selbstgezogene Kresse)
Salz aus der Mühle
Was Sie sonst noch brauchen:
1 kleines scharfes Küchenmesser

Raffiniert

- Zubereitungszeit: etwa 30 Minuten

1. Die Tomaten waschen und trockenreiben. Im oberen Drittel mit dem Küchenmesser einen Zickzackrand mit großen Zacken ausstechen. Es sollten 8 Zacken sein.

2. Das Fruchtfleisch mit einem spitzen Löffel herausholen und die Tomate zum Austropfen umgekehrt auf Haushaltspapier stellen.

3. Wasser in einem Topf zum Kochen bringen. Die Wachteleier (oder Junghenneneier) darin in etwa 8 Minuten hart kochen.

4. Die Eier in kaltem Wasser abschrecken und abkühlen lassen. Die Eier schälen, dabei einige Schalenhälften möglichst vollständig abheben und beiseite legen.

5. 4 Eier der Länge nach vierteln, die restlichen 4 Eier ganz lassen.

6. Die Gartenkresse (oder die selbstgezogene Kresse) am besten mit einer Schere abschneiden, waschen und trockenschleudern.

7. Die Tomaten wieder umdrehen und mit der Gartenkresse so füllen, daß die grünen Blättchen oben herausschauen.

8. Die Eierviertel mit der schmalen Seite nach unten auf der Kresse in die Tomatenzacken legen. Die Eiviertel sollen nach außen etwas überstehen.

9. In die Mitte jeweils 1 ganzes Ei setzen. Alles mit etwas Salz bestreuen. Rund um die Garnitur ein paar Schalenhälften verteilen, eventuell ebenfalls mit kleinen Büscheln Kresse füllen und fertig – sieht gut aus und schmeckt ganz frisch!

Varianten:

Tomate mit Garnelenfüllung

Die Wachteleier durch mittelgroße Garnelen ersetzen und die Kresse durch gehackten Mozzarella (1 Kugel). Über den Käse noch etwas French-Dressing geben. Mit einigen Dillzweigen schmücken. Ideal für die feine Fischplatte oder eine kalte Fischvorspeise wie Räucherlachs oder eine Fischterrine.

Tomate mit Spargelfüllung

Grünen Spargel am unteren Drittel schälen, in Salzwasser bißfest garen und abkühlen lassen. Die Stangen in mundgerechte Stücke schneiden und die Spargelspitzen zur Seite legen. Aus Aceto balsamico, Salz, Pfeffer und Sesamöl eine Salatsauce rühren und die Spargelstücke darin etwa 5 Minuten marinieren. Die Spargelstücke in die Tomaten füllen, die Spargelspitzen in die Zacken am Rand legen.

Eine erfrischende Garnitur an heißen Sommertagen: Kressetomaten, gefüllt mit schmackhaften Wachteleiern.

Gemüse-törtchen

Wenn Sie Gäste erwarten, sind die Gemüsetörtchen ideal. Sie können sie so weit vorbereiten, daß Sie nur noch die Eisahne darüber gießen und die Törtchen backen müssen.

Zutaten für 6 Quicheförmchen von 10 cm Ø:
60 g Erdnüsse, geröstet und geschält
180 g Weizenvollkornmehl
Meersalz
1/4 Teel. Schabzigerklee
100 g kalte Butter
2 Eier
je 100 g süße und saure Sahne
schwarzer Pfeffer, frisch gemahlen
60 g Greyerzer Käse
1 Bund Frühlingszwiebeln (etwa 150 g)
1 rote Paprikaschote (etwa 170 g)
1 Eßl. Olivenöl, kaltgepreßt
1/2 Teel. getrockneter Oregano
1 Möhre (etwa 70 g)
170 g Blumenkohlröschen
15 g Butter
3/4–1 Teel. Currypulver
Für die Form:
ungehärtetes Kokosfett

Für Gäste

Pro Törtchen etwa:
2000 kJ/480 kcal
14 g Eiweiß · 36 g Fett
23 g Kohlenhydrate
6 g Ballaststoffe

• Zubereitungszeit: etwa 2 Stunden

1. 50 g Erdnüsse im Blitzhakker sehr fein zerkleinern oder sehr fein mahlen. Das Mehl, die Erdnüsse, 1/4 Teelöffel Salz und den Schabziger mischen.

2. Die Butter in Stückchen schneiden und auf das Mehl setzen. Alles zu feinen Streuseln verkrümeln. 60 ccm eiskaltes Wasser dazugießen und alles zu einem glatten Teig verkneten. Den Teig zu einer Kugel rollen und in einer Edelstahlschüssel zugedeckt etwa 1 Stunde kühlen.

3. Die Förmchen mit Kokosfett einfetten. Die Eier mit der süßen und der sauren Sahne verquirlen, mit Salz und Pfeffer würzen. Den Käse reiben.

4. Für die Paprikafüllung die Frühlingszwiebeln waschen und putzen. Etwa zwei Drittel vom unteren Ende (etwa 100 g) in Ringe schneiden. Das restliche Zwiebelgrün beiseite legen. Die Paprikaschote waschen, vierteln und entkernen. Dann in feine Streifen schneiden.

5. Das Öl und 1 Eßlöffel Wasser in einem breiten Topf schwach erhitzen. Das Gemüse hineingeben, salzen und in etwa 5 Minuten zugedeckt bei schwacher Hitze knapp bißfest dünsten. Den Oregano unterrühren. Das Gemüse auf einem Teller beiseite stellen.

6. Den Backofen auf 200° vorheizen.

7. Für die Blumenkohlfüllung die Möhre unter fließendem Wasser sauber abbürsten, längs halbieren und in sehr dünne Scheibchen schneiden. Den Blumenkohl waschen, die Stiele und die Röschen in dünne Scheiben schneiden.

8. Die Butter und 1 Eßlöffel Wasser in dem Topf schwach erhitzen. Das Gemüse hineingeben, salzen und in 5–6 Minuten zugedeckt bei schwacher Hitze knapp bißfest garen. Dann mit dem Curry kräftig würzen, da die Eisahne den Geschmack etwas dämpft.

9. Den Teig auf der leicht bemehlten Arbeitsfläche ausrollen und die Förmchen damit auslegen. Die Teigböden mit einer Gabel mehrfach einstechen und im Backofen (unten) etwa 15 Minuten vorbacken.

10. Auf den Boden von drei Förmchen etwas Käse streuen, das Paprikagemüse hineinfüllen, die Hälfte der Eisahne darüber gießen. Das Blumenkohlgemüse in die anderen drei Förmchen füllen und mit dem restlichen Käse bestreuen. Das Gemüse mit Eisahne übergießen und mit den restlichen 10 g Erdnüssen bestreuen.

11. Die Törtchen im Backofen (Mitte) etwa 20 Minuten bakken, bis die Oberfläche goldgelb und fest ist. Vom zurückgelegten Zwiebelgrün einige Ringe abschneiden und die Paprikatörtchen damit bestreuen.

Diese knusprigen Törtchen mit saftigem Gemüsebelag lassen sich gut vorbereiten und sind deshalb ideal für die Gästebewirtung

Rustikale Rezepte

Manche mögen's herzhaft: Je nach Anlaß und Geschmack der Gäste darf schon auch mal deftig aufgetischt werden. Nach einem Tag an der frischen Luft etwa schmecken Kartoffelsalat und Kassler, Wurstsalat und eingelegte Heringe gleich noch mal so gut.

Herzhafter Kartoffelsalat

Zutaten für 4 Personen:
1 kg vorwiegend festkochende Kartoffeln
1 Teel. Kümmel · 80 g Speck
2 kleine Zwiebeln
4 kleine Gewürzgurken (aus dem Glas)
3 Eßl. neutrales Öl
1/4 l Fleischbrühe
1 Eßl. scharfer Senf
2–3 Eßl. Essig · 1/2 Teel. Zucker
Pfeffer, frisch gemahlen · Salz
3 Eßl. Gewürzgurken-Sud (aus dem Glas)
Zum Garnieren:
1 Bund Schnittlauch
1 Tomate · 1 hartgekochtes Ei

Preiswert

Pro Portion etwa:
1600 kJ/380 kcal
9 g Eiweiß · 21 g Fett
40 g Kohlenhydrate

- Zubereitungszeit: etwa 1 Stunde

1. Die Kartoffeln waschen. In einen Topf geben, mit Wasser bedecken und den Kümmel dazugeben. Die Kartoffeln in etwa 20 Minuten weich kochen. Das Wasser abgiessen, die Kartoffeln ausdampfen lassen.

2. Den Speck in kleine Würfel schneiden. Die Zwiebeln schälen und klein würfeln. Die Gurken in kleine Scheiben schneiden. 1 Eßlöffel Öl erhitzen. Den Speck darin knusprig braun braten. Die Kartoffeln pellen und in dünne Scheiben schneiden.

3. Die Brühe erhitzen, mit dem restlichen Öl, Senf, Essig, Zucker, Pfeffer und 2 Prisen Salz verquirlen. Zwiebeln, Gurken und Gurken-Sud, Kartoffeln und Speck gut untermischen. Den Kartoffelsalat zugedeckt mindestens 1 Stunde durchziehen lassen.

4. Den Schnittlauch waschen, trockenschütteln und in kleine Röllchen schneiden. Die Tomate waschen und achteln, dabei den Stielansatz entfernen. Das Ei pellen und in Scheiben schneiden. Den Salat damit garnieren. Mit dem Schnittlauch bestreuen und als Beilage zu Würstchen, Frikadellen oder gegrilltem Fleisch servieren.

Deftiger Wurstsalat

Zutaten für 4–6 Personen:
800 g Fleischwurst (ersatzweise Jagdwurst, Bockwurst oder Wiener)
4–5 mittelgroße Gewürzgurken (aus dem Glas)
3 kleine Zwiebeln
2 Eßl. Kapern · 2 Eßl. Senf
4 Eßl. Weinessig
6 Eßl. Gewürzgurken-Sud (aus dem Glas)
4 Eßl. Öl
2 Eßl. Meerrettich (aus dem Glas)
Salz · Pfeffer, frisch gemahlen
Zucker · 1 Bund Schnittlauch

Läßt sich gut vorbereiten

Bei 6 Personen pro Portion etwa: 1900 kJ/450 kcal
14 g Eiweiß · 44 g Fett
3 g Kohlenhydrate

- Zubereitungszeit: etwa 45 Minuten

1. Die Wurst häuten und in dünne Scheiben schneiden. Die Gurken klein würfeln. Die Zwiebeln schälen und in feine Ringe schneiden. Die Kapern grob hacken.

2. In einer Schüssel den Senf mit dem Essig und dem Gurken-Sud verrühren. Dann das Öl, den Meerrettich und die Kapern dazugeben. Mit Salz, Pfeffer und etwa 2 Prisen Zucker kräftig abschmecken.

3. Wurstscheiben, Gurken und Zwiebelringe in die Marinade geben. Alles gut durchmischen und 1–2 Stunden ziehen lassen. Den Schnittlauch waschen, in kleine Röllchen schneiden und den Salat damit bestreuen. Dazu schmeckt ein kräftiges Bauernbrot mit Butter.

Im Bild vorne: Deftiger Wurstsalat
Im Bild hinten: Herzhafter Kartoffelsalat

Bunter Salat mit Kräuter-Eierstich

Ein richtiger Sommersalat, der eine erfrischende Mahlzeit darstellt.

Zutaten für 4 Personen:
2 Eier
4 Eßl. Milch
Salz
weißer Pfeffer, frisch gemahlen
Muskat, frisch gerieben
1 Bund gemischte Kräuter (Petersilie, Schnittlauch, Dill, Pimpinelle, Borretsch)
1 Eichblattsalat
1 kleiner Radicchio
3 Tomaten
100 g Sahnejoghurt (griechische Art)
Tabasco
3 Eßl. Apfelessig
150 g Lachsschinken
Fett für die Förmchen

Gut vorzubereiten

Pro Portion etwa:
1200 kJ/290 kcal
16 g Eiweiß · 22 g Fett
5 g Kohlenhydrate

- Zubereitungszeit: etwa 45 Minuten

1. Die Eier mit der Milch verquirlen, mit Salz, Pfeffer und Muskat würzen. Die Kräuter waschen, trockenschütteln, sehr fein hacken und unter die Eiermasse mischen. Zwei kleine Förmchen (oder Tassen) ausfetten, mit der Eimasse füllen und im zugedeckten Wasserbad bei schwacher Hitze etwa 20 Minuten stocken lassen.

2. Den Eichblattsalat und den Radicchio zerpflücken, abspülen, abtropfen lassen und auf einer großen Platte oder in einer flachen Schüssel anrichten. Die Tomaten in Scheiben schneiden und darauf verteilen.

3. Die Förmchen abkühlen lassen, den Eierstich stürzen. In Scheiben, dann in Rauten oder Würfel schneiden.

4. Den Sahnejoghurt mit Salz, Pfeffer, 3 Tropfen Tabasco und dem Apfelessig verquirlen. Über den Salat gießen. Den Lachsschinken in Streifen schneiden und mit dem Eierstich auf dem Salat verteilen.

Kräuter-Wurstsalat

Wurstsalat wird in Bayern gern als Brotzeit gegessen – aber normalerweise ohne Kräuter angemacht.

Zutaten für 4 Personen:
500 g Fleischwurst oder Schinkenwurst-Aufschnitt
1 rote Paprikaschote
2 Zwiebeln
1 Bund Petersilie
1 Bund Schnittlauch
Kresse, Kerbel oder Borretsch nach Belieben
6 Eßl. milder Weißweinessig
Salz
weißer Pfeffer, frisch gemahlen
6 Eßl. Sonnenblumenöl

Gelingt leicht

Pro Portion etwa:
2200 kJ/520 kcal
18 g Eiweiß · 49 g Fett
4 g Kohlenhydrate

- Zubereitungszeit: etwa 20 Minuten

1. Die Wurst pellen und in dünne Scheiben schneiden. Die Paprikaschote putzen, ausspülen, dabei Trennwände und Kerne entfernen, in Streifen schneiden. Die Zwiebeln in Scheiben schneiden, zu Ringen aufblättern. Die Wurst in tiefe Teller legen, mit den Paprikastreifen und den Zwiebelringen belegen.

2. Die Kräuter waschen, trockenschütteln und fein hacken. Den Weißweinessig mit der gleichen Menge Wasser mischen, mit Salz, Pfeffer und dem Öl verquirlen und die Kräuter unterheben.

3. Über den Wurstsalat verteilen. Mit kräftigem Holzofenbrot servieren.

Tip!

Zum Wurstsalat paßt auch gehackte Knoblauchrauke, die ihm einen pikanten Knofelgeschmack verleiht.

Im Bild hinten: Kräuter-Wurstsalat
Im Bild vorne: Bunter Salat mit Kräuter-Eierstich

Frohnauer Heringssalat

Zutaten für 4 Personen:
3 küchenfertige, filetierte Salzheringe
5 gekochte Pellkartoffeln
200 g kalter Bratenaufschnitt (Schwein oder Kalb vom Fleischer)
2 Äpfel (zum Beispiel Boskop)
2 Gewürzgurken
60 g durchwachsener Räucherspeck
3 Eßl. Öl · 2 frische Eigelb
1 Zwiebel · 2 Eßl. Essig
1 Teel. Senf · 1/4 Teel. Zucker
schwarzer Pfeffer, frisch gemahlen
1 Eßl. Kapern
1/2 Bund glatte gehackte Petersilie
4 hartgekochte Eier

Spezialität aus dem Erzgebirge

Pro Portion etwa:
1900 kJ/450 kcal
24 g Eiweiß · 29 g Fett
21 g Kohlenhydrate

- Zubereitungszeit: etwa 1 Stunde

1. Die Heringsfilets abspülen und mit Küchenpapier trockentupfen. Die Filets in Streifen schneiden und in eine Salatschüssel geben.

2. Die Kartoffeln pellen und in dünne Scheiben schneiden. Den Braten in feine Streifen schneiden. Die Äpfel schälen und in Würfel schneiden. Die Gurken klein würfeln. Alles zu den Heringsfilets dazugeben. Den Speck in kleine Würfel schneiden, in 1 Eßlöffel Öl knusprig braun braten und heiß unter die Zutaten mischen.

3. Für die Salatsauce das restliche Öl mit den Eigelben verschlagen. Die Zwiebel schälen und dazureiben. Mit dem Essig, dem Senf, dem Zucker und Pfeffer pikant abschmecken. Die Sauce und die Kapern gründlich mit dem Salat vermengen.

4. Die Petersilie hinzufügen. Alles durchmengen und abgedeckt mindestens 1 Stunde durchziehen lassen. Den Heringssalat auf Kopfsalatblättern verteilen. Die Eier schälen, achteln und dekorativ auf dem Salat anrichten.

Sächsische Soleier

Zutaten für 4 Personen:
1 große Zwiebel mit brauner Schale
2 1/2 Eßl. Salz · 1 Eßl. Zucker
1 Eßl. Kümmel · 2 Lorbeerblätter
10 Pimentkörner
5 Wacholderbeeren
2–3 Thymianzweige
12 frische, weiße Eier

Für Gäste

Pro Portion etwa:
950 kJ/230 kcal
17 g Eiweiß · 16 g Fett
5 g Kohlenhydrate

- Zubereitungszeit: etwa 30 Minuten
- Marinierzeit: 24–36 Stunden

1. In einem Topf etwa 1 1/2 l Wasser aufkochen. Die Zwiebel schälen und halbieren (die Schalen aufheben). Das Wasser zusammen mit der Zwiebel, dem Salz, dem Zucker, dem Kümmel, den Lorbeerblättern, den etwas zerdrückten Pimentkörnern, den Wacholderbeeren und dem Thymian würzen, etwa 10 Minuten kochen und dann abkühlen lassen.

2. Die Eier anstechen und zusammen mit den Zwiebelschalen in etwa 8 Minuten hart kochen und kalt abschrecken. Die Schalen ganz leicht einklopfen.

3. Die Soleier in ein großes Glas legen und mit dem Gewürzsud begießen. Abgedeckt müssen sie nun wenigstens 24 Stunden, besser noch 36 Stunden durchziehen.

4. Danach Eier aus dem Glas nehmen, schälen und quer halbieren. Die Eigelbe vorsichtig herausdrücken. Die leere Eihälfte am besten auf einen kleinen Ring setzen und nach Geschmack mit Saucen und Gewürzen füllen.

Tip!

Servieren Sie zu den Soleiern Butterbrote oder Kartoffelsalat. Stellen Sie zum Würzen der Eihälften Salz, Pfeffer, Essig, Öl, Senf, Mayonnaise, Ketchup, Remouladensauce und gehackte Kapern, Gürkchen, Kresse auf den Tisch und zum Runterspülen Bier und Korn!

Im Bild vorne: Sächsische Soleier
Im Bild hinten: Frohnauer Heringssalat

Hausmachersülze

Als Fleischeinlage eignen sich auch Bratenreste oder Reste von gekochtem Fleisch.

Zutaten für eine Kastenform von 1 1/2 l Inhalt:
2 kg Schweinefüßchen
2 kg Kalbsfüße · 4 Zwiebeln
1 Eßl. weiße Pfefferkörner
1 Eßl. Senfkörner
4 Lorbeerblätter · Salz
500 g Schweinefleisch (Nacken oder Schulter)
500 g Kalbfleisch (Schulter)
500 g Kassler ohne Knochen
2 Möhren (etwa 200 g)
200 g Knollensellerie
eventuell 3–4 Blatt Gelatine
1 Prise Zucker
1/8 l Weißweinessig
Worcestershiresauce
2–3 Gewürzgurken oder Cornichons

Braucht etwas Zeit

Bei 12 Scheiben pro Scheibe etwa: 2100 kJ/500 kcal
52 g Eiweiß · 32 g Fett
3 g Kohlenhydrate

- Zubereitungszeit: 5 1/2–6 1/2 Stunden (davon 4–5 Stunden Garzeit)
- Gelierzeit: 2 x 12 Stunden

1. Die Schweine- und Kalbsfüße waschen, in einen großen Topf geben und mit 5–6 l Wasser bedecken. Ganze, ungeschälte Zwiebeln, Pfeffer- und Senfkörner und Lorbeerblätter hinzufügen. Zum Kochen bringen, abschäumen und offen 3–4 Stunden köcheln lassen, dann salzen.

2. Alle Fleischsorten in etwa 4 cm große Stücke schneiden, in die Brühe geben und 1 weitere Stunde köcheln lassen. 30 Minuten vor Garzeitende Möhren schälen, Sellerie putzen und beides im Ganzen zur Brühe geben.

3. Fleisch und Gemüse aus der Brühe nehmen, Schweine- und Kalbsfüße wegwerfen. Die Brühe durch ein Sieb gießen, dann auf etwa 1 l einkochen lassen. Abkühlen lassen und über Nacht kalt stellen.

4. Am nächsten Tag das erstarrte Fett abheben. Falls die Brühe nicht vollständig geliert ist, die Gelatine in kaltem Wasser einweichen. Die Brühe erhitzen und, falls nötig, die Gelatine darin auflösen. Kräftig mit Salz, Zucker, Essig und Worcestershiresauce abschmecken.

5. Fleisch, Möhren, Sellerie und Gewürzgurken würfeln und in die Form füllen. Die Brühe darüber gießen und über Nacht kalt stellen.

6. Vor dem Servieren die Form kurz unter heißes Wasser halten und auf eine Platte stürzen. Mit Bauernbrot und Sauce Tartar oder Remouladensauce servieren. Sehr gut schmecken auch gehackte Zwiebeln mit Essig und Öl oder Bratkartoffeln dazu.

Sauce Tartar

Eine leichte Remoulade, die zu jedem kalten Fleisch paßt.

Zutaten für etwa 14 Portionen:
4 hartgekochte Eier
2 Zwiebeln
4 Eßl. Kapern
6 Cornichons (kleine saure Gürkchen)
1/2 Bund Petersilie
1/2 Bund Schnittlauch
2 Teel. scharfer Senf
2 Eßl. Weißweinessig
1/2 Teel. Zucker
Salz
weißer Pfeffer, frisch gemahlen
300 g Joghurt
200 g saure Sahne
eventuell etwas Milch

Gelingt leicht

Pro Portion etwa:
190 kJ/45 kcal
3 g Eiweiß · 3 g Fett
1 g Kohlenhydrate

- Zubereitungszeit: etwa 30 Minuten

1. Die Eier fein hacken. Die Zwiebeln schälen und fein würfeln, Kapern und Gürkchen ebenfalls fein würfeln. Die Kräuter waschen und fein hacken.

2. Alle Zutaten miteinander vermengen und eventuell mit etwas Milch verdünnen.

Im Bild vorne: Hausmachersülze
Im Bild hinten: Sauce Tartar

Kartoffelsalat mit Kasseler

Ist Kartoffelsalat als sättigende Beilage gedacht, bereitet man ihn aus festkochenden Salatkartoffeln. Soll er aber eine eigenständige Mahlzeit ergeben, und wird er dafür mit frischem Gemüse gemischt, dann eignen sich mehlig-festkochende Kartoffeln besser.

Zutaten für 4 Personen:
500 g mehlig-festkochende Kartoffeln
2 Teel. Kümmel
3 Frühlingszwiebeln
2 Stangen Staudensellerie
1 kleine Salatgurke
400 g geräuchertes Kasseler
3 Eßl. Weißweinessig
Salz
frisch gemahlener weißer Pfeffer
Zucker
4 Eßl. Sahnejoghurt
3 Eßl. Keimöl
4 Eßl. Schnittlauchröllchen

Preiswert

Pro Portion etwa:
1900 kJ/450 kcal
25 g Eiweiß · 30 g Fett
23 g Kohlenhydrate

• Zubereitungszeit: etwa 1 Stunde

1. Die Kartoffeln unter fließendem Wasser bürsten, von Wasser bedeckt mit dem Kümmel zum Kochen bringen und zugedeckt bei mittlerer Hitze in etwa 30 Minuten garen. Die Kartoffeln dann abgießen, kalt abschrecken, pellen, in Scheiben schneiden und abkühlen lassen.

2. Die Frühlingszwiebeln, den Sellerie und die Gurke lauwarm waschen und abtrocknen. Das Selleriegrün kleinschneiden und zugedeckt beiseite stellen.

3. Das Gemüse putzen, schälen und die harten Fäden vom Sellerie abziehen. Die Zwiebeln in Ringe schneiden, den Sellerie in Scheibchen und die Gurke würfeln.

4. Das Kasseler in Scheiben und diese dann in dünne Streifen schneiden.

5. Den Essig mit etwas Salz und Pfeffer, dem Zucker und dem Joghurt verrühren und das Öl unterschlagen.

6. Alle Salatzutaten mischen, die Sauce unterheben und den Salat einige Minuten zugedeckt durchziehen lassen. Vor dem Servieren mit dem Schnittlauch bestreuen.

Varianten

Für sättigenden Kartoffelsalat gibt es unzählige Varianten. Hier ein Beispiel für die süßsaure Geschmacksrichtung. Die Kartoffelscheiben mit 300 g gegarten gewürfelten roten Beten oder roh geraspelten mischen. 1 geschälten gewürfelten, leicht säuerlichen Apfel, 2 gewürfelte Zwiebeln und die Scheibchen von 8 Cornichons untermengen. Für die Sauce 100 g Sahnejoghurt mit 50 g Crème fraîche, 1–2 Teelöffeln mittelscharfem Senf, etwas Salz und frisch gemahlenem weißem Pfeffer, 1–2 Teelöffeln Ahornsirup, 2 Eßlöffeln Zitronensaft und 4 Eßlöffeln Keimöl verrühren, unter den Salat heben und mit kleingeschnittenem Basilikum bestreuen.

Einen recht herzhafter Kartoffelsalat ergibt folgende Mischung: Gegarte, gewürfelte Pellkartoffeln mit etwa 1/8 l Fleischbrühe übergießen und darin etwa 15 Minuten ziehen lassen; kalte Kartoffeln mit heißer, warme mit kalter Brühe. Mit 2 gewürfelten Zwiebeln, 4 kleingeschnittenen Sardellenfilets, 100 g Feldsalat und 100 g knusprig ausgebratenen Speckwürfeln mischen. Den Salat mit einer Marinade aus 3 Eßlöffeln Apfelessig, wenig Salz, schwarzem Pfeffer und 2 Eßlöffeln Distelöl anmachen und mit Tomaten- und Eiachteln belegen.

Der Kartoffelsalat mit Kasseler ist der ideale Partysalat: Er schmeckt jedem und ist problemlos vorzubereiten.

Hausgemachter Leberkäs

Leberkäse könnte ein Synonym für Bayern sein. Jedoch stimmen die Ingredienzien wie so oft nicht mit dem Namen überein, denn Leber und Käse finden Sie darin nicht. Vielmehr könnte der Name vom Aussehen kommen, denn der Leberkäse wird geformt wie ein Käslaib. Folgendes Rezept ist hauptsächlich für diejenigen gedacht, die keinen frischen Leberkäse beim Metzger bekommen. Das selbst hergestellte Brät wird nur mit hochwertigen Küchenmaschinen annähernd so fein wie das vom Metzger.

Zutaten für 4 Personen:
400 g mageres Rindfleisch
400 g mageres Schweinefleisch
Salz
weißer Pfeffer, frisch gemahlen
1/4 l lauwarmes Wasser
200 g grüner Speck (ohne Schwarte)
1 mittelgroße Zwiebel
1 Eßl. getrockneter Majoran
Für die Form: Butter

Raffiniert

Pro Portion etwa:
2500 kJ/600 kcal
45 g Eiweiß · 47 g Fett
1 g Kohlenhydrate

- Zubereitungszeit: etwa 2 Stunden

1. Das Fleisch in grobe Stücke schneiden. Getrennt durch die feine Scheibe des Fleischwolfs drehen. Beide Fleischsorten mit einem Schaber in den Mixer geben. Unter Beigabe von Salz, Pfeffer und dem lauwarmen Wasser den Fleischteig weiter verfeinern.

2. Den grünen Speck entweder fein würfeln oder durch die grobe Scheibe des Fleischwolfs drehen. Locker unter das Fleischbrät mischen. Die Zwiebel schälen, reiben und mit dem Majoran hinzufügen. Den Teig eventuell nachwürzen. Die Fleischmasse kalt stellen.

3. Den Backofen auf 180° vorheizen. Eine Kastenform fetten und mit dem Brät füllen, die Oberfläche glattstreichen. Nach Belieben mit einem scharfen Messer ein Rautenmuster einritzen. Den Leberkäse im Backofen (Mitte; Umluft 160°, Gas Stufe 2–2 1/2) etwa 1 Stunde backen.

Essigknödel

Die Bayern sind sehr kreativ, vor allem, was ihre Knödelrezepte anbelangt. Folgendes Rezept eignet sich hervorragend für übriggebliebende Knödel vom Sonntagsbraten.

Zutaten für 4 Personen:
8 Semmel- oder Kartoffelknödel
vom Vortag
1 große Zwiebel
1 Bund Schnittlauch
6 Eßl. Öl
5 Eßl. Essig
Salz
weißer Pfeffer, frisch gemahlen

Preiswert • Schnell

Pro Stück etwa:
950 kJ/330 kcal
6 g Eiweiß · 20 g Fett
5 g Kohlenhydrate

- Zubereitungszeit: etwa 20 Minuten

1. Die Knödel halbieren und jede Hälfte in Scheiben schneiden. Die Zwiebel schälen und in dünne Ringe schneiden. Den Schnittlauch waschen, trockenschütteln und in feine Röllchen schneiden.

2. Aus dem Öl, dem Essig und ein wenig lauwarmem Wasser eine Marinade anrühren. Salzen und pfeffern.

3. In einer großen Schüssel die Knödelscheiben und die Zwiebelringe vermengen. Die Marinade darüber gießen und alles mischen. Mit dem Schnittlauch überstreuen. Nach Belieben ziehen lassen.

Tip!

Sollten Ihnen frisch gefertigte Knödel übrigbleiben, so übergießen Sie diese mit kaltem Wasser und stellen Sie sie in den Kühlschrank. Nur so trocknen sie nicht aus und können weiterverwendet werden.

Im Bild vorne: Essigknödel
Im Bild hinten: Hausgemachter Leberkäs

Radi mit Schnittlauch-brot

Zutaten für 4 Personen:
2 große Rettiche
Salz
4 Scheiben Bauernbrot
1 Eßl. weiche Butter
1 Bund Schnittlauch
3 Eßl. Rahm
2 Eßl. Essig

Preiswert • Schnell

Pro Portion etwa:
770 kJ/180 kcal
6 g Eiweiß · 8 g Fett
25 g Kohlenhydrate

- Zubereitungszeit: etwa 40 Minuten

1. Die Rettiche schälen, von eventuell holzigen Stellen befreien, waschen und trockentupfen. Entweder in dünne Scheibchen schneiden oder auf einem Gemüsehobel fein raffeln. In eine Schüssel legen, kräftig salzen und für etwa 20 Minuten »weinen« lassen.

2. Die Brotscheiben mit der Butter bestreichen. Den Schnittlauch waschen, trockenschütteln und kleinschneiden. Auf die Brotscheiben verteilen. Nach Belieben mit einem scharfen Messer auf den Oberflächen der Brote Rauten einritzen.

3. Den feuchten Rettichsalat mit dem Rahm und dem Essig verfeinern. Nach Bedarf nochmals salzen.

Knöcherlsulz mit Gurkerl

Zutaten für 5 Personen:
2 küchenfertige Schweinefüße
2 küchenfertige Kälberfüße
2 Schweineohren (alles beim Metzger vorbestellen)
Salz
5 schwarze Pfefferkörner
2 Lorbeerblätter
100 ml Essig
3 mittelgroße Karotten
1 große Zwiebel
2 Gewürznelken
50 ml trockener Weißwein
5 Essiggurken

Preiswert • Raffiniert

Pro Portion etwa:
3300 kJ/790 kcal
86 g Eiweiß · 47 g Fett
6 g Kohlenhydrate

- Zubereitungszeit: etwa 3 Stunden (davon 2 1/2 Stunden Garzeit)
- Kühlzeit: 12 Stunden

1. Die Schweine- und Kälberfüße unter kaltem, fließendem Wasser gründlich waschen, um eventuelle Knochensplitter zu beseitigen. Die Schweineohren ebenfalls gründlich säubern und zusammen mit den Füßen in einen großen Topf geben. Mit kaltem Wasser bedecken. Das Ganze 1–2 Minuten aufkochen lassen und dann das Wasser abgießen. Erneut mit kaltem Wasser auffüllen und zum Kochen auf den Herd stellen.

2. Nach dem ersten Aufkochen den sich bildenden Schaum an der Oberfläche mit einem Schaumlöffel entfernen. Den Topfinhalt kräftig salzen. Die Pfefferkörner, die Lorbeerblätter und den Essig hinzufügen.

3. Die Karotten schälen und in etwa 1/2 cm dicke Scheiben schneiden. Die Zwiebel schälen, halbieren und mit den Gewürznelken spicken. Die Karottenscheiben und die Zwiebelhälften in den Sud legen. Den Weißwein eingießen.

4. Die Brühe bei schwacher Hitze etwa 2 1/2 Stunden köcheln, dabei öfter die Oberfläche abschäumen.

5. Die fertige Brühe vom Herd ziehen und etwa 30 Minuten ruhen lassen. Anschließend die Schweine- und Kälberfüße mit einer Gabel herausnehmen. Das Fleisch heraustrennen und auf fünf tiefe Teller verteilen. Die Schweineohren, wenn Sie mögen, in Streifen schneiden und ebenfalls verwenden. Die Sulzflüssigkeit durch ein Haarsieb passieren und noch einmal aufkochen. Eventuell nachwürzen.

5. Die Essiggurken in Scheiben schneiden und um das Fleisch anrichten. Mit der warmen Brühe übergieße, bis alles bedeckt ist. Die Teller in den Kühlschrank stellen und die Sülze in etwa 12 Stunden steifen lassen. Dazu schmecken Ei, Bratkartoffeln und frisches Bauernbrot.

Bild oben:
Radi mit Schnittlauchbrot
Bild unten: Knöcherlsulz mit Gurkerl

Bibeliskäs

Dieser pikant angemachte Quark ist nicht nur in Baden beliebt, man kennt ihn auch in anderen Teilen Deutschlands. Am besten schmeckt er mit frischem Bauernbrot oder zu Pellkartoffeln.

Zutaten für 2 Personen:
250 g Quark (40% Fett i. Tr.)
3–4 Eßl. Sahne
1 Bund Schnittlauch
1 Schalotte
1 Knoblauchzehe
Salz
schwarzer Pfeffer, frisch gemahlen

Gelingt leicht · Schnell

Pro Portion etwa:
1000 kJ/240 kcal
15 g Eiweiß · 18 g Fett
6 g Kohlenhydrate

- Zubereitungszeit: etwa 15 Minuten

1. Den Quark mit der Sahne in eine Schüssel geben und glattrühren.

2. Den Schnittlauch waschen, trockenschütteln, in feine Röllchen schneiden und zum Quark geben.

3. Die Schalotte und die Knoblauchzehe schälen. Die Schalotte fein hacken, die Knoblauchzehe durch die Presse drücken. Beides zum Quark geben.

4. Alle Zutaten gut miteinander verrühren und den Quark mit Salz und Pfeffer würzen.

Flammkuchen

Früher wurde der Flammkuchen, der im Badischen auch Dinni oder Dinnete genannt wird, aus dem übriggebliebenen Brotteig gemacht, dünn mit Zwiebelringen, Speckwürfeln und Sauerrahm bestrichen und im Ofen knusprig gebacken. Heute wird er – wie ein Zwiebelkuchen – meist aus einem hellen Hefeteig gemacht.

Zutaten für 4 Personen:
Für den Teig:
300 g Weizenmehl (Type 1050)
Salz · 1/2 Würfel Hefe (20 g)
Zucker
Für den Belag:
500 g Zwiebeln
100 g Schwarzwälder Schinken
1 Eßl. Öl · 1 Teel. Kümmel
300 g Schmant oder Crème fraîche
Für die Arbeitsfläche: Mehl
Für das Blech: Butter oder Backpapier

Braucht etwas Zeit

Pro Portion etwa:
1700 kJ/400 kcal
15 g Eiweiß · 12 g Fett
59 g Kohlenhydrate

- Zubereitungszeit: etwa 1 Stunde 20 Minuten

1. 1/4 l Wasser erwärmen. Das Mehl in eine Schüssel sieben, etwas Salz daruntermischen, in die Mitte eine Vertiefung drücken. Die Hefe hineinbröckeln, mit 1 Prise Zucker bestreuen und mit etwas lauwarmem Wasser und etwas von dem Mehl verrühren. Die Schüssel mit einem Tuch abdecken und den Vorteig an einem warmen Ort etwa 15 Minuten gehen lassen.

2. Den Vorteig mit dem Mehl und dem restlichen Wasser zu einem geschmeidigen Teig verkneten. Zur Kugel formen und zugedeckt an einem warmen Ort etwa 30 Minuten gehen lassen.

3. In der Zwischenzeit die Zwiebeln schälen und, ebenso wie den Schinken, in kleine Würfel schneiden.

4. Das Öl in einer Pfanne erhitzen und die Zwiebeln darin bei mittlerer Hitze in etwa 5 Minuten glasig dünsten. Den Schinken dazugeben und kurz mitbraten. Die Pfanne vom Herd nehmen und die Mischung abkühlen lassen.

5. Ein Backblech mit Butter bestreichen oder mit Backpapier auslegen. Den Backofen auf 200° vorheizen. Den Hefeteig auf einer bemehlten Arbeitsfläche kräftig durchkneten und in vier Portionen teilen. Jedes Teigstück dünn ausrollen und auf das Backblech legen.

6. Den Kümmel und den Schmant oder die Crème fraîche unter die Zwiebel-Schinken-Mischung rühren. Die Fladen damit bestreichen und im Backofen (unten; Gas: Stufe 3) 15–20 Minuten backen.

Bild oben: Bibeliskäs
Bild unten: Flammkuchen

Blätterteig-täschchen

Zutaten für 6 Personen:
300 g tiefgefrorener Blätterteig
1 Bund Frühlingszwiebeln
1 kleine Tomate (80 g)
5 Zweige frische Minze
200 g Doppelrahmfrischkäse
2 Eßl. Sahne
1 Ei
Salz
weißer Pfeffer, frisch gemahlen
1 Eigelb
Für die Arbeitsfläche: Mehl

Preiswert

Pro Portion etwa:
1500 kJ/360 kcal
9 g Eiweiß · 27 g Fett
17 g Kohlenhydrate

• Zubereitungszeit: etwa 1 1/4 Stunden

1. Die Blätterteigplatten nebeneinander legen und in etwa 20 Minuten bei Zimmertemperatur auftauen lassen.

2. Inzwischen die Frühlingszwiebeln putzen, waschen und mit dem zarten Grün in feine Ringe schneiden. Die Tomate waschen und fein hacken, dabei den Stielansatz entfernen. Die Minze waschen und trockenschwenken. Die Blättchen von den Stielen zupfen und zerkleinern.

3. Den Frischkäse mit den Frühlingszwiebeln, der Tomate, der Minze, der Sahne und dem Ei verrühren und mit Salz und Pfeffer abschmecken.

4. Die Blätterteigplatten auf der leicht bemehlten Arbeitsfläche etwas ausrollen und jeweils auf eine Hälfte etwas Füllung geben, die andere Hälfte darüberklappen und die Ränder mit einer Gabel andrücken.

5. Den Backofen auf 180° vorheizen. Das Backblech kalt abspülen und nicht abtrocknen. Die Blätterteigtäschchen darauf legen und mit dem Eigelb bepinseln.

6. Die Täschchen im heißen Ofen (Mitte, Gas Stufe 2, Umluft 160°) 25–30 Minuten backen, bis sie goldbraun sind. Die Blätterteigtäschchen schmecken sowohl warm als auch kalt.

Blätterteig rouladen

Zutaten für 8-10 Personen:
300 g tiefgefrorener Blätterteig
300 g rohe Kalbsbratwurst
1 Bund Thymian
100 g Creme fraiche
Salz
weißer Pfeffer, frisch gemahlen
1 Eigelb
2 Eßl. Milch
Für die Arbeitsfläche: Mehl

Finger-Food

Bei 10 Personen pro Portion etwa:
1000 kJ/240 kcal
5 g Eiweiß · 20 g Fett
29 g Kohlenhydrate

• Zubereitungszeit: etwa 1 Stunden 10 Minuten

1. Die Blätterteigplatten nebeneinander legen und bei Zimmertemperatur in etwa 20 Minuten auftauen lassen.

2. Inzwischen die Bratwurstmasse aus den Wursthäuten drücken und in eine Schüssel geben. Den Thymian waschen, trockenschwenken und die Blättchen von den Stielen streifen. Mit der Créme fraîche zu der Bratwurstmasse geben und alles gründlich mischen. Mit Salz und Pfeffer abschmecken.

3. Die Blätterteigplatten auf der leicht bemehlten Arbeitsfläche jeweils etwas ausrollen und mit Bratwurstmasse dünn bestreichen. Die Teigplatten von der Längsseite her zu Rouladen aufrollen. Die Enden gut andrücken.

4. Den Backofen auf 180° vorheizen. Das Backblech kalt abspülen und nicht abtrocknen. Die Blätterteigrouladen auf das Backblech legen. Das Eigelb mit der Milch verquirlen und die Rouladen damit bestreichen. Die Rouladen im heißen Ofen (Mitte, Gas Stufe 2, Umluft 160°) in etwa 45 Minuten goldbraun backen. Die Rouladen abkühlen lassen, dann in etwa 1 cm dicke Scheiben schneiden und auf Tellern anrichten.

Im Bild vorne: Blätterteigrouladen
Im Bild hinten: Blätterteigtäschchen

Eingelegte Heringe

Zutaten für 4 Stück:
1 kleine Zwiebel
100 ml Essigessenz
2 Eßl. Salz
1 Eßl. Zucker
10 Pimentkörner
2 Lorbeerblätter
1 Teel. schwarzer Pfeffer, grob gemahlen
4 grüne, küchenfertige Heringe

Preiswert

Pro Stück etwa:
1100 kJ/260 kcal
21 g Eiweiß · 19 g Fett
4 g Kohlenhydrate

- Zubereitungszeit: etwa 35 Minuten
- Marinierzeit: 12 Stunden

Tip!

Diese eingelegten Heringe sind nicht zu verwechseln mit den typischen marinierten Heringen (Sild), die zum Beispiel in Norwegen als »Delikatesshering« angeboten werden. Ihre Zubereitung ist eine echte Spezialität skandinavischer Länder: Der rohe Fisch wird über Wochen in Salz und Essig mariniert, wodurch er ohne Erhitzen »gar« wird.

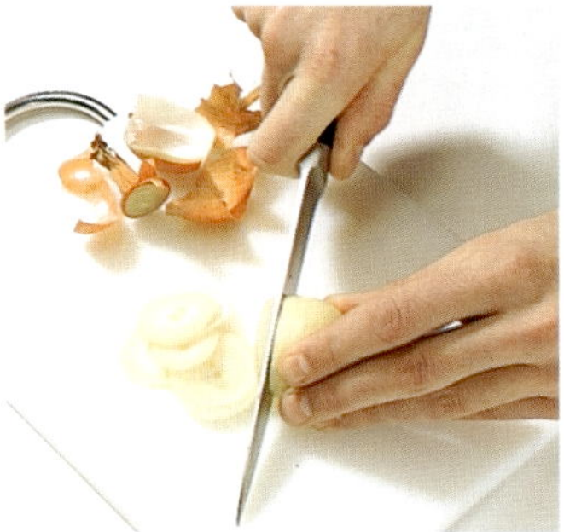

1. Die Zwiebel schälen und in Ringe schneiden.

2. In einem breiten Topf 1 l Wasser mit der Essigessenz, dem Salz, dem Zucker, den Gewürzen und den Zwiebelringen einmal aufkochen lassen. Den Sud bei kleiner Hitze etwa 10 Minuten zugedeckt köcheln lassen.

3. Die Heringe unter kaltem Wasser waschen. Dann in den Topf legen und im Sud 5–8 Minuten bei kleiner Hitze ziehen lassen. Den Topf vom Herd nehmen, wenn sich die Haut an den Fischen abzulösen beginnt.

4. Die Heringe im Sud ganz abkühlen lassen. Am besten über Nacht an einem kühlen Ort.

Heringsfilets in Gewürz-marinade

Zutaten für 8 Stück:
3 Eßl. mittelscharfer Senf
2 1/2 Eßl. Zucker
75 ml Öl
4 Eßl. Kräuteressig
1 1/2 Teel. Salz
Piment, gemahlen
Nelkenpulver
50 g Sahne
4 eingelegte Heringe (siehe Grundrezept)

Läßt sich gut vorbereiten

Pro Stück etwa:
700 kJ/170 kcal
11 g Eiweiß · 12 g Fett
5 g Kohlenhydrate

- Zubereitungszeit: etwa 40 Minuten
- Marinierzeit: mindestens 4 Stunden

Tip!

Wenn es schnell gehen soll: Zur Gewürzmarinade schmecken auch Bismarckheringe, die Sie in jedem Supermarkt bekommen.

1. Den Senf mit dem Zucker, dem Öl, dem Essig, dem Salz, 2 Prisen Piment, 1 Prise Nelkenpulver und der Sahne verrühren. Es soll eine sämige Sauce entstehen.

2. Die Heringe auf ein Küchenbrett legen. Mit einem spitzen Messer zunächst die Köpfe entfernen. Dann die Heringe am Rückgrat entlang aufschneiden.

3. Die Heringsfilets vorsichtig von der oberen Seite her ablösen. Dann die ganze Gräte abziehen. Die restlichen Gräten an den Fischfilets sorgfältig entfernen.

4. Die Heringsfilets abwechselnd mit der Gewürzmarinade in eine Schüssel schichten. Mindestens 4 Stunden kühl stellen.

Käsewähe

Zutaten für 8 Personen:
300 g frischer, gekühlter Hefeteig
(1 Dose)
Mehl zum Ausrollen
2 Eßl. Butter
1 Bund Frühlingszwiebeln
Salz
schwarzer Pfeffer, frisch gemahlen
Muskatnuß, frisch gerieben
100 g gekochter Schinken
3 Eier
200 g Crème fraîche
200 g Emmentaler oder Bergkäse, frisch gerieben

Braucht etwas Zeit

- Zubereitungszeit: etwa 1 Stunde 15 Minuten

Pro Portion etwa:
1850 kJ/440 kcal
16 g Eiweiß · 30 g Fett
25 g Kohlenhydrate

1. Den Backofen auf 200° vorheizen. Den Hefeteig aus der Packung auf einer leicht bemehlten Fläche ausrollen. Eine Springform (26 cm Durchmesser) mit 1 Eßlöffel von der Butter fetten und mit dem Teig auskleiden, dabei einen etwa 3 cm hohen, dünnen Rand formen.

2. Die Frühlingszwiebeln putzen, waschen und in feine Ringe schneiden. In der übrigen Butter unter Rühren etwa 5 Minuten anschwitzen. Dann mit Salz, Pfeffer und Muskat würzen.

3. Den Schinken in feine Würfel schneiden und mit den Frühlingszwiebeln mischen, in die Form geben.

4. Die Eier trennen, die Eigelbe mit der Crème fraîche verrühren. Den Käse untermischen, alles kräftig würzen. Die Eiweiße steif schlagen und unterheben. Die Mischung in die Form geben und die Wähe im Backofen (Mitte) etwa 40 Minuten backen. Falls die Oberfläche zu dunkel wird, mit Alufolie abdecken.

Tip!

Wenn Sie lieber einen selbstgemachten Hefeteig verwenden möchten, dafür 200 g Mehl mit 1 Päckchen Trockenhefe, 2 Teelöffeln Zucker, 1/2 Teelöffel Salz und 100–125 ml lauwarmem Wasser glattkneten, zudeckt 1/2–1 Stunde gehen lassen.

Peperoni-törtchen

Zutaten für 4 Personen:
75 g Butter
150 g Mehl
Salz
1 mittelgroße Tomate
3–4 milde Peperoncini aus dem Glas
150 g Frischkäse
1/2 Teel. getrocknete Kräuter der Provence
1 Ei
Zum Blindbacken: Pergamentpapier und Hülsenfrüchte

Preiswert

Pro Portion etwa:
1600 kJ/380 kcal
8 g Eiweiß · 23 g Fett
34 g Kohlenhydrate

- Zubereitungszeit: etwa 1 3/4 Stunden

Tip!

Frischkäse ist je nach Sorte bereits gesalzen. Dosieren Sie das Salz für den Belag entsprechend vorsichtig.

1. Die Butter in kleine Stücke schneiden und mit dem Mehl, 1 kräftigen Prise Salz und 1–2 Eßlöffeln kaltem Wasser zu einem glatten Teig verkneten. Mit dem Teig vier Tortelettförmchen auskleiden. Den Teig in den Förmchen etwa 1 Stunde kühl stellen.

2. Die Tomate mit kochendem Wasser überbrühen, kalt abschrecken, häuten und fein würfeln, dabei den Stielansatz entfernen. Die Peperoncini von den Stielen befreien und in feine Streifen schneiden. Den Frischkäse mit der Tomate, den Peperoncini, den Kräutern und dem Ei verrühren. Vorsichtig mit Salz abschmecken.

3. Den Backofen auf 200° vorheizen. Aus Pergamentpapier Kreise in Größe der Förmchen schneiden. Den Teig mit dem Pergamentpapier belegen und eine Schicht Hülsenfrüchte daraufgeben. Die Törtchen im Backofen (Mitte, Gas Stufe 3) in etwa 10 Minuten blindbacken.

4. Das Papier mit den Hülsenfrüchten entfernen. Die Frischkäsecreme gleichmäßig auf den Törtchen verteilen. Die Törtchen noch 15–20 Minuten backen, bis der Belag fest und leicht gebräunt ist. Die Törtchen etwas abkühlen lassen, aus den Förmchen lösen und servieren.

Feines für Gäste

Gäste einladen, ein schönes Fest feiern und dabei als Gastgeber(in) entspannt mitfeiern können – ein feines kaltes Buffet macht es möglich. Verwöhnen Sie Ihre Gäste mit festlichen und raffinierten Schlemmereien, die mindestens ebenso gut aussehen, wie sie schmecken.

Feldsalat mit Gänsebrust

Feldsalat ist auch als Ackersalat, Rapunzel, Nüßli- oder Vogelsalat bekannt. Die dunkelgrünen Blätter wachsen in kleinen Büscheln, sind von fester Konsistenz und sehr aromatisch.

Zutaten für 4 Personen:
200 g Feldsalat
1 kleiner Apfel
2 Teel. Zitronensaft
1 kleine Zwiebel
Salz
frisch gemahlener weißer Pfeffer
1–2 Teel. Ahornsirup
2 Eßl. Apfelessig
3 Eßl. Distelöl
150 g geräucherte Gänsebrust in dünnen Scheiben

Gelingt leicht

Pro Portion etwa:
1000 kJ/240 kcal
17 g Eiweiß · 20 g Fett
11 g Kohlenhydrate

- Zubereitungszeit: etwa 30 Minuten

1. Von den Salatbüscheln die schlechten Blätter entfernen, den Salat mehrmals sorgfältig waschen, dann abtropfen lassen.

2. Den Apfel schälen, vierteln, das Kerngehäuse entfernen, die Viertel in Scheibchen schneiden und mit dem Zitronensaft beträufeln. Die Zwiebel klein würfeln.

3. Etwas Salz und Pfeffer mit dem Sirup und dem Essig verrühren und zuletzt das Öl unterschlagen.

4. Die Zwiebel mit dem Apfel und dem Feldsalat unter die Marinade heben, den Salat abschmecken. Wenn nötig, noch etwas von den angegebenen Gewürzen untermengen.

5. Die Gänsebrustscheiben dekorativ auf vier Tellern anordnen und den Salat daneben arrangieren.

Gefüllter Staudensellerie

Beim Staudensellerie – auch Bleich- oder Stangensellerie genannt – können Sie neben den Stangen auch die grünen Blätter verwenden. Gehackt passen sie gut zum fertigen Salat. Die etwas störenden dicken Fäden entlang den Stangen werden wie bei Rhabarber abgezogen.

Zutaten für 4 Personen:
300 g Staudensellerie
1 Frühlingszwiebel
200 g Frischkäse
75 g Roquefort
100 g Crème double
Salz
1 Teel. edelsüßes Paprikapulver

Vegetarisch

Pro Portion etwa:
1000 kJ/240 kcal
12 g Eiweiß · 19 g Fett
6 g Kohlenhydrate

- Zubereitungszeit: etwa 30 Minuten

1. Vom Staudensellerie das Wurzelende abschneiden, die Stangen waschen und eventuell die Fäden außen abziehen. Die Stangen in 5 cm lange Stücke schneiden. Das Selleriegrün hacken und beiseite stellen.

2. Von der Frühlingszwiebel das Wurzelende und die welken grünen Teile abschneiden. Das schlechte Deckblatt und das feine Häutchen darunter entfernen, die Zwiebel längs halbieren und in feine Scheibchen schneiden.

3. Mit einer Gabel den Frischkäse und den Roquefort mischen und mit der Crème double geschmeidig rühren. Sollte die Mischung zu fest sein, noch etwas Milch dazugeben. Das Selleriegrün und die Zwiebelscheibchen unter die Käsecreme heben und diese nach Belieben mit Salz abschmecken.

4. Die Käsecreme mit einem kleinen Löffel oder mit einem Spritzbeutel mit Sterntülle in die Selleriestücke füllen und das Paprikapulver darüber stäuben.

Im Bild vorne: Gefüllter Staudensellerie
Im Bild hinten: Feldsalat mit Gänsebrust

Geflügelsalat mit Sprossen

Hähnchenbrustfilets und Putenschnitzel sind für Geflügelsalate ideal, weil man sie im jeweils gewünschten Gewicht kaufen kann. Von gegrilltem oder gebratenem Geflügel sollten Sie für Salate die Haut abtrennen. Fleisch von Hähnchen und Pute läßt sich gut mit vielerlei Gemüse und mit nicht zu süßem Obst kombinieren.

Zutaten für 4 Personen:
30 g Mungobohnen
500 g Hähnchenfilets
2 Eßl. Kokosfett
Salz
1 Kopf Eissalat (etwa 300 g)
1/2 Honigmelone
200 g Kirschtomaten
1 reife Banane
1 Eßl. trockener Weißwein
2 Eßl. Zitronensaft
frisch gemahlener weißer Pfeffer
1 Teel. frischer feingehackter Ingwer
2 Teel. Ingwersirup
2 Eßl. Distelöl
8 Blätter Zitronenmelisse

Raffiniert

Pro Portion etwa:
1400 kJ/330 kcal
32 g Eiweiß · 14 g Fett
22 g Kohlenhydrate

- Zeit zum Keimen: etwa 4 Tage
- Zubereitungszeit: etwa 30 Minuten

1. Die Mungobohnen wie auf Seite 22 beschrieben zum Keimen bringen. Das Hähnchenfleisch im heißen Kokosfett von allen Seiten scharf anbraten, salzen, bei schwacher Hitze weitere 10 Minuten braten, dabei öfter wenden, dann abkühlen lassen.

2. Den Eissalat putzen, waschen und in 3 cm breite Streifen schneiden. Aus der Melonenhälfte mit einem Löffel die Kerne herausschaben und das Fruchtfleisch mit einem Kugelausstecher herauslösen. Die Tomaten waschen, abtrocknen und halbieren.

3. Die Banane schälen, mit einer Gabel zerdrücken und mit dem Wein, dem Zitronensaft, etwas Salz und Pfeffer, dem Ingwer, dem Sirup und dem Öl zu einer cremigen Masse verrühren. Die Melisseblätter waschen und vierteln. Die Sprossen abbrausen und abtropfen lassen.

4. Das Hähnchenfleisch in Scheiben schneiden und fächerartig auf Portionstellern ausbreiten. Den Eissalat mit den Melonenkugeln, den Tomaten und den Sprossen mischen, neben dem Fleisch anrichten, mit der Salatsauce beträufeln und die Melisse darüber streuen.

Linsensalat mit Entenbrust

Für Salate können alle Linsensorten verwendet werden. Die kleinen roten, halbierten Linsen sind jedoch besonders fein im Geschmack und kommen zudem mit einer Garzeit von 15–20 Minuten aus. Obgleich große Linsen – wie die Tellerlinsen mit einem Durchmesser von 6 mm oder die Mittellinsen mit 4 mm Durchmesser – teurer sind als kleine, schmecken die kleinen viel intensiver, da ihr Schalenanteil – der wesentliche Geschmacksträger – größer ist.

Zutaten für 4 Personen:
250 g rote Linsen
2 kleine Zwiebeln
300 g Entenbrust
Salz
25 g Kokosfett
100 g Roquette
2 Kiwis
1–2 Eßl. Zitronensaft
frisch gemahlener weißer Pfeffer
2 Teel. Ahornsirup
1 Eßl. Walnußöl
2 Eßl. Schnittlauchröllchen

Braucht etwas Zeit

Pro Portion etwa:
1200 kJ/500 kcal
29 g Eiweiß · 24 g Fett
41 g Kohlenhydrate

- Zubereitungszeit: etwa 35 Minuten

1. Die Linsen in stehendem Wasser waschen und alle Schmutzteilchen abschöpfen. Eine Zwiebel würfeln und beiseite stellen, die andere halbieren und mit den Linsen von gesalzenem Wasser bedeckt in 15 Minuten bei schwacher Hitze garen und abkühlen lassen.

2. Den Backofen auf 220° vorheizen. Die Entenbrust einkerben und salzen. Das Kokosfett in einem feuerfesten Gefäß erhitzen, die Entenbrust etwa 5 Minuten kräftig anbraten und dann im Backofen auf der untersten Schiene etwa 10 Minuten braten. Abkühlen lassen.

3. Den Roquette waschen, lange Stiele abknipsen und große Blätter klein reißen. Die Kiwis schälen, vierteln und in Scheiben schneiden. Den Zitronensaft mit etwas Salz und Pfeffer, dem Sirup und dem Öl verrühren und mit den Zwiebelwürfeln, den Kiwischeibchen und den Linsen vermengen.

4. Die Entenbrust in Scheiben und diese in nicht zu schmale Streifen schneiden. Das Fleisch unter den Linsensalat mischen. Eine Platte mit dem Roquette auslegen, den Linsensalat daraufgeben und mit den Schnittlauchröllchen bestreuen.

Fenchelsalat mit Schinken

Die Fenchelknolle ist der verdickte Stiel der Pflanze und besteht aus fleischigen, gerippten Blättern. Die langen Stiele werden nicht verwendet, stets aber die feinen grünen Blättchen. Von den äußeren Blättern der Knolle sollten Sie die harten Rippen entfernen.

Zutaten für 4 Personen:
1 Eßl. Weißweinessig
1 Teel. mittelscharfer Senf
4 Eßl. Walnußöl
1 säuerlicher Apfel
2 kleine Orangen
2 Fenchelknollen zu je 200 g
2 Teel. Zitronensaft
Salz
1 Prise Zucker
100 g roher Schinken
10 Walnußkerne

Für Gäste

Pro Portion etwa:
1300 kJ/310 kcal
7 g Eiweiß · 24 g Fett
14 g Kohlenhydrate

- Zubereitungszeit: etwa 35 Minuten

1. Den Essig mit dem Senf und dem Öl verrühren und in eine Salatschüssel gießen.

2. Den Apfel schälen, vierteln, vom Kernhaus befreien und in Scheiben schneiden. Die Orangen schälen, dabei auch die weiße Unterhaut entfernen. Die Filets zwischen den Trennhäuten herauslösen, den abtropfenden Saft und das Obst mit der Marinade mischen.

3. Den Fenchel waschen, das zarte Grün abzupfen und beiseite legen. Die Stiele, die holzigen äußeren Schichten und das Wurzelende abschneiden. Die Blätter von den harten Rippen befreien. Die Knollen quer halbieren, in feine Scheiben schneiden, die zu Streifen zerfallen.

4. Den Zitronensaft mit etwas Salz und dem Zucker verrühren und über den Fenchel gießen. Den Schinken in Streifen schneiden. Die Nüsse hacken. Alle Zutaten mit der Marinade mischen und zuletzt das Fenchelgrün über den Salat streuen.

Spargelsalat mit Lachsröllchen

Als festliche Vorspeise sollten Sie den Salat nur mit frischem Spargel zubereiten. Wegen des Farbkontrasts paßt zum Spinat am besten weißer Spargel, aber auch die Sorte mit violetten Köpfchen macht sich optisch gut. Wichtig: Spargel möglichst tagfrisch zubereiten. Beim Kauf auf noch saftige Schnittenden achten. – Für Salate ist nur der zarte, junge Blattspinat geeignet, der im Frühjahr und Frühsommer wächst.

Zutaten für 4 Personen:
250 g Spargel
Salz
1/2 Teel. Zucker
200 g junger Blattspinat
1 Schalotte
2 Teel. Zitronensaft
2 Teel. Distelöl
100 g Sahnejoghurt
1 Teel. milder Senf
frisch gemahlener weißer Pfeffer
4 Eßl. Crème double
1 Eßl. Kerbelblättchen
200 g geräucherter Lachs

Etwas teurer

Pro Portion etwa:
440 kJ/100 kcal
4 g Eiweiß · 9 g Fett
3 g Kohlenhydrate

• Zubereitungszeit: etwa 1 Stunde

1. Den Spargel waschen, schälen und die Enden kürzen. Schalen und Enden etwa 10 Minuten kochen lassen, abseihen und den Sud mit dem Zucker und etwas Salz erneut aufkochen lassen. Den Spargel in Stücke schneiden, zugedeckt 15 Minuten im Sud kochen und dann abkühlen lassen.

2. Den Spinat mehrmals in stehendem Wasser waschen, in einem Tuch trockenschleudern, die langen Stiele abknipsen und auf vier Teller verteilen. Die Schalotte hacken. Eine Prise Salz mit dem Zitronensaft und dem Öl mischen und mit der Schalotte über den Spinat geben.

3. Den Spargel abtropfen lassen und auf dem Spinat anrichten. Den Joghurt mit dem Senf, etwas Salz, je einer Messerspitze Zucker, Pfeffer, der Crème double und dem Kerbel mischen und über den Spargel gießen.

4. Aus den Lachsscheiben Röllchen drehen, diese vorsichtig zusammenklappen und neben dem Spargel-Spinat-Salat anrichten. Hauchdünne, getoastete und noch warme Weißbrotscheiben dazu reichen.

Wildentensalat auf Steinpilzen

Zutaten für 4 Personen:
4 Wildentenbrüste (je etwa 120 g)
Salz
weißer Pfeffer, frisch gemahlen
2 Teel. Erdnußöl
25 g Butter
250 g kleine Steinpilze
75 g Feldsalat oder Rucola
4 Eßl. Himbeer- oder Sherryessig
2 Eßl. Walnußöl

Gelingt leicht

Pro Portion etwa:
1200 kJ/290 kcal
36 g Eiweiß · 16 g Fett
1 g Kohlenhydrate

- Zubereitungszeit: etwa 20 Minuten

1. Die Brüste mit einem Tuch abreiben, salzen und pfeffern. Den Backofen auf 240° vorheizen.

2. Das Erdnußöl und die Hälfte der Butter in einer Pfanne mit feuerfestem Griff erhitzen. Die Brüste darin kräftig anbraten, dann mit der Haut nach oben im Backofen (Mitte) in 8–10 Minuten garen (Gas Stufe 5).

3. Inzwischen die Pilze putzen und längs in feine Scheiben schneiden. Den Feldsalat oder den Rucola waschen und trockenschleudern.

4. Aus 2 Eßlöffeln Essig, dem Walnußöl, Salz und Pfeffer eine Salatsauce rühren. Die Brüste aus der Pfanne nehmen und warm stellen.

5. Den Fond mit dem restlichen Essig loskochen und durch ein Sieb gießen. Die restliche Butter hinzufügen und leicht verrühren. Die Sauce mit Salz und Pfeffer abschmecken.

6. Den Salat und die Pilze auf vier Tellern anrichten. Mit der Salatsauce beträufeln. Die Brüste schräg zur Faser in dünne Scheiben schneiden, auf den Salat geben und mit der Essigsauce überziehen.

Kaninchenrückensalat

Zutaten für 4 Personen:
2 Kaninchenrücken (je etwa 250 g)
1 Bund Suppengrün
1 Eßl. Erdnußöl
1/4 l trockener Weißwein
100 g Brunnenkresse
1 kleiner Radicchio
1 kleiner Chicorée
Salz
weißer Pfeffer, frisch gemahlen
30 g Butter
1 Eßl. Sherryessig
150 g Kenia-Bohnen, gekocht
2 Eßl. Balsamessig
100 g Crème fraîche
Tabasco

Braucht etwas Zeit

Pro Portion etwa:
1900 kJ/450 kcal
25 g Eiweiß · 30 g Fett
11 g Kohlenhydrate

- Zubereitungszeit: etwa 40 Minuten

1. Die Kaninchenrücken waschen, trockentupfen, wenn nötig, häuten und die Filets vom Rückgrat ablösen.

2. Die Knochen grob zerkleinern. Das Suppengrün putzen, waschen und grob würfeln. Das Öl erhitzen, die Knochen und das Suppengrün darin kräftig anbraten. Den Wein bis auf 2 Eßlöffel angießen und im offenen Topf auf die Hälfte einkochen lassen. Dann durch ein Sieb gießen und entfetten.

3. Die Brunnenkresse, den Radicchio und den Chicorée putzen, waschen und trockenschleudern.

4. Die Filets salzen und pfeffern. In der Butter in 10–12 Minuten rundherum braten, dann warm stellen. Den Bratensatz mit dem Fond und dem Sherryessig ablöschen.

5. Die Salate und die Bohnen auf vier Tellern anrichten. Den restlichen Wein, den Balsamessig und die Crème fraîche mit Tabasco verrühren, salzen und über die Salate träufeln. Das Fleisch in feine Scheiben schneiden und auf die Salate geben. Mit der Bratensauce beträufeln.

Im Bild oben:
Wildentensalat auf Steinpilzen
Im Bild unten:
Kaninchenrückensalat

Kaviar-schnittchen

Zutaten für 8 Stück:
80 g weiche Butter
abgeriebene Schale von 1/2 unbehandelten Zitrone
2 Teel. Zitronensaft
Salz
8 Scheiben frisches Toastbrot oder Kastenweißbrot
2 hartgekochte Eier
je 80 g roter (Forellenkaviar) und schwarzer Kaviar (vom Seehasen)
Zum Dekorieren: Schnittlauch

Exklusiv • Festlich

Pro Stück etwa:
780 kJ/190 kcal
7 g Eiweiß · 13 g Fett
10 g Kohlenhydrate

- Zubereitungszeit: etwa 30 Minuten

1. Die Butter mit der Zitronenschale, dem Zitronensaft und 1 Prise Salz verrühren.

2. Von den Brotscheiben die Rinde abschneiden. Brote gleichmäßig mit Zitronenbutter bestreichen und diagonal in Dreiecke schneiden.

3. Die Eier pellen und mit dem Eierschneider in Scheiben schneiden.

4. Auf jedes Brotdreieck 1/2 Teelöffel roten und schwarzen Kaviar geben. Die Kaviarschnittchen mit Eischeiben und Schnittlauch dekoriert servieren.

Lachs-mayonnaise

Zutaten für 8 Personen:
1 Teel. Butter
160 g frisches, rohes Lachsfilet
Salz
5 Eßl. Mayonnaise
5 Eßl. Crème fraîche
schwarzer Pfeffer, frisch gemahlen
Zitronensaft
16 Skorpor (getoastete Schwedenbrötchen aus Vollkornweizen)
1 kleiner Bund Schnittlauch

Raffiniert

Bei 16 Brötchen pro Stück etwa:
445 kJ/210 kcal
2 g Eiweiß · 6 g Fett
11 g Kohlenhydrate

- Zubereitungszeit: etwa 25 Minuten

1. Die Butter in einer beschichteten Pfanne erhitzen. Das Lachsfilet mit etwas Salz würzen. Bei kleiner Hitze von einer Seite etwa 3 Minuten braten, dann wenden und zugedeckt weitere 4 Minuten braten. Das Fischfilet auf einen Teller legen und mit einem großen Messer fein hacken.

2. Die Mayonnaise mit der Crème fraîche und dem gehackten Lachs gut verrühren.

3. Die Lachsmayonnaise mit Salz, Pfeffer und Zitronensaft abschmecken.

4. Die Brötchen mit der Lachsmayonnaise bestreichen.

5. Den Schnittlauch waschen, im Küchentuch trocknen und in Röllchen schneiden. Vor dem Anrichten über die Lachsmayonnaise streuen.

Tip!

Zu diesen edlen Fischgerichten passen hervorragend frische Shrimps. Sie sind auf einem Buffet immer richtig. In Skandinavien werden sie gern ganz schlicht, einfach mit guter Mayonnaise gegessen. Servieren Sie sie als kleine Köstlichkeit!

Im Bild vorne: Lachsmayonnaise
Im Bild hinten: Kaviarschnittchen

CHAMP

Fonds d'artichauts aux crevettes

Artischockenböden
mit Garnelen

Artischocken sind in Frankreich in jeder Form beliebt. Für das folgende Rezept sind die großen französischen Artischocken am besten geeignet, denn ihre Böden sind groß und fleischig. Die Garnelenschwänze gibt es frisch, tiefgefroren oder in Dosen zu kaufen.

Zutaten für 4 Personen:
4 große Artischocken
Salz
100 g Crème fraîche
Saft von 1/2 Zitrone
1 Teel. mittelscharfer Senf
Pfeffer, frisch gemahlen
4 hartgekochte Eier
1 Zweig frischer Estragon, fein gehackt (ersatzweise 1 Messerspitze getrockneter Estragon)
100 g gegarte Garnelenschwänze
Salatblätter zum Garnieren

Für Gäste

Pro Portion etwa:
960 kJ/230 kcal
13 g Eiweiß · 15 g Fett
4 g Kohlenhydrate

• Zubereitungszeit: etwa 1 Stunde

1. Die Artischocken kalt abbrausen. Die äußeren, harten Blätter entfernen, die Spitzen der übrigen Blätter mit einer Küchenschere abschneiden. Die Stiele entfernen. Die Artischocken in leicht gesalzenem Wasser in etwa 25 Minuten garen.

2. Die Artischocken abtropfen und abkühlen lassen. Die Blätter abzupfen. Mit einem Teelöffel das weiche Fleisch aus dem Inneren der Blätter kratzen und in ein Schüsselchen geben.

3. Das Heu von den Böden entfernen. Die Crème fraîche, den Zitronensaft und den Senf mit dem Fleisch von den Blättern verkneten. Sparsam salzen, reichlich pfeffern. Die Eier pellen und längs halbieren. Die Eigelbe unter die Masse arbeiten. Den Estragon mit den Garnelenschwänzen dazugeben.

4. Die Artischockenböden und die Eihälften mit der Masse füllen. Artischocken und Eier auf einer großen Platte anrichten. Die Salatblätter waschen und trockentupfen. Das Gericht mit den Salatblättern garnieren. Kühl, jedoch nicht eiskalt servieren.

Cocktail de crevettes

Garnelencocktail

Tiefseegarnelen und Nordseekrabben (eigentlich eine Garnelen- und keine Krabbenart) können Sie gleichermaßen für diese Vorspeise verwenden. Sie paßt gut als »Entrée« eines festlichen Menüs.
Zu dem Cocktail passen statt Baguette dünn geschnittene, in wenig Butter gebratene Croûtons. Als Getränk reichen Sie am besten einen trockenen Weißwein, zum Beispiel Sancerre, Chablis oder einen feinen weißen Bordeaux. Er muß auf jeden Fall gut gekühlt sein.

Zutaten für 4 Personen:
1 Staude Stangensellerie
1 kleine Salatgurke
1 kleiner säuerlicher Apfel
2 Eßl. Zitronensaft
1 Bund Schnittlauch
80 g Walnußkerne
100 g Crème fraîche
Salz
Pfeffer, frisch gemahlen
1 Prise Cayennepfeffer
1 Teel. edelsüßes Paprikapulver
175 g gegarte Garnelenschwänze

Für Gäste · Schnell

Pro Portion etwa:
1200 kJ/300 kcal
13 g Eiweiß · 23 g Fett
10 g Kohlenhydrate

- Zubereitungszeit: etwa 55 Minuten (davon 30 Minuten Kühlzeit)

1. Vom Stangensellerie die äußeren, grünen Stangen entfernen, nur die inneren, hellgelben Stangen verwenden. Diese von den Blättchen und eventuellen Fäden befreien. Die Stangen in sehr feine Streifchen schneiden.

2. Die Salatgurke dünn abschälen und der Länge nach halbieren. Mit einem Teelöffel das weiche Innere und die Kerne entfernen. Das Fruchtfleisch klein würfeln. Den Apfel waschen, abreiben, vierteln, das Kerngehäuse entfernen und das Fruchtfleisch fein würfeln. Sofort mit 1 Eßlöffel Zitronensaft beträufeln.

3. Den Schnittlauch waschen, trockentupfen und in feine Röllchen schneiden. Die Walnußkerne halbieren. In einem Schüsselchen den Rest des Zitronensaftes mit der Crème fraîche verrühren, salzen, pfeffern und mit dem Cayennepfeffer und dem Paprikapulver pikant abschmecken. Die Sauce mit dem Schneebesen schaumig rühren.

4. Ein paar Garnelen zum Garnieren zurückbehalten. Die übrigen Salatzutaten in einer Schüssel miteinander vermengen, die Sauce dazugeben und alles vorsichtig mischen. Den Garnelencocktail auf Portionsschälchen verteilen und mit den restlichen Garnelen garnieren. Vor dem Servieren etwa 30 Minuten in den Kühlschrank stellen.

Sushi

Die japanischen Häppchen mit Fisch, Reis und Gemüse sind in Europa und den USA seit langem ein kulinarischer Hit. Die typischen Zutaten – Sushi-Reis, Reisessig, Reiswein, Nori und Wasabi – bekommen Sie in Asienläden.

Zutaten für 6 Personen:
200 g Sushi-Reis oder weißer Rundkornreis
320 ml Wasser
etwa 3 Eßl. Reisessig
1/2 Teel. Salz
2 Teel. Zucker
200 g rohes Lachsfilet
100 g Salatgurke
1 lange Möhre
3 Shiitake-Pilze
4 Noriblätter
1 Stück Ingwerwurzel (etwa 2 cm lang)
100 ml Sojasauce
2 Eßl. japanischer Reiswein (Sake; ersatzweise trockener Sherry)
1 Teel. Wasabi (japanischer Meerrettich; ersatzweise 2 Teel. Meerrettich aus dem Glas)

Braucht etwas Zeit

Pro Portion etwa:
880 kJ/210 kcal
11 g Eiweiß · 5 g Fett
29 g Kohlenhydrate

- Zubereitungszeit: etwa 3 Stunden

1. Den Reis kalt abspülen und etwa 30 Minuten abtropfen lassen, bis die Körner weiß sind. Den Reis mit dem Wasser bei mittlerer bis starker Hitze zum Kochen bringen und 1 Minute sprudelnd kochen lassen. Zugedeckt bei schwächster Hitze etwa 15 Minuten garen.

2. Den Reisessig mit dem Salz und dem Zucker erhitzen. Den Reis in eine Schüssel geben, die Essiglösung dazugießen und mit einem Holzspatel untermischen. Dabei nicht richtig rühren, sondern den Spatel wie ein Messer halten und durch den Reis führen. Dann den Reis abkühlen lassen.

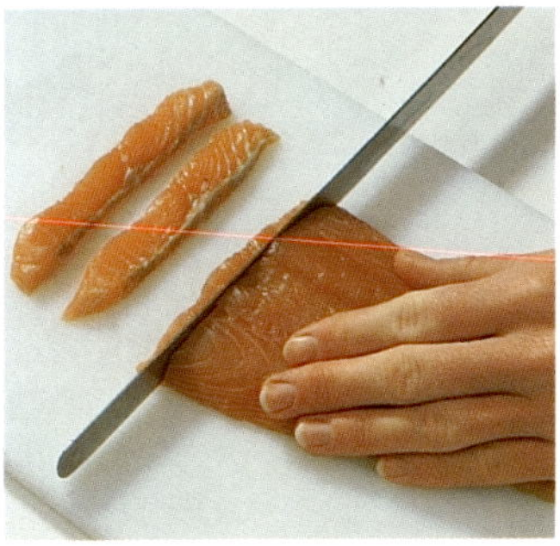

3. Das Lachsfilet trockentupfen und mit einer Pinzette von allen Gräten befreien. Den Fisch quer zu den Fasern in etwa halbfingerbreite Streifen schneiden.

4. Die Salatgurke waschen und der Länge nach in knapp bleistiftdicke Stifte schneiden, dabei die Kerne entfernen. Die Möhre schälen, die Pilze putzen und Möhre und Pilzhüte möglichst ebenso dünn zurechtschneiden.

5. Ein Noriblatt auf ein Küchentuch legen. Darauf eine Schicht Reis verteilen. An der oberen Längsseite des Noriblattes einen etwa 3 cm breiten Streifen freilassen, damit der Reis beim Aufrollen nicht herausquillt.

6. Dann den Reis auf dem Noriblatt in der Mitte des Blattes mit den Lachs-, den Gurken-, den Möhren- und den Pilzstreifen gleichmäßig belegen.

7. Das Noriblatt mit Hilfe des Küchentuchs von der unteren Längsseite her aufrollen, mit einem dünnen, scharfen Messer in etwa 5 cm lange Stücke schneiden und aufrecht auf eine Platte setzen. Die restlichen Blätter ebenso füllen, aufrollen und anrichten.

8. Den Ingwer schälen und auf der Rohkostreibe fein raspeln. Mit der Sojasauce, dem Reiswein und dem Meerrettich verrühren und als Dip zum Sushi servieren.

Tip!

Für Original-Sushi brauchen Sie einige Lebensmittel, die Sie vielleicht noch nicht kennen: Sushi-Reis finden Sie auf Seite 8 beschrieben. Reisessig, beliebte Zutat in der japanischen und chinesischen Küche, ist milder als Wein- oder Obstessig und schmeckt leicht süß. Für Sushi nimmt man weißen Reisessig, für Suppen, Saucen und Dips roten oder schwarzen. Nori sind getrocknete Seetangblätter, Wasabi ist eine meerrettichähnliche Wurzel, die man bei uns nur als Paste in Tuben oder als Pulver bekommt. Das Pulver wird mit Wasser verrührt und muß zugedeckt etwa 10 Minuten ziehen. Vorsicht beim Würzen: Wasabi ist schärfer als unser Meerrettich.

Tortellini-Spießchen

Zutaten für etwa 35 Stück:
Salz
100 g getrocknete Tortellini
150 g Putenbrustfilet
1 Eßl. neutrales Pflanzenöl
schwarzer Pfeffer, frisch gemahlen
100 g Kirschtomaten
1/2 Bund Basilikum
2 Eßl. Aceto balsamico
4 Eßl. Olivenöl, kaltgepreßt
35 kleine Holzspießchen

Gelingt leicht

Pro Stück etwa:
120 kJ/30 kcal
1 g Eiweiß · 2 g Fett
2 g Kohlenhydrate

- Zubereitungszeit: etwa 40 Minuten

1. Reichlich Salzwasser aufkochen. Die Tortellini darin nach der Packungsbeschreibung nur knapp (!) bißfest garen. In ein Sieb abgießen, kalt abbrausen und gut abtropfen lassen.

2. Inzwischen das Fleisch kalt abbrausen, trockentupfen und tortellinigroß würfeln. Das neutrale Öl in einer Pfanne erhitzen, die Fleischwürfel darin rundherum 3–4 Minuten braten. Herausnehmen, mit Salz und Pfeffer würzen.

3. Die Kirschtomaten waschen, putzen und je nach Größe halbieren oder vierteln. Das Basilikum waschen und trockenschütteln, die Blättchen fein hacken. Die Blättchen mit dem Essig, Salz und Pfeffer verquirlen, dann das Olivenöl unterschlagen.

4. Je 2 Tortellini, 1 Fleischstück und 1 Tomatenstück auf 1 Holzspießchen stecken. Die Spießchen auf einer Platte oder einem ausreichend großen Teller arrangieren und mit der Basilikumvinaigrette beträufeln.

Variante:
Sie können noch zusätzlich halbierte Mini-Mozzarellabällchen oder kleingeschnittenen Mozzarella auf die Spießchen reihen.

Garnelen-Spießchen

Zutaten für etwa 25 Stück:
1 mittelgroßer Zucchino (etwa 200 g)
80 g geschälte gegarte Tiefseegarnelen
1 Eßl. Aceto balsamico
1 Eßl. Zitronensaft
1 Teel. gehackter Dill
Salz
schwarzer Pfeffer, frisch gemahlen
1 Msp. Sambal Oelek
2 Eßl. Olivenöl, kaltgepreßt
25 kleine Holzspießchen
Zum Ausbacken: Öl

Festlich

Pro Stück etwa:
120 kJ/30 kcal
1 g Eiweiß · 3 g Fett
0 g Kohlenhydrate

- Zubereitungszeit: etwa 40 Minuten

1. Den Zucchino waschen, putzen, vom Stiel- und Blütenansatz befreien und auf der Haushaltsreibe in dünne Scheiben hobeln. Die Garnelen kalt abbrausen und trockentupfen.

2. 2 Zucchinischeiben in der Mitte leicht zusammenfalten, 1 Garnele in die Öffnung legen und zusammen auf ein Holzspießchen stecken.

3. Reichlich Fett zum Ausbacken in einer Pfanne mit hohem Rand erhitzen. Die Spießchen darin portionsweise etwa 1/2 Minute fritieren (Vorsicht Spritzgefahr!). Herausheben und auf Küchenpapier gut abtropfen lassen.

4. Den Essig mit dem Zitronensaft, dem Dill, Salz, Pfeffer und dem Sambal Oelek verrühren, das Olivenöl unterschlagen. Die Marinade über die Spießchen träufeln und diese bis zum Servieren durchziehen lassen.

Im Bild vorne: Tortellini-Spießchen
Im Bild hinten: Garnelen-Spießchen

Spargelspitzen auf Geflügel-lebercreme

Die Spargelspitzen auf Geflügellebercreme sind die richtige Dekoration für Roastbeef, pochierten Fisch oder Geflügelbrüstchen. Sie lassen sich einige Stunden vorher zubereiten, sollten aber nicht länger als einen Tag im Kühlschrank aufbewahrt werden.

Zutaten für 10 Stück:
10 weiße Spargelstangen
10 grüne Spargelstangen
100 g feine Geflügellebercreme (aus dem Feinkostgeschäft)
Salz
1 Prise Zucker
Saft von 1/2 Zitrone
2 unbehandelte kernlose Orangen
50 g Sahne
weißer Pfeffer, frisch gemahlen
1 kleines Bund Dill
2 Blatt weiße Gelatine
Was Sie sonst noch brauchen:
1 Sparschäler
1 Topf
3 kleine Schüsseln
1 Spritzbeutel mit kleiner Sterntülle
1 Pinsel

Raffiniert

- Zubereitungszeit: etwa 2 Stunden (davon etwa 1 Stunde Kühlzeit)

1. Den weißen Spargel ganz, den grünen nur im unteren Drittel schälen. Die Enden abschneiden. Die Geflügellebercreme kühl stellen.

2. Reichlich Wasser mit Salz, dem Zucker und dem Zitronensaft zum Kochen bringen, den Spargel darin in 10–15 Minuten bei mittlerer Hitze bißfest garen. Nach etwa 10 Minuten die erste Garprobe machen: Eine Spargelstange herausheben und hinter dem Kopf etwas zusammendrücken. Gibt sie dem Druck nach, den Topf vom Herd ziehen und den Spargel noch einige Minuten im Wasser nachziehen lassen.

3. Den Spargel herausnehmen und in Eiswasser abschrecken. Dann auf einem Tuch trockentupfen und die Spargelspitzen etwa 5 cm lang abschneiden. Die restlichen Spargelstangen für einen Salat oder als Suppeneinlage verwenden.

4. Die Orangen heiß waschen, trockentupfen und in 10 schöne Scheiben schneiden. Diese Scheiben auf einem Backblech oder Tablett anordnen.

5. Die Sahne sehr steif schlagen. In einer anderen Schüssel die gekühlte Geflügellebercreme mit etwas Sahne verrühren. Nur soviel Sahne hinzufügen, daß eine spritzfähige Masse entsteht.

6. Diese Masse mit Salz und Pfeffer abschmecken, in einen Spritzbeutel mit Sterntülle füllen und in Rosettenform auf die Orangenscheiben spritzen.

7. Den Dill waschen, trockenschleudern und von den Stielen zupfen. Jeweils 1 grüne und 1 weiße Spargelspitze auf die Geflügellebermousse legen, andrücken und mit einem Dillsträußchen garnieren.

8. Die Gelatine in etwas kaltem Wasser einweichen, ausdrücken und in 100 ml heißem Wasser auflösen. Vom Herd nehmen. Sobald die Gelatine zu gelieren beginnt, die Glasur mit dem Pinsel vorsichtig über die Dekorationen tupfen. Im Kühlschrank mindestens 1 Stunde fest werden lassen.

Die Spargelspitzen auf Geflügellebercreme brauchen zwar ein bißchen Zeit, dafür sehen Sie aber besonders dekorativ aus und schmecken köstlich.

Palmmark-röllchen mit Ananas

Statt mit Palmmark können Sie die Röllchen auch mit in Zitronensaft marinierten Bananen füllen.

Zutaten für 4 Personen:
1 Ananas
200 g Doppelrahm-Frischkäse
2 Eßl. Milch
2 Eßl. Schnittlauchröllchen
Salz
1 Prise Rosenpaprikapulver
200 g gekochter Schinken ohne Fettrand (in Scheiben)
400 g Palmmark aus der Dose

Schnell

Pro Portion etwa:
830 kJ/200 kcal
18 g Eiweiß · 9 g Fett
8 g Kohlenhydrate

- Zubereitungszeit: etwa 45 Minuten

1. Die Ananas schälen, halbieren und den harten Strunk in der Mitte der Hälften herausschneiden (siehe Seite 50). Die Ananashälften in Scheiben schneiden.

2. Den Frischkäse mit der Milch cremig rühren, den Schnittlauch untermischen und mit etwas Salz und dem Paprikapulver abschmecken.

3. Die Käsecreme auf die Schinkenscheiben streichen. Das Palmmark abtropfen lassen, in Größe der Schinkenscheiben zurechtschneiden, auf die Käsecreme legen und in den Schinken rollen.

4. Die Schinkenrollen schräg in 8 Scheiben schneiden und neben den Ananashälften anrichten.

Gefüllte Artischocken-böden

Zutaten für 6 Personen:
12 Artischocken
3 Eßl. Zitronensaft
Salz
1 Zwiebel
5 Eßl. Keimöl
Saft von 1 Limette
6 Eßl. trockener Weißwein (oder Gemüsebrühe)
1 Avocado
3 Schalotten
100 g Doppelrahm-Frischkäse
Salz
frisch gemahlener weißer Pfeffer
1 Karambole
1 Eßl. Dillblättchen

Braucht etwas Zeit

Pro Portion etwa:
1300 kJ/310 kcal
4 g Eiweiß · 27 g Fett
9 g Kohlenhydrate

- Zubereitungszeit: etwa 1 Stunde 10 Minuten (davon 30 Minuten Kühlzeit)

1. Von den Artischocken den Strunk abschneiden, die Blätter kürzen und die Staubfäden aus der Mitte, das »Heu«, entfernen. Die Artischocken mit dem Zitronensaft in reichlich Salzwasser etwa 30 Minuten kochen, im Sud abkühlen lassen und die Artischockenböden herauslösen.

2. Die Zwiebel schälen, fein hacken und in dem Öl glasig braten. Die Artischockenböden mit etwas Limettensaft beträufeln, zu der Zwiebel geben und kurz mitbraten. Den Wein hinzufügen, alles zugedeckt bei schwacher Hitze etwa 5–8 Minuten dünsten und dann etwa 30 Minuten im Sud erkalten lassen.

3. Die Avocado halbieren, den Stein entfernen, das Fruchtfleisch aus den Schalen lösen und mit dem übrigen Limettensaft zerdrücken.

4. Die Schalotten schälen und fein hacken. Den Frischkäse mit den Schalotten, etwas Salz und Pfeffer und dem Avocadopüree glattrühren und mit einem Spritzbeutel in die Artischokkenböden spritzen.

5. Die Karambole waschen, abtrocknen und 12 Sterne aus der Frucht schneiden. Jeden Artischockenboden mit 1 Karambolenstern und eventuell etwas Dill garnieren.

Im Bild oben: Palmmarkröllchen mit Ananas
Im Bild unten: Gefüllte Artischockenböden

Gefüllte Datteln mit Käse

Wenn Ihnen die Haut der Datteln zu hart ist, können Sie sie auch entfernen. Am besten gelingt das bei sehr reifen Früchten.

Zutaten für 4 Personen:
8 reife frische Datteln
2 Eßl. Pinienkerne
1/2 Banane
2 Teel. Zitronensaft
50 g Roquefortkäse
3 Eßl. Mascarpone
(italienischer Frischkäse)

Für Gäste

Pro Portion etwa:
900 kJ/210 kcal
5 g Eiweiß · 10 g Fett
26 g Kohlenhydrate

- Zubereitungszeit: etwa 30 Minuten

1. Die Datteln waschen, abtrocknen und nach Belieben die Haut abziehen. Die Früchte mit einem scharfen Messer längs halbieren und die Steine auslösen.

2. Die Pinienkerne in einer Pfanne ohne Fett unter ständigem Wenden rösten, bis sie angenehm zu duften beginnen. Die Kerne aus der Pfanne nehmen, etwas abkühlen lassen und grob hacken.

3. Die Banane mit dem Zitronensaft mit einer Gabel zerdrücken. Den Roquefort ebenfalls zerdrücken, mit der Banane mischen und zuletzt den Mascarpone unter das Püree mengen.

4. Die Creme in einen Spritzbeutel mit kleiner Lochtülle füllen und in die Datteln spritzen. Die Füllung mit den gehackten Pinienkernen bestreuen.

Variante:
Wenn Ihnen eine etwas mildere Käsecreme besser schmeckt, können Sie statt Edelpilzkäse und Mascarpone auch Doppelrahm-Frischkäse mit frisch geriebenem Sbrinzkäse und einem Hauch schwarzem Pfeffer mischen.

Papayahäppchen mit Lachs

Ähnliche Häppchen können Sie auch mit Mangos zubereiten; nehmen Sie dann aber keinen Lachs, sondern geräucherte Entenbrust.

Zutaten für 4 Personen:
1 große Papaya
2 Teel. Limettensaft
3 Eßl. Crème fraîche
1 Teel. frisch geriebener Meerrettich
grob gemahlener schwarzer Pfeffer
100 g geräucherter Lachs
(in hauchdünnen Scheiben)
8 Blätter frisches oder
1/2 Teel. getrocknetes Basilikum

Für Gäste

Pro Portion etwa:
810 kJ/190 kcal
12 g Eiweiß · 9 g Fett
16 g Kohlenhydrate

- Zubereitungszeit: etwa 20 Minuten

1. Die Papaya waschen, abtrocknen, schälen und vierteln. Die Kerne mit einem Löffel herausschaben. Die Viertel noch einmal längs und dann quer halbieren und mit dem Limettensaft beträufeln.

2. Die Crème fraîche mit dem Meerrettich verrühren, jeweils ein Häufchen davon auf die Papayastücke geben und mit Pfeffer bestreuen.

3. Jedes Häppchen mit einer Lachsscheibe umwickeln. Die Basilikumblätter waschen, trockentupfen und die Häppchen damit garnieren.

Im Bild oben:
Papayahäppchen mit Lachs
Im Bild unten:
Gefüllte Datteln mit Käse

Gefüllter Gänsehals

Cou d'oie farci

Zutaten für 6 Personen:
1 Gänsehals (beim Geflügelhändler vorbestellen)
1 mittelgroße Möhre
1 mittelgroße Stange Lauch
1 mittelgroße Zwiebel
200 g Knollensellerie
1/2 Bund Petersilie
1 Zweig frischer Thymian
1 Lorbeerblatt
Für die Füllung:
150 g gekochter Schinken
3 Eßl. Paniermehl
100 g Sahne
250 g Schweinehackfleisch
200 g Kalbsbrät
250 g Mandeln, gemahlen
1 Ei
3 cl Cognac
3 cl Madeira
Salz
weißer Pfeffer, frisch gemahlen
Für die Sauce:
3 Eier
3 Eßl. Zitronensaft
100 ml Olivenöl, kaltgepreßt
1 Eßl. gemahlene Mandeln
Salz
weißer Pfeffer, frisch gemahlen
Küchengarn

Braucht etwas Zeit

Pro Portion etwa:
3700 kJ/880 kcal
37 g Eiweiß · 75 g Fett
12 g Kohlenhydrate

- Zubereitungszeit: etwa 2 3/4 Stunden
- Ruhezeit: 2 Tage

1. Die Haut des Gänsehalses vorsichtig mit einem spitzen Messer von den Knochen lösen, ohne sie zu zerschneiden. Die Innenseite der Haut nach außen stülpen und von den Adern befreien. Zurückwenden, sorgfältig waschen und an einem Ende mit Küchengarn zunähen, so daß ein langer schmaler Sack entsteht.

2. Die Knochen an jedem zweiten Gelenk trennen. Die Möhre putzen, schälen und waschen. Den Lauch putzen, längs aufschlitzen und gründlich waschen. Die Zwiebel und den Sellerie schälen. Alles dieses Gemüse kleinschneiden. Die Petersilie und den Thymian waschen. Die Knochen, das Gemüse, die Kräuter und den Lorbeer mit 2 l kaltem Wasser in einen Topf geben und etwa 2 Stunden kochen lassen.

3. Inzwischen den Schinken in kleine Würfel schneiden und mit dem Paniermehl, der Sahne, dem Hackfleisch, dem Kalbsbrät, den Mandeln, dem Ei, dem Cognac und dem Madeira mischen. Die Füllung mit Salz und Pfeffer abschmekken und locker in den Gänsehals geben. Die Öffnung ebenfalls zunähen.

4. Aus der Brühe die Knochen entfernen. Einen Siebeinsatz in den Topf stellen und den Gänsehals darauf knapp unter dem Siedepunkt etwa 1 Stunde garen.

5. Den Gänsehals aus der Brühe nehmen. Den Hals auf eine Platte legen, mit einer zweiten bedecken und mit einem Gewicht beschweren. Den Gänsehals an einem kühlen Ort mindestens 2 Tage ruhen lassen.

6. Für die Sauce die Eier in etwa 8 Minuten hart kochen lassen, abschrecken und schälen. Die Eier halbieren und mit einem Löffel die Eigelbe herausnehmen. Die Eigelbe mit dem Zitronensaft verrühren. Das Öl erst tropfenweise, dann in einem dünnen Strahl einrühren. Die Mandeln unterrühren. Die Sauce mit Salz und Pfeffer abschmecken. Das Eiweiß fein hacken.

7. Zum Servieren das Küchengarn entfernen. Den Gänsehals mit einem scharfen Messer in Scheiben schneiden, mit der Sauce anrichten und mit dem Eiweiß garnieren. Dazu paßt Endiviensalat mit kleingewürfelten marinierten roten Beten.

Tip!

Der Gänsehals darf nicht kochen, sonst wird die Füllung trocken.

In jeder Beziehung nicht ganz leicht: der gefüllte Gänsehals.

Vitello tonnato

Kalbfleisch mit Thunfischsauce

Ein nobles Gericht, das nicht nur als Hauptgericht an heißen Sommertagen beliebt ist, sondern jedem kalten Büffet eine besondere Note verleiht.

Zutaten für 4 Personen:
2 Möhren
2 Stangen Bleichsellerie
1 Zwiebel
750 g Kalbfleisch (aus der Nuß)
2 Lorbeerblätter
2 Gewürznelken
etwa 1 l trockener Weißwein
Salz
weißer Pfeffer, frisch gemahlen
150 g Thunfisch in Öl (Netto-einwaage)
3–4 Sardellenfilets
50 g Kapern
50 g Cornichons
2 Eigelb
Saft von 1 Zitrone
8 Eßl. Olivenöl, extra vergine
1 Bund krause Petersilie
1 Zitrone
Zum Einrollen:
1 Stück Gaze oder Baumwolltüll

Exklusiv

Pro Person etwa:
2200 kJ/520 kcal
53 g Eiweiß · 31 g Fett
6 g Kohlenhydrate

- Zubereitungszeit:
  18 3/4–19 3/4 Stunden (davon etwa 17–18 Stunden Kühl- und Marinierzeit)

1. Die Möhren schälen und waschen. Die Selleriestangen putzen, eventuell die Fäden abziehen und waschen. Die Zwiebel schälen. Die Möhren, den Sellerie und die Zwiebel in dünne Scheiben schneiden.

2. Das Fleisch kurz abbrausen, trockentupfen, mit dem Gemüse, den Lorbeerblättern und den Gewürznelken in eine passende Schüssel geben. Mit dem Weißwein begießen und zugedeckt über Nacht marinieren lassen.

3. Am nächsten Tag das Fleisch fest in ein Stück Gaze oder Baumwolltüll einrollen und mit einem Faden an mehreren Stellen umbinden, damit es beim Kochen die Form behält.

4. Das Fleisch in eine Kasserolle mit Deckel geben, die gerade so groß sein soll, daß das Fleisch darin Platz hat. In einem anderen Topf die Marinade aufkochen und über das Fleisch gießen. Es soll gut mit Flüssigkeit bedeckt sein. Falls nötig, kochendes Wasser nachgießen. Mit Salz und Pfeffer würzen. Bei schwacher Hitze zugedeckt so lange leise sieden lassen, bis das Fleisch gar, aber noch fest ist. Das dauert etwa 1 1/4 Stunden. Anschließend in der Brühe auskühlen lassen.

5. Inzwischen den Thunfisch, die Sardellenfilets, die Kapern und die Cornichons ganz fein hacken (das geht am besten mit dem Blitzhacker).

6. Die Eigelbe und den Zitronensaft mit dem Handrührgerät schaumig rühren, dann tropfenweise das Öl dazufließen lassen und so lange rühren, bis eine cremige Sauce entsteht.

7. Die fein gehackten Zutaten untermischen und so viel Kochflüssigkeit einrühren, daß die Sauce wie Sahne fließt. Mit Salz und Pfeffer abschmecken.

8. Das Fleisch auswickeln, mit Küchenkrepp abtrocknen und mit einem scharfen Messer in etwa 3 mm dünne Scheiben schneiden. Auf einer Platte schuppenförmig anordnen.

9. Die Sauce nochmals gut durchrühren, dann gleichmäßig über dem Fleisch verteilen. Die Platte mit Klarsichtfolie bedecken und 5–6 Stunden kühl stellen.

10. Die Petersilie waschen und von den groben Stielen befreien. Die Zitrone abwaschen und in Scheiben schneiden. Das Vitello tonnato zuletzt mit der Petersilie und den Zitronenscheiben garnieren.

Tip!

Fehlt die Zeit zum Marinieren, kann man das Fleisch mit den Gemüsen, den Gewürzen und dem Wein auch sofort aufsetzen. Dann genügt es, das Gemüse grob zu zerkleinern.

Vitello tonnato ist ein absolutes »Muß« für Gourmets! Wer's noch nicht kennt, sollte es unbedingt ausprobieren.

Mangotoast mit Raclette-käse

Zutaten für 4 Personen:
200 g gegarte Garnelen
1 Schalotte
1 Teel. Öl
Salz
1 Prise Cayennepfeffer
1 reife Mango
250 g Kirschtomaten
2 Eßl. Salatmayonnaise (50 % Fett)
1–2 Messerspitzen Currypulver
4 Scheiben Toastbrot
80 g Raclettekäse (in 4 Scheiben)
4 Eßl. Kresseblättchen

Etwas teurer

Pro Portion etwa:
1600 kJ/380 kcal
19 g Eiweiß · 19 g Fett
35 g Kohlenhydrate

- Zubereitungszeit: etwa 40 Minuten

1. Den Backofen auf 220° vorheizen. Die Garnelen – wenn nötig – vom schwarzen Darmstrang am Rücken befreien, waschen und abtropfen lassen.

2. Die Schalotte schälen, würfeln und in dem Öl goldgelb braten. Die Garnelen bei schwacher Hitze mit der Schalotte erhitzen, mit etwas Salz und dem Cayennepfeffer würzen und vom Herd nehmen.

3. Die Mango waschen, schälen und in dünnen Spalten längs vom Stein schneiden (siehe Seite 46).

4. Die Tomaten waschen und vierteln. Die Mayonnaise mit dem Curry abschmecken. Die Brote toasten, abkühlen lassen und mit der Mayonnaise bestreichen.

5. Die Mango, die Garnelen und die Tomaten auf den Broten verteilen; 8 Tomatenviertel und 4 Mangospalten zum Garnieren der Toasts zurückbehalten.

6. Die Käsescheiben auf die Brote legen und diese im Backofen (Mitte) in etwa 10 Minuten überbacken, bis der Käse zu zerlaufen beginnt.

7. Die Kresse waschen, abtropfen lassen. Die Toasts mit den Mangospalten, den Tomatenvierteln und der Kresse garnieren.

Hähnchentoast mit Guaven

Zutaten für 4 Personen:
2 Hähnchenbrustfilets (je 125 g)
1 Eßl. Öl
Salz
2 Eßl. Salatmayonnaise (50 % Fett)
1 Teel. Currypulver
1 Teel. Zitronensaft
1 Prise Zucker
1 kleine Staude Chicorée
2 Kiwis
1 große oder 2 kleine Guaven
2 Eßl. Kokosflocken
4 Scheiben Toastbrot
etwas weiche Butter

Für Gäste

Pro Portion etwa:
1700 kJ/400 kcal
19 g Eiweiß · 17 g Fett
43 g Kohlenhydrate

- Zubereitungszeit: etwa 40 Minuten

1. Die Filets waschen, abtrocknen und bei schwacher Hitze etwa 8 Minuten von allen Seiten in dem Öl braten. Salzen und in Streifen schneiden.

2. Die Mayonnaise mit dem Curry, dem Zitronensaft und dem Zucker verrühren. Den Chicorée waschen und in Streifen schneiden.

3. Die Kiwis und die Guave schälen, die Kiwis halbieren und in Scheiben, die Guave in Spalten schneiden.

4. Die Kokosflocken in einer Pfanne ohne Fett etwas anrösten, auf einen Teller schütten und abkühlen lassen.

5. Die Brote toasten, etwas abkühlen lassen, dünn mit Butter bestreichen und mit dem Chicorée und den Streifen vom Hähnchenfilet belegen. Dann das Obst darauf verteilen und mit der Mayonnaise beträufeln.

6. Die Hähnchentoasts mit den Kokosflocken garnieren.

Bild oben:
Mangotoast mit Raclettekäse
Bild unten:
Hähnchentoast mit Guaven

Hasenfilets mit Calvadoskäse

Zutaten für etwa 18 Stück:
2 Hasenfilets (etwa 300 g)
1 Teel. Wacholderbeeren
schwarzer Pfeffer, frisch gemahlen
2 Eßl. Pinienkerne
4 Eßl. Öl
Salz
75 g Roquefort
25 g weiche Butter
2 Eßl. Calvados
1/2 Kästchen Kresse
6 Scheiben Toastbrot (etwa 250 g; benötigt werden davon nur etwa 150 g)

Festlich

Pro Stück etwa:
390 kJ/95 kcal
5 g Eiweiß · 6 g Fett
4 g Kohlenhydrate

- Zubereitungszeit: etwa 45 Minuten

1. Die Hasenfilets waschen und trockentupfen. Die Wacholderbeeren zerdrücken. Die Filets damit einreiben und mit Pfeffer würzen.

2. Die Pinienkerne in einer trockenen Pfanne goldbraun rösten, herausnehmen.

3. 2 Eßlöffel Öl in der Pfanne erhitzen, die Hasenfilets darin rundherum stark anbraten. Salzen, dann bei mittlerer Hitze rundherum etwa 8 Minuten braten. Herausnehmen und abkühlen lassen.

4. Den Roquefort mit der Butter und dem Calvados pürieren. Die Masse pfeffern und in einen Spritzbeutel mit großer Sterntülle füllen.

5. Die Hasenfilets in etwa 2 cm dicke Scheiben schneiden, die Käsecreme aufspritzen, mit den Pinienkernen garnieren. Die Kresse abbrausen.

6. Aus den Brotscheiben Taler in der Größe der Medaillons ausstechen. Das restliche Öl in der Pfanne erhitzen. Nach und nach die Brottaler darin von beiden Seiten knusprig braten. Herausheben, auf Küchenpapier abtropfen lassen. Die Hasenmedaillons darauf setzen und mit Kresse garnieren.

Tip!

Die Käsecreme können Sie bereits am Vortag zubereiten.

Minizwieback mit Kasseler

Zutaten für etwa 20 Stück:
150 g Kasseler-Aufschnitt
150 g Doppelrahmfrischkäse
3 Eßl. Sherry (medium)
schwarzer Pfeffer, frisch gemahlen
50 g blaue Weintrauben
4 Eßl. Pistazienkerne
20 Minizwiebäcke (biscottines; ersatzweise 20 Pumpernickeltaler)

Zum Sektempfang

Pro Stück etwa:
270 kJ/65 kcal
3 g Eiweiß · 4 g Fett
3 g Kohlenhydrate

- Zubereitungszeit: etwa 40 Minuten

1. Das Kasseler grob zerkleinern und zusammen mit dem Frischkäse im Mixer pürieren. Den Sherry unterrühren und die Creme mit Pfeffer würzen.

2. Die Weintrauben waschen, abtrocknen, halbieren und entkernen. In Spalten schneiden. Die Pistazienkerne grob hacken.

3. Die Kasselercreme in einen Spritzbeutel mit kleiner Sterntülle füllen und auf die Zwiebäcke spritzen. Mit Pistazienkernen und Trauben garnieren.

Tip!

Die Kasselercreme können Sie gut bereits am Vortag zubereiten. Zugedeckt über Nacht in den Kühlschrank stellen, am nächsten Tag mit dem Pürierstab durcharbeiten.

Im Bild vorne:
Minizwieback mit Kasseler
Im Bild hinten:
Hasenfilet mit Calvadoskäse

Das warme Buffet

Wollen Sie Ihren Gästen eine besondere Freude machen, dann bieten Sie auf Ihrem Buffet auch das eine oder andere warme Gericht an. Eine Auswahl an raffiniert gewürzten Spießchen, Bällchen und Pasteten läßt sich in Ruhe vorbereiten und wird kurz vor dem Eintreffen der Gäste auf Wärmeplatten serviert.

Spieße von Jakobsmuscheln

Scallop Brochettes

In Kalifornien werden meist nur die weißen Teile der Jakobsmuscheln verwendet. Der orangefarbene »Corail« bleibt dort unbeachtet, Sie sollten ihn aber mit auf die Spieße reihen.

Zutaten für 4 Personen:
Für die Muschelspieße:
2 Knoblauchzehen
2 Eßl. Zitronensaft
etwas abgeriebene Schale einer unbehandelten Zitrone
2 Eßl. Olivenöl, kaltgepreßt
Salz
schwarzer Pfeffer, frisch gemahlen
20 kleine ausgelöste Jakobsmuscheln
4 Schaschlikspieße
Für das Relish:
40 g Mandelstifte
2 Frühlingszwiebeln
1 Knoblauchzehe
1 Chilischote
1/2 Bund Petersilie
40 g Rosinen
6 Eßl. Zitronensaft · Salz
schwarzer Pfeffer, frisch gemahlen
6 Eßl. Olivenöl, kaltgepreßt

Für Gäste

Pro Portion etwa:
1400 kJ/330 kcal
13 g Eiweiß · 22 g Fett
15 g Kohlenhydrate

- Zubereitungszeit: etwa 35 Minuten
- Marinierzeit: 1 Stunde

1. Für die Muschelspieße den Knoblauch schälen und in eine Schüssel drücken. Den Knoblauch mit dem Zitronensaft, der Zitronenschale, dem Öl, etwas Salz und Pfeffer verrühren. Die Muscheln kalt abspülen, trockentupfen und in der Marinade wenden, etwa 1 Stunde im Kühlschrank durchziehen lassen.

2. Inzwischen für das Relish die Mandeln in einer trockenen Pfanne goldbraun rösten, aus der Pfanne nehmen und abkühlen lassen.

3. Die Frühlingszwiebeln waschen und putzen. Den Knoblauch schälen, die Chilischote waschen und entkernen. Zwiebeln, Chili und Petersilie fein hacken und zusammen mit den Rosinen, dem Zitronensaft, Salz und Pfeffer verrühren. Das Öl gründlich unterrühren, dann auch die gerösteten Mandeln. Das Relish sehr pikant abschmecken.

4. Den Gartengrill, einen Elektrogrill oder den Grill des Backofens vorheizen.

5. Die marinierten Muscheln quer auf Spieße reihen. Auf oder unter dem heißen Grill von jeder Seite etwa 4 Minuten grillen, zwischendurch vorsichtig wenden.

6. Die Muschelspieße zusammen mit dem Relish anrichten und sofort servieren.

Tips!

Für eine Vorspeise frisches Weißbrot zu den Spießen servieren. Sie können die Spieße aber auch zusammen mit kleinen gebackenen Kartoffeln als leichtes Hauptgericht reichen. Zwischen Grillhitze und Muschelspießen sollte ein wenig Abstand sein. Sonst werden die Muscheln aussen hart, bevor sie innen gar sind.

Die gegrillten Spieße von Jakobsmuscheln werden zusammen mit einem Relish aus Mandeln, Frühlingszwiebeln, Rosinen, Öl und Gewürzen angerichtet.

Hackfleisch-Bulgur-Bällchen

Kibbeh Maschia

Kibbeh ist das syrische und libanesische Nationalgericht. Der Teig aus Hackfleisch und Bulgur wird in allen nur erdenklichen Variationen zubereitet.

Zutaten für etwa 20 Bällchen:
200 g Bulgur
(Reformhaus oder Naturkostladen)
2 mittelgroße Zwiebeln
500 g Lamm- oder Rinderhackfleisch
1 Teel. gemahlener Piment
1 Teel. Paprikapulver, edelsüß
Salz
schwarzer Pfeffer, frisch gemahlen
2 Eßl. Butter
1/2 Teel. gemahlener Zimt
50 g Pinienkerne
Öl zum Fritieren

Braucht etwas Zeit

Bei 20 Bällchen pro Stück etwa:
660 kJ/160 kcal
7 g Eiweiß · 11 g Fett
8 g Kohlenhydrate

- Zubereitungszeit: etwa 11/2 Stunden

1. Den Bulgur in eine Schüssel geben, mit kochendem Wasser bedecken und etwa 10 Minuten quellen lassen. In der Zwischenzeit die Zwiebeln schälen und fein hacken.

2. Den Bulgur in einem feinmaschigen Sieb gut abtropfen lassen. Mit der Hälfte der Zwiebeln, zwei Dritteln des Hackfleischs, dem Piment und dem Paprikapulver in eine Schüssel geben. Alles mit den Händen gründlich vermischen und mit Salz und Pfeffer würzen.

3. Für die Füllung die Butter zerlassen und die restlichen Zwiebeln und das restliche Hackfleisch darin bei mittlerer Hitze etwa 5 Minuten anbraten. Mit dem Zimt, Pfeffer und Salz würzen, gut verrühren und beiseite stellen. Die Pinienkerne in einer trockenen Pfanne ohne Fett goldbraun rösten. Unter das Hackfleisch mischen.

4. Aus der Hackfleisch-Bulgur-Masse etwa 20 Bällchen formen. In jedes Bällchen mit dem Daumen oder Zeigefinger eine Vertiefung drücken.

5. Die Hände mit Wasser anfeuchten und die Vertiefung mit einem Finger jeweils vorsichtig so weit ausformen, daß ein etwa pflaumengroßer Hohlraum entsteht.

6. Von der Hackfleischfüllung pro Bällchen 1 Eßlöffel abnehmen und in den Hohlraum füllen.

7. Den Hohlraum schließen. Dafür die Kanten mit Wasser befeuchten und über der Füllung zusammendrücken. Dabei darauf achten, daß in der Teighülle keine Risse oder Löcher entstehen. Die Bällchen sollten die Form einer Birne haben.

8. Das Öl in einer Friteuse oder einem Fritiertopf auf mittlerer Stufe erhitzen und die gefüllten Bällchen darin in 5–10 Minuten dunkelbraun ausbacken. Herausnehmen, auf Küchenpapier gut abtropfen lassen und warm oder kalt servieren. Dazu passen ein gemischter Salat und Fladenbrot.

Variante:

Hackfleisch-Bulgur-Pastete

Kibbeh bi-Sania

Die Hälfte des Hackfleisch-Bulgur-Teigs auf den Boden einer gefetteten Springform drücken. Die Hackfleisch-Zwiebel-Pinienkern-Füllung darüber verteilen. Die restliche Teigmasse darauf glattstreichen. 5 Eßlöffel Olivenöl darüber träufeln und die Pastete im vorgeheizten Ofen (Mitte) bei 200° in etwa 45 Minuten garen. Dazu schmeckt Sahnejoghurt.

Hackfleischpie

Zutaten für eine Pieform von 28 cm Ø:
Für den Teig:
250 g kalte Butter oder Margarine
250 g Magerquark
250 g Mehl
1 Teel. Salz
Für die Füllung:
1 Zwiebel
2 Knoblauchzehen
2 Eßl. Öl
800 g gemischtes Hackfleisch
1 grüne oder rote Paprikaschote (etwa 100 g)
2 Tomaten (etwa 150 g) · Salz
schwarzer Pfeffer, frisch gemahlen
2 Eßl. Paprikapulver, edelsüß
1 Eßl. Worcestershiresauce
5–6 Spritzer Tabasco
Für die Arbeitsfläche: Mehl
Für die Form: Fett
Zum Bestreichen: 1 Eigelb

Gelingt leicht

Bei 8 Personen pro Portion etwa: 2800 kJ/665 kcal
27 g Eiweiß · 50 g Fett
28 g Kohlenhydrate

- Zubereitungszeit: etwa 1 1/2 Stunden (davon 45 Minuten Backzeit)

1. Für den Teig Butter oder Margarine in Flöckchen mit Quark, Mehl und Salz verkneten und in den Kühlschrank stellen.

2. Für die Füllung die Zwiebel schälen und fein würfeln, den Knoblauch schälen. Das Öl in einer großen Pfanne erhitzen und die Zwiebel darin goldbraun braten, den Knoblauch dazupressen und kurz mitbraten. Das Hackfleisch hinzufügen und unter gelegentlichem Rühren bei starker Hitze etwa 10 Minuten braten, bis es grau geworden ist.

3. Inzwischen die Paprika putzen und fein würfeln, die Tomaten überbrühen, häuten, entkernen und in etwa 2 cm große Stücke schneiden. Zum Fleisch geben und alle Gewürze hinzufügen. Weitere 5–10 Minuten bei mittlerer Hitze garen. Den Backofen auf 175° vorheizen.

4. Zwei Drittel des Teigs auf einer bemehlten Arbeitsfläche zu einem Kreis von etwa 32 cm Durchmesser ausrollen. Die Form ausfetten und den Teig hineinlegen. Das Hackfleisch hineinfüllen und glattstreichen. Den Teigrest ebenfalls rund ausrollen, er soll an den Rändern etwas überstehen.

5. Den Deckel auflegen, die Ränder fest zusammendrücken (das geht mit einem Gabelrücken sehr gut). Einen Kamin ausschneiden. Aus Teigresten eventuell Ornamente ausstechen und auf der Teigoberfläche verteilen. Das Eigelb mit etwas Wasser verquirlen und die Teigoberfläche damit bestreichen.

6. Die Pie im Backofen (Mitte, Umluft 160°) etwa 45 Minuten backen, eventuell mit Alufolie abdecken. Heiß servieren.

Variante:
Die Füllung für eine Pie können Sie vielfältig abwandeln: Garen Sie Auberginen-, Zucchini- und Tomatenwürfel mit Gewürzen und Kräutern kurz vor und füllen Sie sie dann in die Pie.
Ober bereiten Sie als Füllung ein Lammgulasch mit Kartoffeln und grünen Bohnen zu oder ein Schweinegeschnetzeltes mit Sauerkraut.

Die Hackfleischpie sieht attraktiv aus, schmeckt phantastisch und macht dabei nicht viel Mühe.

Ratatouille in Champignons

Zutaten für 4 Personen:
8 große Champignons (etwa 500 g)
Saft von 1/2 Zitrone
1 rote Paprikaschote (etwa 150 g)
1 kleiner Zucchino (etwa 100 g)
1 Stück Aubergine (etwa 100 g)
2 Tomaten (etwa 200 g)
1 kleine Zwiebel · 1 Knoblauchzehe
2 Eßl. Olivenöl
1 Eßl. Tomatenmark · Salz
schwarzer Pfeffer, frisch gemahlen
1 Teel. Kräuter der Provence
1 Eßl. Semmelbrösel, frisch gerieben
Für die Form und zum Beträufeln:
Olivenöl

Preiswert • Raffiniert

Pro Portion etwa:
510 kJ/120 kcal
6 g Eiweiß · 6 g Fett
11 g Kohlenhydrate

- Zubereitungszeit: etwa 1 1/4 Stunden

1. Die Pilze waschen und trockentupfen. Die Stiele herausdrehen, die Köpfe mit einem Löffel leicht aushöhlen und mit dem Zitronensaft beträufeln.

2. Die Pilzstiele fein hacken. Die Paprika, den Zucchino und die Aubergine waschen, putzen und sehr klein würfeln. Die Tomaten überbrühen, enthäuten und fein hacken.

3. Die Zwiebel schälen und fein hacken. Mit dem zerdrückten Knoblauch im Olivenöl glasig dünsten. Die Champignonstiele und die Gemüsewürfel kurz mitdünsten. Die Tomaten und das Tomatenmark dazugeben, mit Salz, Pfeffer und den Kräutern abschmecken. Zugedeckt bei schwacher Hitze etwa 5 Minuten köcheln lassen.

4. Den Backofen auf 175° vorheizen. Eine flache ofenfeste Form mit Olivenöl einpinseln. Die Champignonköpfe hineinsetzen und füllen, eventuell übrige Füllung um die Pilze verteilen. Mit den Semmelbröseln bestreuen und mit Olivenöl beträufeln. Im Ofen (Mitte, Gas Stufe 2, Umluft 160°) etwa 20 Minuten überbacken.

Auberginen-Röllchen

Zutaten für 6 Personen:
2 Auberginen (etwa 500 g)
1/8 l Olivenöl · Salz
schwarzer Pfeffer, frisch gemahlen
1 Bund glatte Petersilie
2 Bund Basilikum
1 große Knoblauchzehe
30 g Pinienkerne
4 Eßl. Parmesan, frisch gerieben
3 Fleischtomaten (etwa 600 g)
1 Teel. Oregano, getrocknet
18 Scheiben Frühstücksspeck
(Bacon, etwa 150 g)

Für Gäste

Pro Portion etwa:
2600 kJ/620 kcal
12 g Eiweiß · 58 g Fett
11 g Kohlenhydrate

- Zubereitungszeit: etwa 1 1/4 Stunden

1. Die Auberginen waschen und längs in je 9 Scheiben von knapp 1/2 cm Dicke schneiden. In einer Pfanne 75 ml Olivenöl erhitzen. Die Auberginenscheiben darin portionsweise auf beiden Seiten etwa 3 Minuten anbraten. Auf Küchenpapier abtropfen lassen, salzen und pfeffern.

2. Die Kräuter abspülen und grob hacken, einige beiseite legen. Die Knoblauchzehe schälen, grob hacken und mit den Pinienkernen zu den Kräutern geben. Alles im Mixer fein pürieren, dabei langsam das restliche Olivenöl einfließen lassen. Den Käse untermischen, salzen und pfeffern.

3. Die Tomaten überbrühen, häuten, entkernen und klein würfeln. In einer Auflaufform verteilen, mit Salz, Pfeffer und dem Oregano würzen.

4. Den Backofen auf 200° vorheizen. Jeweils 1 Auberginen- und Speckscheibe übereinander legen, so daß der Speck unten liegt. Die Auberginen mit der Kräuterpaste bestreichen, aufrollen und auf die Tomaten setzen. Im Ofen (Mitte, Gas Stufe 3, Umluft 180°) 20–25 Minuten offen schmoren lassen. Mit den restlichen Kräutern bestreuen.

Im Bild oben und unten: Ratatouille in Champignons
Im Bild Mitte: Auberginen-Röllchen

Lammspieße

Schisch Kebab

Diese Spieße werden auf dem Holzkohlengrill zubereitet. Sie können die Spieße natürlich auch unter dem Elektrogrill oder in der Pfanne garen.

Zutaten für 4 Spieße:
500 g Lammfilet · 100 ml Olivenöl
Saft von 1 Zitrone
2 Teel. getrockneter Oregano
4 Knoblauchzehen · Salz
schwarzer Pfeffer, frisch gemahlen
4 mittelgroße Zwiebeln
3 feste mittelgroße Tomaten
2 Teel. gemahlener Kreuzkümmel

Gelingt leicht

Pro Portion etwa:
2070 kJ/490 kcal
43 g Eiweiß · 32 g Fett
8 g Kohlenhydrate

- Marinierzeit: mindestens 3 Stunden
- Zubereitungszeit: etwa 45 Minuten

1. Das Fleisch kalt abspülen, trockentupfen und in 20 gleich große Würfel schneiden. Das Olivenöl, den Zitronensaft und den Oregano verrühren. Den Knoblauch schälen und durch die Knoblauchpresse dazudrücken. Das Fleisch dazugeben, gut umrühren und mit Salz und Pfeffer kräftig würzen. Zugedeckt mindestens 3 Stunden im Kühlschrank marinieren lassen.

2. Die Zwiebeln schälen und vierteln. Die Tomaten waschen und vierteln, dabei die Stielansätze entfernen.

3. Das Fleisch im Wechsel mit den Zwiebeln und den Tomaten auf vier lange Spieße stecken, mit der Marinade bestreichen und unter dem elektrischen Grill in etwa 15 Minuten garen. Die Spieße nach der Hälfte der Zeit wenden und nochmals mit Marinade bestreichen.

4. Die fertigen Spieße mit dem Kreuzkümmel bestreuen und auf kleingeschnittenem Fladenbrot oder Reis servieren. Dazu paßt ein bunter Blattsalat.

Hackfleischspieße

Schisch Kufta

Zutaten für 24 Spieße:
2 mittelgroße Zwiebeln
3–4 Knoblauchzehen
1 Bund Petersilie
7–8 Eßl. Olivenöl
750 g Lamm- oder Rinderhackfleisch
1/2 Teel. Harissa (türkisches Lebensmittelgeschäft)
2 Teel. gemahlener Kreuzkümmel
1 Teel. gemahlener Koriander
1/2 Teel. gemahlener Zimt
Salz
schwarzer Pfeffer, frisch gemahlen

Schnell • Preiswert

Bei 24 Spießen pro Stück etwa:
460 kJ/110 kcal
7 g Eiweiß · 9 g Fett
1 g Kohlenhydrate

- Zubereitungszeit: etwa 40 Minuten

1. Die Zwiebeln und den Knoblauch schälen und fein hacken. Die Petersilie waschen, trockenschütteln und ohne die groben Stiele fein hacken.

2. 2 Eßlöffel Olivenöl in einer Pfanne erhitzen, die Zwiebeln und den Knoblauch darin bei schwacher Hitze glasig dünsten.

3. Das Hackfleisch in eine große Schüssel geben, die Petersilie, die Harissa, die Gewürze, die Zwiebeln und 2 Eßlöffel Öl dazugeben. Alles mit den Händen gut vermischen und den Hackfleischteig mit Salz und Pfeffer würzen.

4. Von der Masse 24 gleiche Teile abnehmen. Jeden Teil mit feuchten Händen um einen Holzspieß zu einer etwa fingerlangen Rolle formen.

5. Das restliche Olivenöl in einer weiten Pfanne erhitzen und die Spieße darin bei mittlerer Hitze von allen Seiten in 5–7 Minuten goldbraun braten.

Tip!

Wenn's schnell gehen soll, lassen Sie die Spieße einfach weg, formen den Teig zu fingerlangen Rollen und braten diese im heißen Fett.

Im Bild rechts: Hackfleischspieße
Im Bild links: Lammspieße

Smyrna-Würstchen

Sutsukákia smirnéika

Dieses Gericht stammt aus der ehemals stark griechisch geprägten Stadt Smyrna, dem heutigen türkischen Izmir. Beim Völkeraustausch 1924 brachten umgesiedelte Griechen ihr Rezept ins Mutterland.

Zutaten für 4 Personen:
700 g Hackfleisch (möglichst zweimal durchgedreht)
2 Scheiben altbackenes Weißbrot
1 Ei
1 mittelgroße Zwiebel
2 Knoblauchzehen
1 Bund glatte Petersilie
Salz
Pfeffer, frisch gemahlen
1 Teel. gemahlener Kreuzkümmel
Mehl
6 Eßl. Olivenöl
5 mittelgroße Tomaten (etwa 600 g)
1/8 l Weißwein
1 Prise Zucker

Raffiniert

Pro Portion etwa:
3200 kJ/760 kcal
47 g Eiweiß · 52 g Fett
25 g Kohlenhydrate

- Zubereitungszeit: etwa 1 1/4 Stunden

1. Das Hackfleisch in eine Schüssel geben. Das Weißbrot entrinden und kurz in warmem Wasser einweichen, gut ausdrücken und mit dem Ei zum Fleisch geben. Die Zwiebel schälen und fein auf das Fleisch reiben. Die Knoblauchzehen schälen und durch die Knoblauchpresse dazudrücken. Die Petersilie fein hacken und ebenfalls in die Schüssel geben. Alles mit Salz, Pfeffer und dem Kreuzkümmel herzhaft würzen und zu einem geschmeidigen Teig verkneten.

2. Mit angefeuchteten Händen aus je 1 Eßlöffel Fleisch etwa 24 kleine Würstchen formen.

3. 2–3 Eßlöffel Mehl auf einen Teller sieben. Die gewaschenen, gut abgetrockneten Hände leicht auf das Mehl drücken und die Würstchen zwischen den bemehlten Händen nochmal kurz rollen.

4. In einer Pfanne die Hälfte des Olivenöls erhitzen und die Würstchen von allen Seiten darin hellbraun anbraten. Nebeneinander in eine feuerfeste Form legen.

5. Die Tomaten häuten, halbieren, dabei die Stielansätze und Kerne entfernen, die Tomaten fein hacken. Den Backofen auf 180° vorheizen.

6. Das restliche Olivenöl in der Pfanne erhitzen und die Tomaten darin durchschmoren. Mit dem Weißwein aufgießen, aufkochen, mit dem Zucker und 1/4 Teelöffel Salz abschmekken.

7. Die Sauce über die Würstchen in der Form gießen. Im Backofen (Mitte) in etwa 25 Minuten fertigbacken. Dazu passen Reis oder frisches Weißbrot und ein Retsina.

Variante:
Frikadellen mit Joghurtsauce
Keftédes fúrno ke jaoúrti

Statt Würstchen aus der Hackfleischmasse 24 kleine Frikadellen formen. 700 g Zwiebeln in Scheiben schneiden und in wenig Wasser mit 1 Eßlöffel Olivenöl und 1 Teelöffel Paprikapulver etwa 20 Minuten kochen, in ein Sieb geben. Die Zwiebeln auf dem Boden einer feuerfesten Form verteilen, reichlich Pfeffer darüber streuen. Die Frikadellen darauf legen und jeweils mit Butterflöckchen belegen. 1/4 l Weißwein angießen und die Frikadellen bei 225° etwa 15 Minuten im vorgeheizten Backofen (Mitte) braun backen. Umdrehen und die Rückseite ebenfalls in etwa 15 Minuten braun werden lassen. 500 g abgetropften griechischen Joghurt mit 4 Eiern verrühren und über die Frikadellen streichen. Die Frikadellen im Backofen weiterbacken, bis sich die Oberfläche bräunt.

Smyrna-Würstchen werden aus Hackfleisch geformt und im Ofen gebacken.

Rindfleisch-spießchen mit Erdnußsauce

Sate daging

Zutaten für 4 Personen:
750 g Rinderfilet
Für die Marinade:
3 Eßl. süße Sojasauce (Kecap manis)
3 Eßl. Sojasauce
1 Teel. Sambal oelek
Für die Erdnußsauce:
200 g geröstete, gesalzene Erdnußkerne
1 daumengroßes Stück Ingwer
3 Eßl. Öl
400 ml Kokosmilch
Saft von 1/2 Zitrone
3 Eßl. süße Sojasauce (Kecap manis)
1 Eßl. Sojasauce
1 Eßl. Palmzucker
1/2 Teel. Sambal oelek
Außerdem: 40 Holzspießchen (etwa 12 cm lang)

Braucht etwas Zeit

Pro Stück etwa:
2500 kJ/600 kcal
51 g Eiweiß · 39 g Fett
11 g Kohlenhydrate

- Zubereitungszeit: etwa 2 Stunden (davon 1 Stunde Marinierzeit)

1. Das Fleisch kalt abspülen, trockentupfen und in etwa 1 cm große Würfel schneiden. Jeweils 4 Fleischwürfel in kleinen Abständen auf die Spießchen stecken, dabei am stumpfen Ende der Spießchen etwas Platz zum Anfassen lassen.

2. Die Spießchen mit der Hand flach drücken und eng nebeneinander auf einen Teller oder eine Platte legen.

3. Für die Marinade die süße Sojasauce, die Sojasauce und die Hälfte des Sambal oelek verrühren. Die Mischung über die Spießchen verteilen. Die Spießchen darin mindestens 1 Stunde zugedeckt im Kühlschrank marinieren, dabei gelegentlich wenden.

4. Für die Sauce die Erdnußkerne mit einem Mörser fein zerstoßen oder im Mixer pürieren. Den Ingwer schälen und fein raspeln.

5. Das Öl in einem Topf erhitzen und darin die zerstoßenen Erdnußkerne und den Ingwer bei mittlerer Hitze unter ständigem Rühren etwa 2 Minuten anbraten. Den Backofen auf 250° vorheizen.

6. Die Kokosmilch, den Zitronensaft, die Sojasauce, die süße Sojasauce, den Palmzucker und das Sambal oelek dazugeben. Die Sauce bei schwacher Hitze unter gelegentlichem Rühren etwa 10 Minuten köcheln lassen, bis sie die Konsistenz von Mayonnaise hat.

7. Die Spießchen aus der Marinade nehmen und abtropfen lassen. Im Backofen (oben; Gas: Stufe 5) etwa 5–7 Minuten rundum grillen, bis das Fleisch gebräunt ist. Oder in einer Pfanne bei mittlerer Hitze rundum braun braten.

8. Die Spießchen mit der lauwarmen Erdnußsauce übergießen und servieren. Dazu paßt Reis.

Variante:
Sie können die Spießchen natürlich auch mit anderen Fleischsorten wie Lamm (Sate kambing), Schwein (Sate babi) oder Huhn (Sate ayam) zubereiten. Auch Krabben (Sate udang) oder Tofu (Sate tahu) schmecken gut.

Tip!

Wenn Sie einen Tischgrill besitzen, können sich Ihre Gäste die Spießchen selbst am Tisch zubereiten.
Die Erdnußsauce gibt es in Asienläden auch fertig zu kaufen.

Kulebjaka

Zutaten für 10–12 Personen:
Für den Teig:
200 ml Milch · 1 Teel. Zucker
1 Würfel Hefe (42 g)
700 g Mehl
100 g weiche Butter
1 Ei · Salz
Für die Füllung:
200 g Reis · 3 Eßl. Butter
Salz · 400 g Hechtfilet
1 Eßl. saure Sahne
1 kleine Zwiebel
1 altbackenes Brötchen
200 ml Milch
2 Eier · 1 Bund Petersilie
Salz · weißer Pfeffer
400 g Lachsfilet
Zum Bestreichen:
1 Eigelb · 3 Eßl. Kondensmilch
Für das Blech: Fett

Klassiker • Aus Rußland

Bei 12 Personen pro Portion etwa: 2200 kJ/520 kcal
23 g Eiweiß · 19 g Fett
65 g Kohlenhydrate

- Zubereitungszeit: etwa 2 1/4 Stunden (davon 40 Minuten Backzeit)

1. Die Milch mit dem Zucker erwärmen, die Hefe hineinbröckeln und auflösen. Das Mehl in eine Schüssel geben, Butter in Flöckchen, Ei und Salz hinzufügen. Die Hefemilch darüber gießen und alles zu einem festen Teig verkneten. Mit einem Tuch bedecken und den Teig an einem warmen Ort gehen lassen, bis sich sein Volumen verdoppelt hat.

2. Den Reis mit 1/2 l Wasser, 1 Eßlöffel Butter und 1 Prise Salz zum Kochen bringen und zugedeckt bei ganz schwacher Hitze in etwa 25 Minuten ausquellen lassen.

3. Inzwischen den Backofen auf 200° vorheizen. Eine feuerfeste Form mit 1 Eßlöffel Butter ausstreichen, den Reis hineingeben und die restliche Butter in Flöckchen darauf verteilen. Im Backofen (Mitte, Umluft 180°) in etwa 20 Minuten leicht bräunen. Den Backofen danach eingeschaltet lassen.

4. Währenddessen das Hechtfleisch gründlich von Gräten säubern und in etwa 2 cm große Würfel schneiden. Die Würfel in eine Schüssel geben und mit der sauren Sahne vermengen. Für 10 Minuten ins Tiefkühlfach stellen, dann im Mixer oder im Blitzhacker pürieren.

5. Die Zwiebel fein hacken. Das Brötchen in der Milch einweichen. Die Eier trennen. Die Petersilie fein hacken. Zwiebel, ausgedrücktes Brötchen, Eigelbe und Petersilie mit der Fischfarce vermengen und mit Salz und Pfeffer kräftig würzen. Die Eiweiße steif schlagen und unterziehen. Die Masse in den Kühlschrank stellen.

6. Das Lachsfilet in kleine Würfel schneiden.

7. Den Teig gut durchkneten und auf einer bemehlten Fläche zu einem Rechteck von etwa 30 x 40 cm ausrollen. Die Hälfte des Reises auf der unteren Teighälfte verteilen, darauf die Hälfte der Hechtfarce streichen. Die Lachswürfel darauf legen, mit der restlichen Hechtfarce bedecken und mit dem verbliebenen Reis bestreuen.

8. Die obere Teighälfte darüber klappen und an den Rändern gut festdrücken. Überstehende Ränder abschneiden, wieder ausrollen und zu Ornamenten ausstechen.

9. Mit einem spitzen Messer 2 Kamine in den Teigdeckel schneiden. Das Eigelb mit der Kondensmilch verquirlen und die Teigoberfläche damit bestreichen. Die Ornamente darauf legen und ebenfalls mit Eigelb bestreichen.

10. Die Pastete auf ein gefettetes Backblech legen. Im Backofen (Mitte) in etwa 40 Minuten goldbraun backen. Falls der Teig zu dunkel wird, mit Alufolie abdecken.

11. Die Kulebjaka lauwarm in 2–3 cm dicken Scheiben servieren. Dazu reicht man traditionell eine lauwarme, kräftige Bouillon.

Diese berühmte russische Pirogge gehört als Coulibiac sogar zur klassischen französischen Küche.

Kalbspastete mit Trauben-Grappa-Sauce

Zutaten für 6–8 Personen:
Für den Teig:
300 g Mehl
150 g Butter
Salz
70 ml Milch
Für die Füllung:
800 g mageres Kalbfleisch
Salz
weißer Pfeffer, frisch gemahlen
1 Messerspitze Muskatnuß, frisch gerieben
1 Bund Petersilie, frisch gehackt
1 Ei · 2 Eßl. saure Sahne
2–3 Spritzer Worcestershiresauce
2 Eßl. Mehl
4 Eßl. Olivenöl
1 Zwiebel · 1 Möhre
1 Stück Knollensellerie
150 ml Weißwein
Für das Backblech: Fett
Für die Arbeitsfläche: Mehl
Zum Bestreichen:
1 Eigelb · 2 Eßl. Milch
Für die Sauce:
350 g weiße Trauben
50 ml Marsala
20 ml Grappa
Salz
weißer Pfeffer, frisch gemahlen
1 Eßl. saure Sahne

Braucht etwas Zeit
Für Gäste

Bei 8 Personen pro Portion etwa: 2200 kJ/520 kcal
24 g Eiweiß · 29 g Fett
43 g Kohlenhydrate

- Zubereitungszeit: etwa 2 1/4 Stunden

1. Für den Teig alle Zutaten zu einem geschmeidigen Teig verkneten, etwa 1 Stunde in den Kühlschrank stellen.

2. Den Backofen auf 200° vorheizen. Für die Füllung das Kalbfleisch würfeln und einmal durch die feine Scheibe des Fleischwolfs drehen. Das Fleisch mit Salz, Pfeffer, Muskat, Petersilie, Ei, Sahne und Worcestersauce kräftig würzen, zu einer länglichen Rolle formen und von allen Seiten in dem Mehl wenden.

3. 2 Eßlöffel Öl in einer Pfanne erhitzen und die Fleischrolle bei starker Hitze von allen Seiten anbraten. Eine feuerfeste Form mit dem restlichen Öl auspinseln, die Fleischrolle hineinlegen und im Backofen (Mitte, Umluft 180°) etwa 50 Minuten garen, dabei ab und zu wenden.

4. Inzwischen die Zwiebel schälen und vierteln, die Möhre und den Sellerie schälen und grob würfeln. Nach etwa 15 Minuten Garzeit zum Fleisch geben und den Wein angießen. Nach Ende der Garzeit alles abkühlen lassen, dann die Fleischrolle herausnehmen. Den Bratfond durch ein Sieb in einen Topf gießen.

5. Ein Backblech fetten. Den Teig auf einer bemehlten Fläche so ausrollen, daß die Fleischrolle darin Platz hat. Die Rolle ohne das Gemüse darauf legen, den Teig gut verschließen, mit verquirltem Milch-Eigelb bepinseln. Aus Teigresten Ornamente formen und die Teigrolle damit verzieren, die Ornamente ebenfalls mit Eigelb bestreichen. Die Teigrolle mit der Nahtstelle nach unten auf das Blech setzen und im Backofen (Mitte, Umluft 180°) etwa 30 Minuten backen.

6. Inzwischen für die Sauce die Trauben in kochendes Wasser geben und etwa 5 Minuten blanchieren. Herausnehmen, abtropfen lassen, halbieren und entkernen.

7. Den Bratfond aufkochen lassen, Marsala und Grappa hinzufügen. Etwa 5 Minuten köcheln lassen, durch ein Sieb gießen. Die Sauce mit Salz und Pfeffer abschmecken und die Sahne hinzufügen. Die Trauben in die Sauce geben und noch 1–2 Minuten erhitzen.

8. Die Kalbspastete auf einer vorgewärmten Platte in Scheiben schneiden, die Sauce getrennt dazu reichen.

Ein wirklich edles Gericht für einen ganz besonderen Anlaß ist die Kalbspastete mit Trauben-Grappa-Sauce.

VITE
GRAPPA
ANNATA
1974

Die süße Ecke

Süße Schlemmereien dürfen natürlich auf keinem Buffet fehlen. Gut geeignet sind Rezepte, die Sie vorbereiten können und die auch optisch ihre Wirkung tun. Warten Sie mit dem Servieren, bis auf dem Buffettisch die ersten Lücken entstehen, Ihre Gäste werden mit Begeisterung ein weiteres Mal zugreifen.

Mousse au chocolat

Zutaten für 6–8 Personen:
200 g feinste Bitterschokolade
300 g Sahne · 5 Eier
4 Eßl. Zucker
1 Päckchen Vanillezucker
2 cl Cognac oder Orangenlikör nach Belieben
2 Teel. Pulverkaffee
Zum Garnieren: Schokoladenraspel

Berühmtes Rezept

Bei 8 Personen pro Portion etwa: 1300 kJ/310 kcal
6 g Eiweiß · 23 g Fett
20 g Kohlenhydrate

- Zubereitungszeit: etwa 30 Minuten
- Kühlzeit: 3–4 Stunden

1. Die Schokolade in Stücke brechen und mit 5 Eßlöffeln Sahne im warmen Wasserbad langsam schmelzen. Dabei immer wieder rühren und aufpassen, daß die Hitze nicht zu stark wird.

2. Die Eier trennen. Die Eigelbe mit Zucker und Vanillezucker zu einer dicken, hellen Creme aufschlagen. Eiweiße und restliche Sahne getrennt steif schlagen.

3. Die Schokoladenmasse etwas abkühlen lassen und mit dem Cognac oder Likör nach Belieben und dem Pulverkaffee vermischen. Zuerst mit der Eigelbcreme vermengen, dann die Sahne und zuletzt das Eiweiß unterziehen. Die Mousse in Portionsschälchen oder eine Schüssel füllen und für 3–4 Stunden in den Kühlschrank stellen.

4. Vor dem Servieren mit Schokoladenraspeln verzieren.

Variante:
Für eine leichte Creme 200 g Schokolade in 5 Eßlöffeln Kaffee auflösen. 250 g Sahne unterziehen.

Erdbeermousse

Zutaten für 4 Personen:
600 g Erdbeeren
6–7 Eßl. Zucker
10 Blatt Gelatine
3 Eßl. Orangenlikör oder Erdbeersirup
1 Eßl. Zitronensaft · 400 g Sahne

Gelingt leicht

Pro Portion etwa:
1900 kJ/450 kcal
8 g Eiweiß · 32 g Fett
30 g Kohlenhydrate

- Zubereitungszeit: etwa 30 Minuten
- Kühlzeit: 3–4 Stunden

1. Die Erdbeeren waschen und entkelchen. 500 g halbieren (den Rest beiseite stellen) und pürieren. Den Zucker unterrühren.

2. Die Gelatine in kaltem Wasser einweichen. Den Orangenlikör oder Sirup und den Zitronensaft erhitzen (nicht kochen lassen) und die Gelatine darin auflösen. Mit dem Erdbeerpüree verrühren.

3. Die Sahne steif schlagen und unterheben. In eine Napfkuchen- oder Gugelhupfform füllen und 3–4 Stunden kalt stellen.

4. Vor dem Servieren die Form kurz in heißes Wasser halten, dann auf eine Platte stürzen. Mit den restlichen Erdbeeren und Schlagsahne nach Belieben verzieren.

Tip!

Mit 10 Blatt Gelatine wird die Mousse so fest wie auf der Abbildung. Wollen Sie weniger Gelatine verwenden (7 Blatt), ist die Mousse zu weich zum Stürzen. Dann nehmen Sie mit einem Eßlöffel Portionen ab und richten sie hübsch an.

Varianten:
Statt Erdbeeren können Sie auch Him- oder Brombeeren verwenden.
Parfümieren Sie die Mousse mit Erdbeer-, Himbeer- oder Brombeerlikör. Oder mit Himbeergeist.
Und ganz ohne Alkohol schmeckt sie natürlich auch vorzüglich – nicht nur Kindern!

Im Bild links: Mousse au chocolat
Im Bild rechts: Erdbeermousse

Kokos-Mango-Mousse

Zutaten für 8 Personen:
200 g getrocknete Kokosraspel
2 reife Mangos (etwa 900 g)
1 unbehandelte Limette oder 1 kleine unbehandelte Zitrone
9 Blatt weiße Gelatine
4 Eigelb · 50 g Zucker
2 Eiweiß · 200 g Sahne

Raffiniert
Am Vortag zubereiten

Pro Portion etwa:
1300 kJ/310 kcal
6 g Eiweiß · 16 g Fett
36 g Kohlenhydrate

- Zubereitungszeit: etwa 45 Minuten
- Gelierzeit: 3–4 Stunden

1. Etwa 20 g Kokosraspel in einer trockenen Pfanne unter Rühren goldbraun rösten, aus der Pfanne nehmen und beiseite stellen. Die übrigen Raspel in einer Schüssel mit 400 ml heißem Wasser übergießen, vermengen und etwa 20 Minuten quellen lassen.

2. Die Mangos schälen, das Fruchtfleisch vom Stein schneiden. Die Limette heiß abwaschen, die Schale fein abreiben und den Saft auspressen. Zusammen mit der Hälfte des Mangofruchtfleisches im Mixer pürieren. Das übrige Mangofleisch klein würfeln.

3. Die Gelatine in kaltem Wasser einweichen. Ein sauberes Küchentuch in eine Schüssel legen, die Kokosraspel hineinschütten, das Tuch darüber zusammendrehen und die Kokosraspel gut ausdrükken. Von dem abtropfenden Saft etwa 300 ml abmessen.

4. Die Eigelbe mit dem Zucker und 3 Eßlöffeln heißem Wasser in eine große Rührschüssel geben und mit dem Schneebesen des Handrührgerätes cremig schlagen. Nach und nach den Kokossaft unterschlagen.

5. Die Gelatine ausdrücken, in einem kleinen Topf bei schwacher Hitze auflösen, unter die Eiercreme ziehen. Das Mangopüree ebenfalls unterrühren. Die Mischung kalt stellen, bis sie zu gelieren beginnt.

6. Die Eiweiße und die Sahne getrennt steif schlagen, unter die gelierende Mousse heben, dann die Mangostückchen untermengen. Die Mousse in einer Schüssel gelieren lassen, zum Servieren mit den gerösteten Kokosraspeln garnieren.

Rosa-Grapefruit-Creme

Zutaten für 10 Personen:
2 Päckchen gemahlene oder
12 Blatt weiße Gelatine
5 unbehandelte rosa Grapefruits
5 Eßl. feiner Zucker
etwa 500 g Kefir · 250 g Sahne
Zum Bestreuen: 2 Eßl. Schokoladenraspel

Am Vortag zubereiten

Pro Portion etwa:
790 kJ/190 kcal
5 g Eiweiß · 11 g Fett
18 g Kohlenhydrate

- Zubereitungszeit: etwa 1 Stunde
- Gelierzeit: über Nacht

1. Die Gelatine in kaltem Wasser einweichen.

2. Eine Grapefruit heiß abwaschen, etwas Schale fein abreiben. Zwei Grapefruits sorgfältig filetieren, den abtropfenden Saft dabei auffangen. Die Filets zugedeckt kühl stellen. Die drei übrigen Früchte auspressen.

3. Den Grapefruitsaft abmessen, mit Kefir auf etwa 900 ml auffüllen. Mit der Grapefruitschale und dem Zucker verrühren.

4. Die Gelatine tropfnaß in einen kleinen Topf geben, bei schwacher Hitze auflösen und unter die Grapefruitmasse rühren. Kalt stellen, bis die Masse zu gelieren beginnt. Dann die Sahne steif schlagen und unterheben. Die Creme zugedeckt über Nacht in den Kühlschrank stellen.

5. Zum Servieren die Creme mit den Grapefruitfilets und den Schokoladenraspeln garnieren.

Im Bild vorne: Rosa-Grapefruit-Creme
Im Bild hinten: Kokos-Mango-Mousse

Zimtcreme mit Bananen

Zutaten für 4 Personen:
1/2 l Milch
60 g Naturreis, fein gemahlen
3–4 Eßl. Zuckerrohrgranulat oder Honig
3–4 Teel. Zimtpulver
200 g Sahne
1–2 Bananen

Preiswert • Schnell

Pro Portion etwa:
1400 kJ/330 kcal
7 g Eiweiß · 20 g Fett
38 g Kohlenhydrate
1 g Ballaststoffe

• Zubereitungszeit: etwa 35 Minuten

1. Die Milch in einen mit Wasser ausgespülten Topf geben. Das Reismehl einrühren und die Milch zum Kochen bringen.

2. Die Milch unter Rühren etwa 5 Minuten bei mittlerer Hitze kochen lassen, dann von der Kochstelle nehmen und unter gelegentlichem Rühren abkühlen lassen.

3. Das Granulat oder den Honig und den Zimt einrühren und die Creme abschmecken. Die Sahne steif schlagen. Die Hälfte der Sahne unter die Creme ziehen.

4. Die Creme in Schälchen füllen. Die Bananen in Scheiben schneiden. Die Creme mit der restlichen Sahne und den Bananen garnieren.

Variante:
Sie können zusätzlich geriebene, geröstete Nüsse unter die Creme mischen.

Hafercreme mit Orangen

Zutaten für 4 Personen:
1/2 l Milch
80 g Hafer, fein gemahlen oder feine Hafervollkornflocken
1/2 Teel. Agar-Agar
1 Messerspitze Zimtpulver
1 Messerspitze Nelkenpulver
1 Messerspitze gemahlene Vanille
2 unbehandelte Orangen
50 g Magerquark
30–40 g Zuckerrohrgranulat
200 g Sahne

Für Ungeübte

Pro Portion etwa:
1600 kJ/380 kcal
10 g Eiweiß · 22 g Fett
34 g Kohlenhydrate
1 g Ballaststoffe

• Zubereitungszeit: etwa 1 Stunde (davon etwa 30 Minuten Kühlzeit)

1. Die Milch in einem Topf mit dem Hafer oder den Flokken, dem Agar-Agar und den Gewürzen verrühren.

2. Die Orangen heiß abspülen, abtrocknen und die Schale der Orangen (ohne die weiße Haut) in den Topf reiben. Die Masse zum Kochen bringen und unter Rühren bei mittlerer Hitze etwa 2 Minuten kochen, bis sie dick wird.

3. Den Topf von der Kochstelle nehmen. Die Creme unter Rühren abkühlen lassen.

4. Den Quark, das Granulat oder den Honig unter die Creme rühren.

5. Die Sahne schlagen und mit einem Schneebesen vorsichtig unter die abgekühlte Creme heben. Die Creme in Dessertschälchen füllen und etwa 30 Minuten kühl stellen.

6. Inzwischen die Orangen mit einem scharfen Messer schälen, dabei die weiße Haut ganz entfernen. Mit dem Messer an den Innenseiten der einzelnen Spalten entlangschneiden und so das Fruchtfleisch aus der Haut lösen. Die Kerne entfernen.

7. Die Orangenfilets dekorativ auf die Creme legen.

Tip!

Diese Creme können Sie auch mit der gleichen Menge feingemahlenem Dinkel zubereiten. Außerdem schmeckt sie auch mit anderen saftigen Früchten oder, im Winter, mit eingeweichtem Trockenobst.

Im Bild vorne: Zimtcreme mit Bananen.
Im Bild hinten: Hafercreme mit Orangen.

Getauchte Cognac-kirschen

Sie sind fast schon ein Meisterwerk der feinen Confiserie. Dennoch sind sie unkompliziert herzustellen und passen auf jede Desserttafel.

Zutaten für 30 Stück:
30 feste Süßkirschen mit Stiel
30 ungesalzene, kleine Pistazienkerne
1/4 l Cognac
100 g dunkle Kuvertüre
50 g weiße Kuvertüre
Was Sie sonst noch brauchen:
1 Schere
1 scharfes, spitzes Küchenmesser
1 Schüssel mit Deckel (oder ein Glas mit Schraubverschluß)
1 kleinen Topf und 2 Metallschüsseln, die in den Topf passen (zum Auflösen der Kuvertüre im Wasserbad)
Back- oder Pergamentpapier

Braucht etwas Zeit

- Marinierzeit: 1–2 Wochen
- Zubereitungszeit: etwa 50 Minuten

1. 1–2 Wochen vor der Verwendung die Kirschen vorsichtig waschen, trockentupfen und die Stiele mit der Schere auf die gleiche Länge stutzen.

2. Mit dem Küchenmesser die Kirsche am runden Ende kreuzweise soweit einritzen, daß Sie den Kern entfernen können, ohne die Form der Kirsche zu beschädigen. Das geht am besten mit einer Pinzette. Anstelle des Kerns eine Pistazie in die Kirsche schieben.

3. Die Kirschen in eine Schüssel geben und mit dem Cognac übergießen. Die Kirschen sollten ganz bedeckt sein. Einen Deckel auflegen oder die Schüssel mit Folie luftdicht abschließen. Im Kühlschrank bis zur Verwendung marinieren.

4. Am besten einige Stunden vor dem Anrichten die Kirschen herausheben und auf Haushaltspapier abtropfen lassen.

5. Etwas Wasser in dem Topf erhitzen. Die Kuvertüren getrennt in die beiden Metallschüsseln geben und nacheinander im Wasserbad erhitzen. Darauf achten, daß keine Wassertropfen in die Kuvertüre kommen, sonst wird sie stumpf.

6. Die Kuvertüre wieder abkühlen lassen. Das geht schneller, wenn Sie die Schüsseln in Eiswasser stellen.

7. Jetzt zuerst die dunkle Kuvertüre im Wasserbad nochmals erwärmen. Sobald sie flüssig ist, die Kirschen am Stiel hineintauchen und auf Back- oder Pergamentpapier abtrocknen lassen.

8. Dann die helle Kuvertüre erhitzen und die dunklen Kirschen bis zur Hälfte in die flüssige Masse tauchen. Wieder auf Back- oder Pergamentpapier abtrocknen lassen. Auf Alufolie gut gekühlt und abgedeckt bis zum Anrichten aufbewahren.

Varianten:

Verschiedene Füllungen und Früchte

Wenn Ihnen die Taucherei mit zwei Kuvertüren zuviel Arbeit ist, dann nehmen Sie nur eine Kuvertüre und bestreuen die gerade überzogene Kirsche mit bunten Perlchen.
Sind Sie ein Marzipanfan? Dann füllen Sie die Kirschen statt mit Pistazien mit Marzipankügelchen.
Sie mögen keinen Cognac? Armagnac, Cointreau, Amaretto oder Portwein sind nur einige der alternativen Spirituosen, in die Sie die Früchte einlegen können.
Es ist Winter und Sie bekommen keine Kirschen? Dann nehmen Sie doch Trauben.
Ihrer Phantasie sind keine Grenzen gesetzt.

Zwetschgen-Pfirsich-Salat

Zutaten für 10 Personen:
75 g Mandelstifte
800 g reife Zwetschgen
4 reife, feste Pfirsiche
Saft von 2 Zitronen
1 Päckchen Vanillezucker
6 Eßl. Puderzucker
6 Eßl. Mandellikör oder Obstwasser, ersatzweise Pfirsichsaft mit einigen Tropfen Bittermandelaroma
100 g Amaretti (Mandelplätzchen)

Raffiniert · Gelingt leicht

Pro Portion etwa:
750 kJ/180 kcal
3 g Eiweiß · 7 g Fett
27 g Kohlenhydrate

- Zubereitungszeit: etwa 45 Minuten
- Marinierzeit: 2 Stunden

1. Die Mandelstifte in einer trockenen Pfanne goldgelb rösten. Herausnehmen.

2. Die Zwetschgen und die Pfirsiche waschen und abtrocknen. Die Zwetschgen vierteln und entsteinen. Die Pfirsiche halbieren, entsteinen und in Spalten schneiden.

3. Den Zitronensaft in einer großen Schüssel mit dem Vanillezucker, dem Puderzucker und dem Mandellikör oder dem Obstwasser verquirlen, die vorbereiteten Früchte und die Mandelstifte darin wenden. Alles zugedeckt etwa 2 Stunden bei Zimmertemperatur durchziehen lassen.

4. Zum Servieren die Amaretti obendrauf legen oder leicht unter den Salat mischen.

Mandelkuchen

Zutaten für 16 Stück:
300 g Mehl
1 Würfel Hefe (42 g)
50 ml lauwarme Milch
250 g Zucker
2 Eier
200 g gemahlene Mandeln
250 g Butter
150 g Mandelblättchen
Für das Backblech: Butter
Zum Ausrollen: Mehl

Preiswert

Pro Stück etwa:
1600 kJ/380 kcal
8 g Eiweiß · 26 g Fett
32 g Kohlenhydrate

- Zubereitungszeit: etwa 2 Stunden

1. Das Mehl in eine Schüssel geben, in die Mitte eine Mulde drücken. Die Hefe hineinbröckeln, mit etwas Milch und 1 Teelöffel Zucker verrühren, mit wenig Mehl bestäuben. Den Vorteig zugedeckt an einem warmen Ort etwa 15 Minuten gehen lassen.

2. Die restliche Milch, 50 g Zucker, die Eier und die Mandeln dazugeben. 100 g Butter zerlassen und ebenfalls dazugeben. Alles zu einem glatten Teig verkneten und diesen zugedeckt etwa 40 Minuten gehen lassen. Ein Backblech einfetten.

3. Den Teig nochmals durchkneten, auf einer bemehlten Fläche in Größe des Backbleches ausrollen, auf das Backblech legen. Nochmals 10–15 Minuten gehen lassen. Den Backofen auf 200° vorheizen.

4. Den Kuchen im Backofen (Mitte) etwa 15 Minuten backen.

5. Inzwischen den restlichen Zucker und die restliche Butter in einem Topf oder einer breiten Pfanne unter Rühren goldbraun karamelisieren lassen. Auf den vorgebackenen Teig verteilen, die Mandelblättchen aufstreuen, den Kuchen in etwa 15 Minuten fertigbacken.

Tip!

Dazu paßt ein saftiges Kompott, beispielsweise aus frischer Ananas oder Sauerkirschen.

Bild oben: Mandelkuchen
Bild unten: Zwetschgen-Pfirsich-Salat

Nuß-Blätterteig-Pastete

Baklawa

Blätterteigpasteten, die mit reichlich Honig oder Zuckersirup getränkt sind, werden in der ganzen arabischen Welt in den verschiedensten Formen und mit den unterschiedlichsten Nußfüllungen angeboten. Viele Konditoreien haben sich nur auf die Herstellung von Baklawa spezialisiert. Sie sind die orientalische Süßigkeit überhaupt.

Zutaten für eine Auflaufform von
etwa 30×21 cm:
2 Packungen tiefgekühlter
Blätterteig (600 g)
100 g abgezogene Mandeln
300 g Haselnuß-, Walnuß- und
Pistazienkerne, gemischt
175 g Butter
4 Eßl. Honig · 1 Ei
1 Teel. gemahlener Zimt
1 Päckchen Vanillezucker
200 g Zucker
Saft von 1 Zitrone

Für Gäste

Bei 12 Portionen pro Portion etwa:
2400 kJ/570 kcal
8 g Eiweiß · 41 g Fett
41 g Kohlenhydrate

- Zubereitungszeit: etwa 1 1/2 Stunden

1. Die Blätterteigscheiben nebeneinander auf einer bemehlten Arbeitsfläche auftauen lassen. In der Zwischenzeit die Nüsse im Blitzhacker grob hacken oder mahlen und in eine Schüssel geben.

2. 125 g Butter in einer kleinen Pfanne zerlassen und mit dem Honig, dem Ei, dem Zimt und dem Vanillezucker zu den Nüssen geben und alles gut vermischen. Den Backofen auf 200° vorheizen.

3. Die restliche Butter in einem Topf zerlassen. Jeweils 2 Blätterteigscheiben aufeinanderlegen und auf bemehlter Arbeitsfläche auf die Größe der Form dünn ausrollen.

4. Die Form mit flüssiger Butter einfetten. Eine Lage Blätterteig in die Form geben, mit flüssiger Butter bestreichen und ein Drittel der Nußmasse darauf glattstreichen. Es folgt wieder eine Lage Blätterteig, flüssige Butter, Nußmasse, Blätterteig, flüssige Butter, Nußmasse. Die oberste Schicht ist wieder eine Lage Blätterteig.

5. Die Baklawa mit Wasser besprenkeln und im Backofen (Mitte) in etwa 30 Minuten goldbraun backen.

6. In der Zwischenzeit den Zucker mit 1/4 l Wasser in einen Topf geben und in etwa 10 Minuten zu einem leicht dickflüssigen Sirup einkochen. Den Topf vom Herd nehmen und den Zitronensaft unter den Sirup rühren.

7. Den Sirup langsam mit einem Eßlöffel über der Baklawa verteilen. Immer wieder warten, bis der Sirup aufgesogen ist, dann den restlichen Sirup nach und nach darüber verteilen. Die abgekühlte Baklawa in portionsgerechte Rauten oder Quadrate schneiden. Das Gebäck schmeckt nur ganz frisch!

Variante:
Nußnester
Sie brauchen dafür nur halb soviel Nußmasse wie für die Baklawa.
Jedes Blätterteigstück einzeln ausrollen und in vier Quadrate schneiden. In die Mitte jedes Quadrates jeweils 1 Teelöffel der Nußmasse geben. Die Teigecken zur Mitte falten und festdrücken. Auf die Mitte eine ganze Haselnuß setzen. Ein Backblech mit Wasser besprenkeln. Die Nußnester darauf legen, mit Wasser bestreichen und etwa 20 Minuten bei 200° backen. Noch warm mit Zuckersirup bestreichen.

Baklawa ist das bekannteste süße Gebäck der arabischen Länder. Die delikate Nuß-Blätterteig-Pastete wird mit reichlich Zuckersirup beträufelt und schmeckt am besten ganz frisch.

Mandel-Rosinen-Kuskus

Kuskus Hulw

Zutaten für 4 Personen:
500 g Kuskus (Reformhaus, türkisches Lebensmittelgeschäft)
100 g Mandeln
50 g Rosinen
1 Teel. gemahlener Zimt
100 g Butter · 2–3 Eßl. Honig

Spezialität aus Nordafrika

Pro Portion etwa:
3500 kJ/830 kcal
16 g Eiweiß · 36 g Fett
110 g Kohlenhydrate

- Zubereitungszeit: etwa 1 Stunde

1. Den Kuskus in eine Schüssel geben, soviel Wasser zugeben, daß er knapp bedeckt ist und etwa 15 Minuten quellen lassen. In der Zwischenzeit die Mandeln mit kochendem Wasser überbrühen, kalt abschrecken und häuten.

2. In einem großen Topf 11/2 l Wasser zum Kochen bringen. Die Rosinen und den Zimt mit zwei Gabeln locker unter den Kuskus mischen.

3. Den Kuskus in ein Sieb geben und über das kochende Wasser in den Topf hängen. Der Kuskus darf aber nicht in die Flüssigkeit tauchen. Alufolie über den Topfrand ziehen, damit der Dampf nicht seitlich entweichen kann. Den Kuskus bei starker Hitze etwa 30 Minuten dämpfen.

4. In der Zwischenzeit die Mandeln in einer trockenen Pfanne ohne Fett bei mittlerer Hitze goldbraun rösten.

5. Die Alufolie entfernen und die Butter in kleinen Stücken unter den Kuskus rühren. Die Mandeln und den Honig dazugeben. Den Kuskus mit zwei Gabeln auflockern und noch einmal etwa 5 Minuten dämpfen.

6. Den Kuskus auf einer großen Platte zu einer Pyramide auftürmen und festdrücken. Nach Belieben mit frischem oder eingemachtem Obst servieren.

Sesamschnitten

Kak Simsimija

Zutaten für etwa 12 Stück:
50 g Butter
200 g Tahina (Sesammus, Naturkostladen, türkisches Lebensmittelgeschäft)
100 g Zucker
200 g Honig
2 Päckchen Vanillezucker
1 Teel. gemahlener Zimt
1 Teel. gemahlener Kardamom
2 Teel. Backpulver
Salz
250 g Weizenmehl
Fett für die Form

Spezialität aus Syrien

Bei 12 Schnitten pro Stück etwa:
1200 kJ/290 kcal
5 g Eiweiß · 13 g Fett
40 g Kohlenhydrate

- Zubereitungszeit: etwa 45 Minuten

1. Den Backofen auf 180° vorheizen. Die Butter in einem kleinen Topf zerlassen und mit dem Sesammus, dem Zucker, dem Honig, dem Vanillezucker, dem Zimt, dem Kardamom, dem Backpulver und dem Salz in eine Schüssel geben. Alles mit den Quirlen des Handrührgerätes verrühren. Das Mehl dazugeben und mit den Knethaken des Handrührgerätes zu einem festen Teig verarbeiten.

2. Eine flache Auflaufform einfetten, den Teig hineingeben, auf dem Formboden verteilen und im Backofen (Mitte) etwa 20 Minuten backen.

3. Herausnehmen, in portionsgerechte Rauten oder Quadrate schneiden und abkühlen lassen. Dann die Schnitten vorsichtig aus der Form nehmen.

> **Tip!**
> Sie können auch gehackte Mandeln, Haselnüsse, Walnüsse, Pistazien oder kleingeschnittenes Trockenobst unter den Teig mischen.

Im Bild vorne: Sesamschnitten
Im Bild hinten: Mandel-Rosinen-Kuskus

Münchner Apfelstrudel

Zutaten für 4 Personen:
500 g Mehl
Salz
100 ml lauwarmes Wasser
3 Eßl. Öl
800 g säuerliche Apfle (Boskop)
Saft von 1 Zitrone
100 g Rosinen
100 g Zucker
3 Eßl. Rum nach Belieben
100 g Sauerrahm
2 Eßl. flüssige Butter
200 g Rahm
Für die Backform: Butter
Zum Ausrollen: Mehl
Zum Bestäuben: Puderzucker

Für Gäste

Pro Portion etwa:
3000 kJ/725 kcal
7 g Eiweiß · 32 g Fett
103 g Kohlenhydrate

- Zubereitungszeit: etwa 2 Stunden

1. Das Mehl auf eine Arbeitsfläche sieben. Leicht salzen und in die Mitte eine Vertiefung drücken. Das Wasser und das Öl rasch einarbeiten. Es soll ein glatter Teig entstehen. Diesen in Frischhaltefolie wickeln und etwa 30 Minuten ruhen lassen.

2. Inzwischen die Äpfel schälen. In Viertel schneiden, von den Kerngehäusen befreien und in dünne Scheiben schneiden. In eine Schüssel legen und mit dem Zitronensaft beträufeln. Mit den Rosinen und dem Zucker überstreuen. Den Rum darüber träufeln. Den Backofen auf 200° vorheizen.

3. Ein Backblech oder eine Bratreine ausbuttern. Ein Tuch mit Mehl bestäuben. Den Strudelteig darauf dünn ausrollen und mit dem Sauerrahm bestreichen. Die Apfelmischung 8–10 cm vom Teigrand entfernt anrichten. Den Teigrand darüber klappen. Mit dem Tuch schnell aufrollen und in die Form geben. Mit der Butter bepinseln.

4. In den Backofen (Mitte; Umluft 180°, Gas Stufe 2 1/2 – 3) schieben und etwa 50 Minuten backen. Dabei öfter mit Rahm beträufeln, bis er aufgebraucht ist. Den fertigen Apfelstrudel aus dem Ofen nehmen und mit Puderzucker überstäuben. Heiß oder kalt genießen!

Apflekiacheln im Bierteig

Wenn Sie die Küchlein für Kinder backen, nehmen Sie statt Bier und Rum Mineralwasser pur oder mit Apfelsaft gemischt.

Zutaten für 4 Personen:
4 mittelgroße Äpfel
Saft von 1 Zitrone
2 Eßl. Rum nach Belieben
2 Eiweiß
200 g Mehl
Salz
50 g Zucker
2 Eigelb
1 Eßl. Öl
¼ l helles Bier
500 g Butterschmalz
Zum Bestäuben: Puderzucker

Preiswert • Für Gäste

Pro Portion etwa:
2600 kJ/620 kcal
8 g Eiweiß · 31 g Fett
79 g Kohlenhydrate

- Zubereitungszeit: etwa 40 Minuten

Variante:
Je nach Saison den Backteig für andere Spezialitäten, zum Beispiel für Holunderblütendolden, für Pflaumen oder für Zucchiniblüten, verwenden. Sie müssen nur beim Gemüse den Zucker weglassen.

1. Die Äpfel waschen, schälen und die Kerngehäuse großzügig ausstechen. Die Äpfel quer in 1/2 – 1 cm dicke Scheiben schneiden und in eine Schüssel legen. Mit dem Zitronensaft und dem Rum beträufeln. Die Eiweiße zu steifem Schnee schlagen und bis zum Gebrauch in den Kühlschrank stellen.

2. Das Mehl mit 1 Prise Salz in eine Schüssel sieben. Den Zucker einrieseln lassen und die Eigelbe hinzufügen. Das Öl und das Bier mit den Quirlen des Handrührgeräts einrühren. Den Eischnee unter den dickflüssigen Backteig heben.

3. Das Butterschmalz in einer tiefen Pfanne erhitzen. Die marinierten Apfelringe einzeln durch den Backteig ziehen und sofort in das siedende Butterschmalz gleiten lassen. Schwimmend von jeder Seite in 1–2 Minuten goldgelb backen.

4. Die Apfelringe mit einem Schaumlöffel aus dem Fett heben und auf Küchenpapier einfetten. Auf einen Teller legen, mit Puderzucker überstäuben und servieren.

Hasenöhrl

Zutaten für 4 Personen:
400 g Mehl
2 Eier
2 Eigelb
2 Eßl. Rahm
3 Eßl. Sauerrahm
100 g kalte Butter
100 g Zucker
Salz
500 g Butterschmalz
Für die Arbeitsfläche: Mehl
Zum Bestäuben: Puderzucker

Preiswert

Pro Portion etwa:
660 kJ/160 kcal
2 g Eiweiß · 9 g Fett
17 g Kohlenhydrate

- Zubereitungszeit: etwa 1 1/2 Stunden (davon 1/2 Stunde Ruhezeit)

1. Das Mehl in eine Schüssel sieben. Die Eier, die Eigelbe, den Rahm, den Sauerrahm und die Butter in Stückchen hinzufügen. Den Zucker einrieseln lassen und leicht salzen. Einen mittelfesten Knetteig herstellen und diesen für etwa 30 Minuten in den Kühlschrank stellen.

2. Den Teig auf eine bemehlte Arbeitsfläche legen und messerrückendick auswellen. Mit einem Teigrädchen längliche Rauten ausradeln. Jede Raute oben und unten längs 1–2 cm einschneiden

3. Das Butterschmalz in einer Friteuse oder in einem breiten Topf erhitzen. Die Hasenohren in das sehr heiße Fett einlegen und von beiden Seiten goldgelb und knusprig backen. Dabei bläht sich das Gebäck auf. Mit einem Schaumlöffel herausnehmen und auf Küchenpapier entfetten.

4. Die knusprigen Hasenohren kräftig mit Puderzucker überstäuben. Sofort heiß oder lauwarm genießen. Dieses Fettgebäck eignet sich nicht für längeres Aufbewahren.

Bayerisch Creme mit Hollerschnaps

Eine gut gemachte Bayerische Creme erfordert Fingerspitzengefühl, denn schnell kann eine grießige oder flüssige Masse entstehen. Ich empfehle Ihnen daher, bevor Sie Gäste einladen, erstmal einen Probelauf zu starten.

Zutaten für 4 Personen:
250 g Rahm
4 Blatt weiße Gelatine
Mark von 1 Vanilleschote
¼ l Milch
3 Eigelb
60 g Zucker
4 Eßl. Hollunderschnaps
2 Eßl. Raspelschokolade

Preiswert • Für Gäste

Pro Portion etwa:
1100 kJ/260 kcal
5 g Eiweiß · 19 g Fett
16 g Kohlenhydrate

- Zubereitungszeit: etwa 2 3/4 Stunden (davon 2 Stunden Kühlzeit)

1. Den Rahm steif schlagen und bis zum Gebrauch kühl stellen. Die Gelatine in kaltem Wasser einweichen. Die Vanilleschote halbieren, das Mark herauskratzen und in der Milch zum Kochen aufstellen. In einem weiteren Topf Wasser für ein Wasserbad erhitzen.

2. Die Eigelbe und den Zucker kräftig vermischen. Die kochende Milch durch ein Haarsieb unter fortwährendem Rühren in die Eiermasse gießen. Über dem heißen Wasserbad schlagen, bis die Masse bindet und dadurch eine dickere Konsistenz erreicht.

3. Die Gelantine gut ausdrücken, in die Creme rühren und mit dem Hollerschnaps parfümieren.

4. Die Creme kalt rühren, am besten über einer Schüssel Eis oder in einem kalten Wasserbad. Den Rahm unterheben. In Portionsschälchen oder in eine Servierschüssel füllen. Mit der Schokolade garnieren und für etwa 2 Stunden in den Kühlschrank stellen.

Tip!

Eine Bayerisch Creme ist die ideale Grundlage für -zig Abwandlungen. Das kann mit Likören, frischen Früchten, Kakao, Nüssen oder Kaffee erreicht werden.

Bild oben: Hasenöhrl
Bild unten: Bayerisch Creme mit Hollerschnaps

Gazellenhörnchen

Kak i-Ghazal

Zutaten für etwa 40 Hörnchen:
250 g Butter oder Butterschmalz
500 g Weizenmehl
Salz
200 g frische Datteln
Fett für die Form
Puderzucker zum Wälzen

Spezialität aus Marokko

Bei 40 Hörnchen pro Stück etwa:
440 kJ/100 kcal
1 g Eiweiß · 5 g Fett
13 g Kohlenhydrate

- Zubereitungszeit: etwa 1 1/2 Stunden

1. Die Butter oder das Butterschmalz in einem kleinen Topf zerlassen. Etwas abkühlen lassen. Das Mehl, eine Prise Salz und 3–4 Eßlöffel Wasser in eine Schüssel geben. Die flüssige Butter oder das Butterschmalz dazugeben und alles mit den Knethaken des Handrührgerätes zu einem festen Teig verkneten.

2. Die Datteln entkernen und harte Stellen und Haut entfernen. Die Früchte kleinschneiden und mit 100 ml Wasser in einen kleinen Topf geben. Bei schwacher Hitze etwa 15 Minuten köcheln lassen.

3. Den Backofen auf 180° vorheizen. Den Teig auf einer bemehlten Arbeitsfläche kurz durchkneten und dünn ausrollen. Mit einem Glas (Durchmesser 7 cm) Kreise ausstechen. In die Mitte jedes Kreises 1 Teelöffel Dattelfüllung geben. Die Kreise je zur Hälfte legen, die Ränder gut andrücken. Die Halbkreise zu Hörnchen formen.

4. Ein Backblech einfetten. Die Hörnchen darauf verteilen und im Backofen (Mitte) in etwa 20 Minuten goldgelb backen. Herausnehmen, abkühlen lassen und in Puderzucker wälzen.

Grießpudding

Machmunia

Diese Süßspeise ist eine Spezialität aus Aleppo, Syrien. Unter dem Namen »Halva« hat das Rezept bis Indien und Griechenland Verbreitung gefunden.

Zutaten für 4 Personen:
125 g Butter
300 g Zucker
1 Teel. gemahlener Zimt
200 g Grieß

Spezialität aus Syrien
Schnell

Pro Portion etwa:
2900 kJ/690 kcal
6 g Eiweiß · 27 g Fett
110 g Kohlenhydrate

- Zubereitungszeit: etwa 20 Minuten

1. Die Butter in einem großen Topf zerlassen, 3/4 l Wasser dazugeben und aufkochen lassen.

2. Den Zucker und den Zimt mischen, in das kochende Wasser einrühren. Alles unter Rühren bei mittlerer Hitze solange kochen lassen, bis sich der Zucker vollständig aufgelöst hat.

3. Unter ständigem Rühren nach und nach den Grieß in das Zuckerwasser geben, den Topf vom Herd nehmen und den Grießpudding zugedeckt etwa 5 Minuten quellen lassen. Warm servieren.

Tip!

In Syrien wird Eischta, eine Art dicke Sahne aus Büffelmilch, dazu gegessen. Da es bei uns keine Eischta gibt, nehmen Sie ersatzweise Crème fraîche. Auch Apfelmus, Vanilleeis und Obstkompott passen hervorragend zu Machmunia.

Im Bild vorne: Gazellenhörnchen
Im Bild hinten: Grießpudding

Birnen-Apfel-Salat mit Honigsauce

Zutaten für 8 Personen:
1 Stück frischer Ingwer (etwa walnußgroß)
2 unbehandelte Zitronen
125 g Lindenblüten- oder Kleehonig
600 g feste aromatische Birnen (beispielsweise Williams)
600 g kleine, rotschalige säuerliche Äpfel (beispielsweise Jonagold)
100 g Walnußkerne

Gelingt leicht

Pro Portion etwa:
840 kJ/200 kcal
3 g Eiweiß · 9 g Fett
29 g Kohlenhydrate

- Zubereitungszeit: etwa 30 Minuten

1. Den Ingwer schälen und sehr fein würfeln. Die Zitronen heiß abwaschen, abtrocknen, die Schale fein abreiben und den Saft auspressen.

2. Den Ingwer mit der Zitronenschale, dem Zitronensaft und dem Honig gründlich verquirlen, eventuell in einem Topf oder in der Mikrowelle ganz leicht erwärmen, um den Honig aufzulösen.

3. Die Birnen und die Äpfel gründlich waschen und trockenreiben. Vierteln, von den Kerngehäusen befreien und in Spalten schneiden. Sofort in die Honigsauce geben und darin wenden.

4. Die Walnußkerne grob hacken und unter den Birnen-Apfel-Salat mischen.

Sektterrine mit Trauben

Zutaten für 8–10 Personen:
600 g Weintrauben (grüne und blaue Trauben gemischt)
50 g Zucker
1 Päckchen Vanillezucker
2 Zweige Zitronenmelisse
8 Blatt weiße Gelatine
1/2 l trockener Sekt

Am Vortag zubereiten
Festlich

Bei 10 Personen pro Portion etwa:
460 kJ/110 kcal
2 g Eiweiß · 0 g Fett
17 g Kohlenhydrate

- Zubereitungszeit: etwa 40 Minuten
- Gelierzeit: über Nacht

1. Die Weintrauben waschen, trockentupfen, halbieren und mit einem spitzen Messer entkernen. Mit dem Zucker und dem Vanillezucker vermischen. Die Zitronenmelisse waschen, trockenschütteln und die Blättchen in feine Streifen schneiden. Ebenfalls unter die Trauben mischen.

2. Die Gelatine nach der Packungsbeschreibung in reichlich kaltem Wasser einweichen. Anschließend tropfnaß in einen kleinen Topf geben, bei schwacher Hitze auflösen.

3. Den Sekt in einer Schüssel vorsichtig mit der Gelatine verrühren. Etwas von dieser Flüssigkeit in eine Terrinenform (1 Liter Inhalt) gießen, im Kühlschrank gelieren lassen.

4. Die Trauben abtropfen lassen, den Saft auffangen, zum Sekt geben und unterrühren. Die Trauben in die Terrinenform umfüllen, den übrigen Sekt darüber gießen. Zugedeckt über Nacht im Kühlschrank gelieren lassen.

5. Zum Servieren die Terrinenform kurz in warmes Wasser stellen, dann die Terrine auf eine Platte stürzen. Mit einem elektrischen Messer oder einem scharfen Sägemesser vorsichtig in Scheiben schneiden.

Tips!

- Dazu halbsteif geschlagene, leicht gesüßte Sahne oder cremig gerührten Schmand reichen.
- Sie können dieses feine Gelee natürlich auch in einer gewöhnlichen Schüssel zubereiten und servieren.

Im Bild vorne:
Birnen-Apfel-Salat mit Honigsauce
Im Bild hinten: Sektterrine mit Trauben

Exotencocktail mit Weinschaum

Zutaten für 4 Personen:
1 Baby-Ananas
1 Cherimoya
3 Kiwis
2 Karambolen
4 Eigelb
6 Eßl. Puderzucker
1 Eßl. Zitronensaft
0,2 l trockener Marsalawein

Gelingt leicht

Pro Portion etwa:
1300 kJ/310 kcal
4 g Eiweiß · 6 g Fett
46 g Kohlenhydrate

- Zubereitungszeit: etwa 40 Minuten

1. Die Ananas schälen, in Scheiben schneiden, die holzige Mitte entfernen und die Scheiben in Spalten schneiden (siehe Seite 50).

2. Die Cherimoya und die Kiwis schälen. Die Cherimoya vierteln, die Kerne entfernen und die Viertel in nicht zu dünne Scheiben schneiden. Die Kiwis ebenfalls in Scheiben schneiden.

3. Die Karambolen waschen und in Scheiben schneiden. Große Scheiben halbieren.

4. Das Obst mit dem abgetropften Fruchtsaft locker in einer Schüssel mischen und bis zum Servieren zugedeckt in den Kühlschrank stellen.

5. In einem flachen Topf wenig Wasser bis kurz vor den Siedepunkt erhitzen. In einer möglichst hohen Schüssel die Eigelbe mit dem Puderzucker und dem Zitronensaft im Wasserbad schaumig rühren.

6. Nach und nach unter ständigem Rühren den Wein zugeben und schlagen, bis die Creme schaumig ist. Den Weinschaum heiß oder abgekühlt über das Obst gießen.

Litschis in englischer Creme

Zutaten für 4 Personen:
1 Vanilleschote
1/8 l Milch
5 Eigelb
4 Eßl. Zucker
250 g Sahne
24 Litschis
2 Granatäpfel

Etwas teurer

Pro Portion etwa:
2200 kJ/520 kcal
11 g Eiweiß · 38 g Fett
39 g Kohlenhydrate

- Zubereitungszeit: etwa 40 Minuten

1. Die Vanilleschote aufschneiden und das Mark herausschaben. Die Milch mit der Vanilleschote und dem Vanillemark einmal aufkochen lassen und dann zugedeckt etwa 10 Minuten ziehen lassen.

2. Die Eigelbe mit dem Zucker im heißen Wasserbad schaumig rühren. Die Vanilleschote aus der Milch entfernen und die noch warme Milch mit der Sahne unter die Eigelbcreme rühren. Die Masse im heißen Wasserbad so lange schlagen, bis die Creme sämig wird.

3. Die Creme etwas abkühlen lassen, dabei öfter mit dem Schneebesen durchrühren.

4. Die Litschis aus den Schalen lösen. Die Früchte halbieren und die Steine entfernen; abtropfenden Fruchtsaft in einer Schüssel auffangen.

5. Die Granatäpfel vierteln, die Kerne und das Fruchtfleisch in eine Schüssel streichen und mit dem Schneebesen durchmischen, damit sich die zusammenhängende Masse trennt (siehe Seite 34).

6. Die Litschis mit dem Fruchtsaft in Portionsschalen verteilen, die Vanillecreme darübergießen und diese mit den Kernen und der Fruchtmasse der Granatäpfel verzieren.

Im Bild oben:
Litschis in englischer Creme
Im Bild unten:
Exotencocktail mit Weinschaum

Salat mit Himbeeren und Kiwis

Gemischte Obstsalate schmecken dann besonders aromatisch, wenn der überwiegende Anteil der Zutaten aus heimischen, vollreifen Früchten besteht. Wenn Sie zusätzlich noch exotisches Obst verwenden, rundet es den Geschmack raffiniert ab und läßt den Salat zudem reizvoller aussehen.

Zutaten für 4 Personen:
4 Eßl. geschälte Sonnenblumenkerne
500 g Himbeeren
2 große Pfirsiche
3 Kiwis
1 Banane
1 Eßl. Zitronensaft
2 Eßl. flüssiger Honig
150 g Sahnejoghurt
1 Messerspitze Zimtpulver
8 Blätter Zitronenmelisse

Für Gäste

Pro Portion etwa:
1800 kJ/430 kcal
11 g Eiweiß · 8 g Fett
81 g Kohlenhydrate

• Zubereitungszeit: etwa 30 Minuten

1. Die Sonnenblumenkerne in einer Pfanne ohne Fett unter ständigem Wenden rösten, bis sie leicht gebräunt sind. Dann abkühlen lassen.

2. Die Himbeeren in stehendem Wasser rasch schwenken und auf Küchenkrepp abtropfen lassen.

3. Die Pfirsiche mit einer Gabel rundherum einstechen, mit kochendheißem Wasser überbrühen, kalt abschrecken, häuten und halbieren. Die Steine entfernen und die Früchte in Spalten schneiden.

4. Die Kiwis schälen, vierteln und in Scheiben schneiden. Die Banane schälen, längs halbieren, ebenfalls in Scheiben schneiden und mit dem Zitronensaft beträufeln.

5. Den Honig mit dem Joghurt und dem Zimt verrühren. Die Masse dann unter die vorbereiteten Früchte heben und mit den geschälten Sonnenblumenkernen bestreuen.

6. Die Melisseblätter waschen, trockentupfen, streifig schneiden und auf dem fertigen Salat verteilen.

Melonensalat

Wenn Sie Honigmelonen kaufen, sollten Sie darauf achten, nur solche Früchte auszuwählen, die am unteren Ende einen intensiven Duft verströmen. Daran erkennen Sie, ob die Melonen wirklich ausgereift und aromatisch sind.

Zutaten für 4 Personen:
1 Honigmelone
400 g Wassermelone
2 Eßl. Apfeldicksaft
2 Eßl. Zitronensaft
3 Eßl. Pfefferminzlikör
4 Zweigspitzen von Pfefferminze

Schnell

Pro Portion etwa:
480 kJ/110 kcal
2 g Eiweiß · 1 g Fett
26 g Kohlenhydrate

• Zubereitungszeit: etwa 25 Minuten

1. Die Honigmelone halbieren, von beiden Melonensorten die Kerne entfernen und das Fruchtfleisch mit einem Kugelausstecher oder mit einem kleinen Löffel auslösen.

2. Den Apfeldicksaft mit dem Zitronensaft und dem Likör verrühren und mit den Melonenkugeln mischen.

3. Den Salat in vier Portionsschalen anrichten. Die Pfefferminze abbrausen, trockentupfen und den fertigen Salat damit garnieren.

Tip !

Falls Kinder an der Mahlzeit teilnehmen, sollten Sie deren Portionen nicht mit Likör anreichern. Statt dessen können Sie den Anteil an Apfeldicksaft und Zitronensaft erhöhen.

Im Bild vorne: Salat mit Himbeeren und Kiwis
Im Bild hinten: Melonensalat

ASIAGO
ASIAGO

Die dekorative Käseplatte

Eine appetitlich angerichtete Käseplatte sollte auf jedem Buffet noch Platz haben. Schon eine Auswahl verschiedener Käsesorten mit etwas Obst auf einem Holzbrett garniert macht sich bestens. Wer etwas mehr Zeit investieren will, kann dekorative Käsehäppchen und farbenfrohe Garnituren vorbereiten.

Die herzhafte Schnittkäseplatte

Auch die Schnittkäsesorten bieten so viel Abwechslung im Geschmack, daß sich damit gut eine Käseplatte zusammenstellen läßt. Da diese Käsesorten stärker sättigen, eignen sie sich am besten für einen herzhaften Imbiß oder ein Buffet. Als Dessertkäse nach einem Menü sind sie zu schwer. Hier sind – je nachdem, was es noch als Drumherum gibt – 150 g pro Person reichlich.

Zutaten für 4 Personen:
500–600 g Schnittkäse, zum Beispiel:
Bad Aiblinger (sahnig, zart säuerlich)
Bel Paese (sahnig, mild-säuerlich)
Bianco Alpenkäse (sahnig-delikat)
Biarom (natur: mild-aromatisch; auch mit Kümmel, Pfeffer, Kräutern)
Bruder Basil (mild-rauchig)
Butterkäse (mild, zart-säuerlich)
Danbo (sahnig, mild-aromatisch; auch mit Kümmel)
Doux de Montagne (aromatisch, mild)
Edamer (mild, leicht süßlich)
Esrom (mild-süßlich bis pikant, aromatisch)
Gouda (von zart und mild bis pikant, je nach Alter)
Havarti (säuerlich-pikant)
Höhlenkäse (pikant)
Jarlsberg (nußartig pikant, leicht süßlich)
Kernhem (ausgewogen, kräftig)
Leerdamer (mild)
Maasdamer (lieblich)
Morbier (zart mild)
Pyrenäenkäse (aromatisch, säuerlich, auch mit Pfeffer)
Raclette (würzig)
Ridder (sahnig-aromatisch)
Rottaler (kräftig aromatisch)
Royalp (sahnig delikat)
Saint Paulin (zart-aromatisch)
Steppenkäse (dänischer: kräftig-würzig, pikant)
Tilsiter (pikant, leicht säuerlich)
Tomme de Savoie (mild-aromatisch)
Thurgauer (vollaromatisch delikat)
Vacherin (vollmundig, kräftig)
Wörishofener Rahmkäse (nussig, mild-würzig)
Zur Garnierung:
150 g pikanter Käse zum Reiben
75 g Doppelrahm-Frischkäse
Salz, Pfeffer
1 Limette oder unbehandelte Zitrone
16 Cracker
8 grüne Oliven ohne Stein
4 getrocknete Aprikosen
50 g Butter
Cayennepfeffer
2–3 Eßl. Sesamsamen
Salatblätter zum Anrichten
4 kleine Äpfel
100 ml trockener Weißwein
100 g milder Schnittkäse
1 Frühlingszwiebel
1 Eßl. Obstessig
1 Eßl. Haselnuß- oder Traubenkernöl

Für Gäste

Pro Portion etwa:
4600 kJ/1100 kcal
55 g Eiweiß · 80 g Fett
33 g Kohlenhydrate

- Zubereitungszeit: etwa 50 Minuten
- Kühlzeit: etwa 2 Stunden

1. Garnierung: Für Käsecracker 50 g Käse raspeln, mit dem Frischkäse verrühren, pfeffern und salzen. Die Limette waschen, in dünne Scheiben schneiden (Saft auffangen), halbieren. Käsecreme mit dem aufgefangenem Saft verrühren und mit einem Spritzbeutel auf die Cracker spritzen. Mit Limettenscheiben und den halbierten Oliven garnieren.

2. Garnierung: Für Aprikosen-Käsebällchen 100 g Käse würfeln. Die Aprikosen waschen, gut trocknen, würfeln. Mit Käsewürfeln im Blitzhacker pürieren, die Butter unterkneten, eventuell salzen, mit Cayennepfeffer würzen. Gut kühlen (mindestens 2 Stunden). Sesamsamen in einer trockenen Pfanne hellgelb rösten, abkühlen lassen. Die Käsemasse zu kleinen Kugeln formen und im Sesam drehen. Gut gekühlt anrichten.

3. Garnierung: Für Käsesalat in Apfelkörbchen die Äpfel halbieren, großzügig das Kerngehäuse entfernen. Den Wein mit der gleichen Menge Wasser aufkochen, die Apfelhälften etwa 3 Minuten sachte dünsten, abkühlen lassen. 100 g Käse klein würfeln. Die Frühlingszwiebel waschen und in feine Ringe schneiden. Beides mit dem Essig, dem Öl, Salz und Pfeffer vermischen. In die Äpfel füllen, anrichten.

Diese Schnittkäseplatte besteht aus: Gouda (1), Bel Paese (2), Edamer (3), Tilsiter (4), Raclette (5), Vacherin (6), Biarom-Kümmel (7), Esrom (8) und Kernhem (9).

1
2
3
4
5
6
7
8
9

Bunte Camembert-dreiecke

Diese farbenfrohe Käsegarnitur macht sich gut auf Käse- oder Obstplatten. Besonders dekorativ wirken die Käse-Ecken solo auf einem Weinblatt – eine schöne Idee fürs Abendbrot.

Zutaten für 8 Dreiecke:
1 ganzer reifer, aber noch schnittfester Camembert (200 – 250 g)
1/2 Bund Schnittlauch
3 Eßl. gesalzene, ungeschälte Pistazien
1 Eßl. Paprikapulver, edelsüß
1 Eßl. Kümmel
1 Eßl. Sesam, geschält
Was Sie sonst noch brauchen:
1 scharfes Küchenmesser
1 Hackmesser oder Wiegemesser oder einen Blitzhacker
5 kleine Teller

Schnell

- Zubereitungszeit: etwa 10 Minuten

1. Den Camembert etwa 1 Stunde vor dem Servieren aus dem Kühlschrank nehmen und auspacken.

2. Den Schnittlauch waschen, trockenschütteln und in ganz feine Röllchen schneiden.

3. Die Pistazien schälen und fein hacken.

4. Die Schnittlauchröllchen, die Pistazien, das Paprikapulver, den Kümmel und den Sesam getrennt auf je einen kleinen Teller geben.

5. Den Camembert in 8 Dreiecke schneiden. Die Dreiecke jeweils mit der einen Schnittfläche in eine Zutat, mit der zweiten Schnittfläche in eine andere drücken.

Kleine Schafkäsetomaten

Eine hübsche Garnitur für Vorspeisen, einen Salat oder eine kalte Platte. Aber auch solo, als Appetithäppchen oder zum Apéritif können die gefüllten Tomaten gereicht werden. Wenn Sie keinen Schafkäse mögen, nehmen Sie statt dessen einen Schnittkäse oder spritzen Sie mit dem Spritzbeutel einen Frischkäse in die Tomaten.

Zutaten für etwa 10 Stück:
10 große Kirschtomaten
1 Scheibe schneidfähiger Schafkäse (etwa 120 g)
10 kleine Basilikumblätter
Was Sie sonst noch brauchen:
1 kleines, sehr scharfes Küchenmesser
1 möglichst kleinen Mokkalöffel

Raffiniert

- Zubereitungszeit: etwa 30 Minuten

1. Die Kirschtomaten waschen und trockenreiben. Mit dem Messer einen Deckel so abschneiden, daß ein gezackter Rand entsteht.

2. Mit dem Mokkalöffel das Fruchtfleisch und die Kerne herausheben. Die Tomaten zum Austropfen mit der Öffnung nach unten auf Haushaltspapier stellen.

3. Den Schafkäse in etwa 1 cm große Würfel schneiden.

4. Die Tomaten umdrehen und mit dem Schafkäse füllen.

5. Die Basilikumblättchen waschen, trockenschütteln und mit dem Stielansatz in die Tomaten stecken.

Bild oben:
Bunte Camembertdreiecke
Bild unten:
Kleine Schafkäsetomaten

Die raffinierte Weich-käseplatte

Eine Platte mit gut zusammengestellten Weichkäsesorten kann Abschluß eines festlichen Menüs sein, aber auch den Mittelpunkt eines kalten Buffets bilden. Rechnen Sie als Dessert etwa 75 g Käse pro Person, für ein Buffet dürfen es 120 – 150 g pro Person sein, je nachdem, was sonst noch angeboten wird.

Zutaten für 4 Personen:
300 bis 600 g Weichkäse (siehe oben), zum Beispiel:
Banon (Frischkäse, in Kastanienblättern)
Bavaria blu (Edelpilz, mild aromatisch)
Bergader (Edelpilz, pikant)
Brie (mild aromatisch)
Bleu de Bresse (Edelpilz, mild aromatisch)
Camembert (mild aromatisch)
Carré de l'Est (mild aromatisch)
Chaumes (voll aromatisch, kräftig duftend)
Crème de Prés (mild, fein säuerlich)
Danablu (Edelpilz, pikant-scharf)
Fromage des Vignottes (sahnig, zart säuerlich)
Gèramont (sahnig-mild)
Gorgonzola (würzig pikant)
Grancino (mild würzig)
Munster (aromatisch-pikant)
Pont l'Evêque (sehr würzig)
Pyramidenkäse (pikant scharf)
Rèvidoux (sahnig mild)
Rondeau (sahnig mild, leicht säuerlich)
Roquefort (Edelpilz, cremig würzig bis scharf)
Saint Albray (zart aromatisch)
Sainte-Maure (Ziegenkäse, kräftig würzig)
Stilton (Edelpilz, würzig mild bis scharf)
Suprême (süßlich delikat)
Taleggio (zart mild-aromatisch)
Val meuse (sahnig-mild)
Zur Garnierung:
8 Pumpernickeltaler
1 Eßl. Butter
200 g Doppelrahm-Frischkäse
1 Eßl. Sahne
1 Teel. eingelegter grüner Pfeffer
Salz
2 Kiwis
12 Datteln (frisch oder getrocknet)
1 Teel. Cognac oder Weinbrand
1 Eßl. gehackte Pistazien
1 Staude Chicorée
150 g fester Schaf- oder Ziegenkäse
1 Eßl. Zitronensaft
1 Eßl. Olivenöl
Thymian, Oregano

Für Gäste

Pro Portion etwa:
3100 kJ/740 kcal
43 g Eiweiß · 44 g Fett
43 g Kohlenhydrate

- Zubereitungszeit: etwa 30 Minuten

1. Garnierung: Die Pumpernickeltaler einseitig mit der Butter bestreichen. 125 g Frischkäse mit der Sahne, dem grünen Pfeffer und Salz verrühren. Die Kiwi schälen, in Scheiben schneiden. Zwischen je 2 Pumpernickeltaler 1 Kiwischeibe legen, darauf Käsecreme streichen, wieder 1 Kiwischeibe darauflegen. Auf den obersten Taler nochmals Käsecreme streichen oder spritzen und mit halbierter Kiwischeibe garnieren.

2. Garnierung: Die Datteln längs aufschlitzen, entsteinen. 75 g Frischkäse mit dem Cognac und Salz verrühren. In die Datteln streichen, die Schnittflächen in die gehackten Pistazien drücken. Nach Belieben in kleinen Pralinenhütchen anrichten.

3. Garnierung: Den Chicorée in die einzelnen Blätter zerlegen, waschen und trocknen. Den Schafkäse klein bröckeln oder würfeln, mit dem Zitronensaft, dem Olivenöl, Thymian und Oregano vermischen, eventuell noch etwas salzen. In die Chicoréeblätter füllen. Wer es bunter mag, garniert mit Kirschtomaten-Scheiben oder Würfelchen von roter Paprikaschote.

Diese Weichkäseplatte besteht aus: Taleggio (1), Munster (2), Roquefort (3), Camembert (4), Saint-Maure (5), Pyramidenkäse (6) und Banon (7).

1
2
3
4
5
6
7

Die dekorative Hartkäseplatte

Immer beliebter werden die Hartkäsesorten als Bestandteil einer Dessertkäseplatte oder eines Käsebuffets. Sie sind auch so zu Wein eine praktische Knabberei, für die man kein Geschirr und kein Besteck benötigt: Die kleinen Spezialmesser liegen bereit, mit denen die harten Burschen zu kleinen Bröckchen zerteilt werden. Oder – was besonders dekorativ ist – eine »Girolle« steht im Mittelpunkt. Dies ist ein Spezialhobel für den runden Tête de Moine, der auf einen Stab gesteckt wird. Mit dem aufgesetzten Messer dreht man nun Löckchen für Löckchen vom Käse ab, dabei fällt gleich die Rinde ab.
Ein anderes originelles Gerät ist der Käsehobel, der wie eine Gemüseraspel aussieht. Damit wird schneidfähiger Hartkäse (zum Beispiel Sbrinz) zu runden Rollen (wie Canelloni-Nudeln) gehobelt. Diese stapelt man kreisförmig auf einer Platte und hat so die schönste Dekoration.

Zutaten für 4 Personen:
etwa 500 g Hartkäse, zum Beispiel:
Alpenkäse (kräftig würzig, sehr fest)
Appenzeller (herzhaft würzig, aromatisch, halbhart)
Beaufort (süßlich aromatisch)
Bergkäse (Allgäuer: leicht nussig, kräftig bis herzhaft;
Schweizer: fein würzig, sehr fest)
Cantal (vollaromatisch, hart bis sehr hart)
Comté (mild-pikant, lange lagerfähig)
Emmentaler (nußartig, mild bis kräftig aromatisch)
Gouda (alter; kräftig, würzig, pikant)
Grana Padano (vollmundig-würzig; körnig-hart)
Greyerzer, Gruyère (mild bis vollwürzig-scharf)
Parmesan (Parmigiano Reggiano, nussig bis kräftig würzig; körnig-hart)
Pecorino (pikant kräftig, gehaltvoll; sehr fest)
Provolone (von mild und zart über pikant bis scharfwürzig)
Sbrinz (nussig-pikant, aromatisch)
Tête de Moine (würzig; gehaltvoll)
Zur Garnierung:
125 g schneidfähiger Hartkäse
200 g Oliven ohne Stein
1 Teel. provenzalische Kräutermischung
1 Zitrone
Olivenöl zum Aufgießen
1 große Möhre
2 Zucchini
Salz

Für Gäste

Pro Portion etwa:
3500 kJ/830 kcal
64 g Eiweiß · 57 g Fett
14 g Kohlenhydrate

- Zubereitungszeit: etwa 1 Stunde
- Marinierzeit: etwa 1 Tag

1. Garnierung: Für die Käse-Oliven 50 g Hartkäse in zentimeterlange, kleine Stifte schneiden. Die Oliven damit füllen, mit den Kräutern in ein Glas schichten. Die Zitrone auspressen, den Saft über die Oliven gießen. Mit Olivenöl bedekken, durchmischen und mindestens über Nacht durchziehen lassen.

2. Garnierung: Für die gefüllten Zucchini die Möhre schälen und in streichholzlange, aber etwas dickere Streifen schneiden. 75 g Käse in ebensolche Streifen schneiden. Die Zucchini streifig schälen, in etwa 4 cm lange Stücke schneiden und mit dem Kugelausstecher aushöhlen. Die Zucchini mit den Möhrenstreifen in wenig Salzwasser etwa 10 Minuten dünsten, abtropfen und abkühlen lassen. Die Zucchinistücke mit Möhren- und Käsestreifen füllen, auf einer Platte anrichten.

Diese Hartkäseplatte besteht aus: Emmentaler (1), Greyerzer (2), Tête de Moine (3), Cantal (4), Pecorino (5), Parmesan (6) und Provolone (7).

1
2
3
4
5
6
7

Bleichsellerie mit Gorgonzolacreme

Eine erfrischende Garnitur für große Vorspeisen- oder Käseplatten. Die Selleriestangen schmecken auch solo zum Apéritif oder als kleiner Snack zwischendurch.

Zutaten für 6–8 Stück:
1 Bleichsellerie
150 g milder Gorgonzola
2–3 Eßl. Sahne
1 Teel. Paprikapulver, edelsüß
1 kleine rote Paprikaschote
Was Sie sonst noch brauchen:
1 scharfes Küchenmesser
1 Spritzbeutel mit kleiner Sterntülle

Gelingt leicht

- Zubereitungszeit: etwa 20 Minuten

1. Den Bleichsellerie putzen, die einzelnen Stangen ablösen, gründlich waschen und beiseite legen.

2. Den Gorgonzola mit einer Gabel zerdrücken und im Blitzhacker oder mit einem Pürierstab zerkleinern. In eine Schüssel geben und soviel Sahne unterrühren, daß eine spritzfähige Masse entsteht. 1 Teelöffel Paprikapulver unter die Masse rühren.

3. Die Creme in einen Spritzbeutel mit kleiner Sterntülle füllen und auf die Selleriestangen kleine Rosetten spritzen.

4. Die Paprikaschote halbieren, waschen, von den Kernen und den weißen Trennhäuten befreien. Die Schotenhälften erst in Streifen, dann in feine Würfel schneiden. Die Paprikawürfel über die Gorgonzolacreme streuen.

Tip!

Wenn Sie keinen Gorgonzola mögen, können Sie statt dessen auch Frischkäse nehmen. Würzen Sie die Frischkäsecreme nach Belieben mit reichlich Paprikapulver oder mit fein gehacktem Schnittlauch.

Rettichblüten

Für diese Garnitur benötigen Sie die kleinen, länglichen Rettiche (Mairettiche) mit rosa Schale. Die Rettichblüten wirken durch den Kontrast von rosa Schale und weißem Fleisch besonders hübsch.

Zutaten für etwa 10 Stück:
2 – 4 Rettiche
Was Sie sonst noch brauchen:
1 Bürste
1 spitzes, scharfes Küchenmesser

Schnell

- Zubereitungszeit: etwa 10 Minuten

1. Die Rettiche waschen, gut abbürsten und die seitlichen kleinen Wurzeln abschneiden.

2. Den Rettich mit der Spitze vom Körper weg halten. Die Rettichspitze wie beim Bleistiftspitzen mit dem Küchenmesser mit 4–5 Schnitten rundherum anspitzen. Die Schnitte vom Körper weg ausführen.

3. Diese Schnitte jetzt etwa 1/2 cm unterhalb wiederholen, ohne allerdings bis zur Mitte durchzuschneiden.

4. Wenn Sie einmal um die Rettichspitze herumgeschnitten haben, fällt die Blütenform von selbst ab oder sie läßt sich leicht abdrehen. Diesen Vorgang fortsetzen, bis der Rettich verbraucht ist. Die Blüten unter Folie bis zur Verwendung frisch halten.

Bild oben: Bleichsellerie mit Gorgonzolacreme
Bild unten: Rettichblüten

Roter Zwiebelstern

Schön zu Käse und Wurstplatten, aber auch zu Rindfleischsalat. Oder eine ausgefallene Garnitur für einen deftigen Eintopf: Lassen Sie die Zwiebelsterne dafür kurz in etwas klarer Brühe ziehen.

Zutaten für 4 Stück:
2 mittelgroße rote Zwiebeln
Was Sie sonst noch brauchen:
1 scharfes, kleines Küchenmesser
1 kleine Schüssel

Preiswert

- Zubereitungszeit: etwa 1 Stunde 10 Minuten (davon etwa 1 Stunde Quellzeit)

1. Die roten Zwiebeln schälen und die beiden Enden gerade abschneiden.

2. Mit dem Küchenmesser zickzackförmig rundherum an einer gedachten Mittellinie tief einschneiden. Ein besonders schönes Muster ergibt sich, wenn Sie den ersten Schnitt gerade und den zweiten schräg ansetzen. Den dritten wieder gerade, den vierten schräg und so weiter.

3. Die Zwiebelhälften vorsichtig auseinanderdrehen und in die mit kaltem Wasser gefüllte Schüssel geben. Die Zwiebelhälften etwa 1 Stunde quellen lassen.

4. Die Zwiebelhälften herausnehmen, gut abtropfen lassen und dann die Schalenteile von außen nach innen etwas voneinander wegbiegen und lösen. So entsteht eine Form, die an eine Seerose erinnert. Den Zwiebelstern bis zum Anrichten unter Frischhaltefolie kühl stellen.

Paprikaschiffchen

Diese farbenfrohe Garnitur ist im Handumdrehen fertig und paßt besonders gut zu einer gemischten Käseplatte. Die Paprikaschiffchen können Sie aber auch als kleinen Imbiß zum Apéritif reichen.

Zutaten für 8 Stück:
1 große rote Paprikaschote
100 g Frischkäse
1 Eßl. Sahne
1 Prise Cayennepfeffer
1/2 Bund Schnittlauch
Was Sie sonst noch brauchen:
1 scharfes Küchenmesser
1 kleine Schüssel
1 Spritzbeutel mit kleiner Sterntülle

Ganz einfach

- Zubereitungszeit: etwa 15 Minuten

1. Die Paprikaschote waschen und längs halbieren. Die weißen Trennhäute und die Kerne entfernen. Die Schotenhälften längs vierteln und beiseite stellen.

2. Den Frischkäse mit der Sahne cremig rühren und mit dem Cayennepfeffer würzen.

3. Den Frischkäse in den Spritzbeutel füllen. Den Beutel oben zudrehen und den Frischkäse in kleinen Tupfen auf die Paprikaschiffchen spritzen.

4. Den Schnittlauch waschen und trockenschütteln. In etwa 3 cm lange Stücke schneiden. Die Frischkäse-Tupfen mit dem Schnittlauch garnieren.

Variante:
Schneiden Sie mit Paprika gefüllte grüne Oliven in feine Scheiben. Legen Sie auf jeden Frischkäsetupfer eine Olivenscheibe.

Bild oben: Roter Zwiebelstern
Bild unten: Paprikaschiffchen

Kleine Leckereien mit Frischkäse

Champignons, Chilischoten, Oliven und Tomaten werden mit einer Käsecreme gefüllt und als Vorspeise serviert.

Zutaten für 4 Personen:
200 g Doppelrahm-Frischkäse
1 Bund gemischte Kräuter
3 Eßl. Parmesan, frisch gerieben
1 Prise Paprikapulver, rosenscharf
Streuwürze
ca. 1 Eßl. Sahne
1 Knoblauchzehe
125 g kleine Champignons
3 Eßl. Olivenöl
Salz
weißer Pfeffer, frisch gemahlen
75 ml Weißwein
1 Eßl. Zitronensaft
4 milde grüne Chilischoten oder
2 kleine Paprikaschoten
125 g Kräuteroliven ohne Stein
250 g Kirschtomaten
1 Eßl. Essig
1/4 Gurke
4 Salatblätter zum Garnieren

Für Gäste

Pro Portion etwa:
1600 kJ/380 kcal
13 g Eiweiß · 31 g Fett
7 g Kohlenhydrate

- Zubereitungszeit: etwa 45 Minuten

1. Den Doppelrahm-Frischkäse mit einer Gabel zerdrücken. Die Kräuter waschen und trockenschütteln. Die Blättchen fein hacken.

2. Den Frischkäse mit 2/3 der Kräuter, geriebenem Parmesan, Paprikapulver, Streuwürze und der Sahne zu einer festen Creme verrühren. Die Knoblauchzehe schälen, durch die Presse dazudrücken.

3. Die Champignons säubern, die Stiele ausbrechen und fein hacken, in 1 Eßlöffel Olivenöl andünsten. Die Champignonköpfe darauf setzen (Höhlung nach oben), mit Salz und Pfeffer würzen, den Weißwein und den Zitronensaft angießen, zugedeckt etwa 10 Minuten dünsten.

4. Von den Chili- oder den Paprikaschoten den Stielansatz entfernen, die Schoten mit einem langen, schmalen Messer aushöhlen, in kochendem Wasser etwa 3 Minuten blanchieren, abtropfen lassen. Die Oliven längs aufschlitzen.

5. Die Kirschtomaten waschen, trockentupfen. Dann einen Deckel abschneiden, die Früchte innen mit einem Kugelausstecher aushöhlen.

6. Chilischoten, Oliven und Tomaten mit Frischkäse füllen. Die Champignons aus dem Sud nehmen, Sud durch ein Sieb gießen. Auch die Champignons mit Käsecreme füllen, mit der Käsefüllung in die restlichen Kräuter tupfen.

7. Den Essig mit Salz, Pfeffer und dem restlichen Öl verquirlen. Die Gurke streifig schälen, längs halbieren, die Kerne entfernen, in dünne Scheiben aufschneiden. Die Salatblätter waschen, trocknen und durch die Essig-Öl-Marinade ziehen.

8. Das gefüllte Gemüse auf Tellern anordnen, mit Salatblättern und Gurkenhalbmonden umlegen, den Champignonsud mit der restlichen Essig-Öl-Marinade verrühren und über die Gurkenscheiben träufeln.

Tips!

Statt Frischkäse können Sie auch 200 g Magerquark nehmen, den Sie in einem Sieb gut abtropfen lassen – am besten über Nacht im Kühlschrank – und mit 50 g zimmerwarmer Butter verrühren. Ist die Masse zu weich, nehmen Sie mehr geriebenen Käse. Sehr gut schmeckt auch frisch geriebener, harter Pecorino für die Creme. Als Geschenk können Sie die gefüllten Gemüse in ein schönes Glas schichten und mit Olivenöl übergießen. Gut verschlossen sind die Gemüse etwa eine Woche im Kühlschrank haltbar.

Die gefüllten kleinen Gemüse sind eine erfrischende Vorspeise oder Snack, die in ihrer Farbigkeit auch das Auge erfreuen.

Gemüse mit Kräuter-Käse

Vorspeise mit südlichem Flair.

Zutaten für 4 Personen:
2 Bund Frühlingszwiebeln
4 rote Chilischoten
1 ganzer Staudensellerie
6 Eßl. Olivenöl
1/4 l trockener Weißwein
Salz
schwarzer Pfeffer, frisch gemahlen
3 Zweige Thymian
150 g Roquefort oder anderer
Blauschimmelkäse
75 g Crème fraîche
1 Bund Basilikum

Gut vorzubereiten

Pro Portion etwa:
1600 kJ/380 kcal
10 g Eiweiß · 31 g Fett
5 g Kohlenhydrate

- Zubereitungszeit: etwa 30 Minuten

1. Die Frühlingszwiebeln waschen, putzen und mit dem zarten Grün in 10 cm lange Stücke schneiden. Die Chilischoten längs halbieren und entkernen. Den Staudensellerie waschen, aufblättern, eventuell entfädeln, die Stangen ebenfalls in 10 cm lange Stücke schneiden.

2. Die Frühlingszwiebeln, die Chilischoten und den Staudensellerie nebeneinander in einen flachen Topf legen, das Olivenöl dazugießen und langsam erhitzen. Einige Minuten schmoren, dann den Weißwein angießen, mit Salz, Pfeffer und dem Thymian würzen. Etwa 15 Minuten bei schwacher Hitze garen.

3. Inzwischen den Roquefort mit der Crème fraîche glattrühren, das Basilikum waschen, fein hacken und untermischen, mit Pfeffer abschmecken.

4. Das gegarte Gemüse auf einer Platte anrichten, in die Höhlungen vom Sellerie die Käsecreme streichen. Den Garsud noch etwas einkochen und seitlich zum Gemüse gießen. Lauwarm oder kalt mit Knoblauchbrot servieren.

Käse-Kräuter-Salat

Je mehr Kräuter, desto besser schmeckt dieser köstliche Salat, den sie gut vorbereiten können.

Zutaten für 4 Personen:
250 g junger Emmentaler oder
Gouda
1 reife Avocado
2 rote Zwiebeln
1 Bund gemischte Kräuter
(Petersilie, Kerbel, Dill,
Schnittlauch, Estragon,
Sauerampfer)
Salz
Pfeffer, frisch gemahlen
3 Eßl. Weißweinessig
1 Teel. scharfer Senf
4 Eßl. Sonnenblumenöl

Ganz einfach

Pro Portion etwa:
1800 kJ/430 kcal
20 g Eiweiß · 38 g Fett
3 g Kohlenhydrate

- Zubereitungszeit: etwa 30 Minuten

1. Den Käse in Streifen schneiden. Die Avocado längs um den Kern einschneiden, durch Drehen vom Kern lösen, das Fruchtfleisch mit einem Kugelausstecher ausbohren.

2. Die Zwiebeln in Streifen schneiden. Die Kräuter waschen, trockenschütteln und hacken. Alle Salatzutaten mischen. Salz und Pfeffer mit dem Weißweinessig in einem Schälchen verrühren, den Senf unterrühren und mit einer Gabel das Öl unterschlagen, bis eine cremige Sauce entstanden ist.

3. Die Salatsauce über die Zutaten träufeln, vorsichtig unterheben. Bis zum Servieren durchziehen lassen.

Tip!

Zu diesem Salat passen auch die würzigen Blätter der Kapuzinerkresse sehr gut. Mit ihren leuchtenden Blüten läßt sich auch ein einfacher Salat schön garnieren.

Bild oben: Käse-Kräuter-Salat
Bild unten:
Gemüse mit Kräuter-Käse

Pikante Käsenocken mit Kräutern

Vorspeise oder kleine Mahlzeit

Zutaten für 4 Personen:
400 g Magerquark
1 kleine Zwiebel
1 Knoblauchzehe
7 grüne Oliven
70 g harter Käse (Cheddar, alter Gouda)
100 g Doppelrahm-Frischkäse
Salz, weißer Pfeffer, frisch gemahlen
Tabasco
1 Bund gemischte Kräuter
3 Eßl. gelbschaliger Leinsamen
Salatblätter zum Anrichten

Preiswert

Pro Portion etwa:
1500 kJ/360 kcal
17 g Eiweiß · 28 g Fett
6 g Kohlenhydrate

- Zubereitungszeit: etwa 1 1/2 Stunden (davon 1 Stunde Kühlzeit)

1. Ein Sieb mit einem Tuch auslegen, den Quark hineingeben und abtropfen lassen, dann fest mit dem Tuch auspressen.

2. Die Zwiebel sehr fein hakken, die Knoblauchzehe zerdrücken. Das Fruchtfleisch von den Oliven schneiden und ganz klein würfeln. Den Käse fein reiben.

3. Den Quark mit den zerkleinerten Zutaten, dem Doppelrahm-Frischkäse, Salz, Pfeffer und einigen Tropfen Tabasco verrühren. Etwa 1 Stunde in den Kühlschrank stellen.

4. Die Kräuter waschen, trokkenschleudern, fein hacken und in einen Teller geben. Den Leinsamen in einen zweiten Teller geben. Aus der Quarkmasse mit zwei Eßlöffeln Nocken formen. Die Hälfte davon in den gehackten Kräutern, den Rest im Leinsamen wenden. Auf den Salatblättern anrichten.

Käsedip mit Pistazien

Mit rohem Gemüse zum Einstippen als Imbiß oder mit Pellkartoffeln als kleine Mahlzeit.

Zutaten für 4 Personen:
150 g Blauschimmelkäse (Gorgonzola oder Edelpilzkäse)
500 g Speisequark (20% Fett)
etwa 70 g Crème fraîche
2 reife, feste Tomaten
60 g geröstete Pistazien
1 kleines Bund Petersilie oder Schnittlauch
Salz, weißer Pfeffer, frisch gemahlen
1/2 Staudensellerie
2–3 Chicoree
6 mittelgroße Möhren
1 Bund Radieschen

Schnell

Pro Portion etwa:
2500 kJ/600 kcal
27 g Eiweiß · 46 g Fett
17 g Kohlenhydrate

- Zubereitungszeit: etwa 30 Minuten

1. Den Blauschimmelkäse, danach den Quark durch ein Sieb streichen oder mit der Gabel zerdrücken und soviel Crème fraîche zugeben, bis die Käsemasse cremig ist.

2. Die Tomaten in kochendem Wasser sekundenlang überbrühen, enthäuten und halbieren. Die Kerne entfernen, das Fruchtfleisch hacken. Unter die Käsemasse heben.

3. Die Pistazienkerne grob hacken (oder mit grober Nußmühle mahlen) und zugeben. Die Petersilie waschen, trocknen, fein schneiden und ebenfalls untermischen. Mit Salz und Pfeffer würzen. Bis zum Servieren kühlen.

4. Den Staudensellerie und den Chicoree zerteilen, waschen und abtropfen lassen. Die Möhren schälen und längs vierteln. Die Radieschen waschen, putzen und die Blattstiele auf etwa 5 cm kürzen. Auf einer Platte anrichten und den Käsedip in Portionsschälchen verteilen. Dazu: Baguette oder Grissini.

Im Bild oben:
Käsedip mit Pistazien
Im Bild unten:
Pikante Käsenocken mit Kräutern

Pumpernickel-Käse-Herzen

Zutaten für 12 Stück:
4 Scheiben Pumpernickel
30 g Butter
1/2 Bund Schnittlauch
2 Eßl. Paprikapulver, edelsüß
2 Eßl. fein gehackte Pistazien
1 Scheibe Gouda, 1 cm dick
Was Sie sonst noch brauchen:
1 scharfes Küchenmesser
3 kleine Teller
1 große Herz–Ausstechform
1 kleine Herz–Ausstechform

Für Gäste
Ganz einfach

- Zubereitungszeit: etwa 20 Minuten

1. Die Pumpernickelscheiben mit der Butter bestreichen. Aus den Pumpernickelscheiben mit der großen Ausstechform 12 Herzen ausstechen. Den Schnittlauch waschen, trockenschütteln und sehr fein hacken.

2. Den Schnittlauch, das Paprikapulver und die Pistazien jeweils auf einen kleinen Teller geben. 4 Pumpernickelherzen mit der gebutterten Seite in den feingehackten Schnittlauch drücken, 4 Herzen in das Paprikapulver und 4 Herzen in die gehackten Pistazien.

3. Aus der Käsescheibe mit der kleinen Ausstechform ebenfalls 12 Herzen ausstechen. Die Käseherzen auf die Pumpernickelherzen legen und mit den Holzspießchen feststecken.

Varianten:
Bestreichen Sie die Pumpernickelscheiben mit Butter und stechen Sie dann mit einer runden Ausstechform Taler aus. Belegen Sie die gebutterte Seite mit Kresse. Stechen Sie den Käse mit einer Sternschnuppenform aus. Stecken Sie die Sternschnuppen senkrecht mit einem Holzspießchen auf die Taler.
Sie können die Pumpernickeltaler auch mit Frischkäse oder Kräuterquark bestreichen.

Bunte Zwiebelringe

Die bunten Zwiebelringe machen sich auf einer gemischten Käseplatte besonders gut.

Zutaten für etwa 20 Stück:
1 große Gemüsezwiebel
2 Eßl. fein gehackte Petersilie
2 Eßl. Paprikapulver, edelsüß
Was Sie sonst noch brauchen:
1 scharfes Küchenmesser
2 kleine Teller

Geht schnell

- Zubereitungszeit: etwa 10 Minuten

1. Die Zwiebel schälen und in dicke Scheiben schneiden. Die feingehackte Petersilie und das Paprikapulver auf je einen Teller geben.

2. Die Hälfte der Zwiebelringe in der Petersilie, die restlichen Zwiebelringe in dem Paprikapulver wenden.

3. Die grünen und roten Zwiebelringe im Wechsel dachziegelartig übereinanderlegen.

Tip!

Wenn Sie den scharfen Zwiebelgeschmack nicht mögen, salzen Sie die Zwiebelringe kräftig und lassen sie einige Zeit ziehen. Dann unter fließendem Wasser abspülen und in die Gewürze tauchen.
Versuchen Sie diese Garnitur auch einmal mit feinen Lauchringen oder mit in Scheiben geschnittenem Fenchel.
Das sieht hübsch aus und ist im Geschmack wesentlich milder.

Im Bild oben: Bunte Zwiebelringe
Im Bild unten: Pumpernickel-Käse-Herzen

REGISTER

REZEPTE ALPHABETHISCH

REZEPTE NACH HAUPTZUTATEN UND GERICHTEN

Brot und Gebäck

Brotaufstriche und Konfitüren

Eiergerichte

Fisch und Meeresfrüchte

Fleisch und Wurst

Garnituren

Gemüse und Salat

Kartoffeln

Käse

Körner und Müsli

Nudeln

Obst

Reis

Süßes

Genehmigte Lizenzausgabe für Gondrom Verlag, Bindlach 2004

Redaktion: Adriane Andreas
Fotos: Odette Teubner
Dorothee Gödert
Kerstin Mosny
Roland Marske
Fotostudio Teubner
Umschlaggestaltung: Roswitha Rösch, Hamburg
Umschlagfoto: Heinz-Jörg Bartel, Hamburg

ISBN 3-8112-2275-9

5 4 3 2 1